ワードマップ

記号創発システム論

来るべきAI共生社会の「意味」理解にむけて

谷口忠大 編

新曜社

はじめに

■生成ＡＩ時代の言語と記号

人工知能の技術とその社会への影響は２０２０年代に入り一つの相転移を迎えた。**ChatGPT**に代表される**大規模言語モデル**、そして**生成ＡＩ**は私たちの言語的コミュニケーションのあり方を変容させ始めている。巨大なコーパスから次の単語を予測するように学習を進めた大規模言語モデルは２０１０年代までの人工知能では見たこともないほどの自然さで人間の質問に応答する知能を実現している。２０２２年末の**OpenAI**によるChatGPTのリリースは２０２３年を通して世界中に生成ＡＩブームをもたらした。[1]

この生成ＡＩを生んだ技術的相転移はただ機械学習技術や計算機の性能向上だけによるのではない。それは「**言語**」そのものが持っていた力、その存在の根拠に関係している。「言語」とは私たち人類が生み出してきたものであり、その中には私たちの文化と文明の積み重ねが暗黙的に符号化されている。その潜在的な力が大規模言語モデルによって解き放たれているように見える。[2] だから大規模言語モデルがどこまでの能力を持っているか、誰もはっきりとはわからない。それゆえに２０２３年前後の多

[1] ２０２０年代の生成ＡＩに至るまでの人工知能の歴史やその技術的な概要に関しては、鈴木貴之 2024『人工知能の哲学入門』勁草書房において詳しくかつわかりやすく記述されている。人文社会系の読者を想定しつつも、しっかりとした技術的側面も含めて書かれた書籍である。

[2] 私たち人類が世界を符号化するように言語を生み出してきたのだから大規模言語モデルが優れているのだ、という主張は本書の第Ⅵ部で語られる集合的予測符号化仮説の議論に基づいている。本書の基礎となる記号創発ロボティクスの議論からその理解に至る流れは以下の論文において詳説している。谷口忠大 2024「集合的予測符号化に基づく言語と認知のダイナミクス――記号創発ロボティクスの新展開に向けて」『認知科学』37(1), 186-204.

くの人工知能研究はプロンプト工学を始めとしてその姿を明らかにすることに費やされた。

記号論の立場からすれば言語は**記号**の一種である。人間は記号を用いて他者とコミュニケーションを行い、また文章を生成し、規範を生み出し、倫理を生み出し、法律を作り、科学的知識を蓄積し、そして文明を築いていく唯一無二の生物種である。記号という存在の特筆すべきところは、元々そこにまるで意味がなくても、人間が生み出し、共同体においてその意味を共有すればそこに意味が生じるというところにある。広くジェスチャーやピクトグラム、表情など、記号のあり方には際限がない。ただ実際的には、言語が議論の対象となることが多いために言語が主題になりがちではある。本書のタイトルにある「**記号創発システム**」という時に念頭に置かれている記号はこのような幅広い記号概念に広く共有される意味生成を問題とするのだと考えていただきたい。

生成ＡＩ時代はただし、言語を出力する存在として、人間以外に生成ＡＩが現れてきた時代ということもできる。人間と同一とは言わないが、ＳＮＳにボットとして存在して、人間を騙す程度には、十分に人間らしい発話をするＡＩが今なら簡単に作れる。外国語の勉強をする際に、その話し相手になれるＡＩが今なら簡単に作れる。それらはある意味で人間に負けず言葉の意味を扱えているように見える。

言葉を取り巻く環境は間違いなく新しい時代へと突入した。大規模言語モデルに基づく生成ＡＩが起こす質的変化は、活版印刷の登場による文字文化の変化に匹敵するだろう。そのような時代にあって、私たちはより俯瞰的な記号や言語の理解を得る必要がある。それはより適切に言語を扱うＡＩやロボットを構成するためにもだし、またそのようなＡＩやロボットと共生する社会を形作っていくためにも重要だろう。

■「記号創発システム論」の学術融合に向けて

本書が主題とする「**記号創発システム論**」は編著者である谷口が20年ほど前から思索を開始し、多くの共同研究者とともに構想してきた学術的概念である。一般に向けては『コミュニケーションするロボットは創れるか――記号創発システムへの構成論的アプローチ』（ＮＴＴ出版、２０１０年）で初めて紹介した。これは記号がいかにして意味を持つのかに関してシステム論的な視点から議論を行ったものだ。もともと人間の記号における意味生成まで含んで構想された学術体系であり、その射程にはＡＩやロボティクスはもちろん、人文科学的な議論も含んでいた[3]。

その後、構成論的アプローチにシミュレーションのみならず、実身体を持ったロボットを活用することを重視し、「**記号創発ロボティクス**」という分野が開拓されていくことになる。これに連なる一連の研究が２０１０年代に行われていくことになるが、この中で記号創発システム論はロボティクスの研究であると誤解されやすいことにもなった。また主導する谷口自身がＡＩやロボティクスの分野に身を置いてきたことも

[3]「記号創発システム」は本質的には単純な概念であるが、視点の変更を求めるためにとっつきにくい面があるかもしれない。より平易な説明は、編者のコミュニケーション観を広く小説仕立てで解説した、谷口忠大 2019『賀茂川コミュニケーション塾――ビブリオバトルから人工知能まで』世界思想社などにおいても解説しているので参照いただきたい。

あり、工学の理論であると思われがちであった。人文科学系の研究者から強いシンパシーや様々な議論の機会を頂いたものの、より広くそのウィングを広げることは常に課題であり続けた[4]。

同時に工学分野で記号創発ロボティクスを学ぶ学生や研究者にとっても問題があった。それは記号創発ロボティクスの研究に関わる中で、その背後にある哲学的・人文科学的な思想体系を学ぶまとまった資料がないことだった。本書で紹介するように、記号創発システム論は理工系、情報系、人文社会系にとどまらない広い学術的分野と繋がっている。それらは一つの学部教育に収まるものでもなく、また、それぞれが明示的にＡＩやロボティクス、言語学や認知科学に接続してきたものでもない。記号創発システム論はそれ自体が本質的に学際的・学融的な分野なのである。

上記のような背景の下で本書を作ることになった[5]。本書は「記号創発システム論」に繋がる様々なキーワードとその関連を蜘蛛の巣のように張り巡らせ、その関係性をネットワークとして示すことを目的としている。関連分野は多岐にわたる。その性質上、それぞれの項目を読めばそれぞれの内容が十分に理解できるというような構成には決してなっていない。しかしながら、その関係性に思いをはせて考えたり、またさらなる文献や書籍を辿って考えたりはできるようになっていると思う。

■本書の構成

［4］記号創発ロボティクスの位置づけは、初期の研究をまとめた書籍、谷口忠大 2014『記号創発ロボティクス ― 知能のメカニズム入門』講談社にその考え方がまとめられている。ただし本書に比べると、十年以上昔の書籍であり、いわゆる第三次ＡＩブーム以前に書かれた書籍であることに注意する。英語では以下の論文で書かれている。Taniguchi, T., Nagai, T., Nakamura, T., Iwahashi, N., Ogata, T., & Asoh, H. 2016 Symbol Emergence in Robotics: A Survey. *Advanced Robotics*, *30*(11-12), 706-728.

［5］本書に先立って「記号創発システム」を核としつつ人文社会系と理工系の横断的な議論を開拓した書籍に、谷口忠大・河島茂生・井上明人（編）2023『未来社会と「意味」の境界 ― 記号創発システム論／ネオ・サイバネティクス／プラグマティズム』勁草書房がある。

まず第Ⅰ部では「Foundations of Symbol Emergence Systems」として、記号創発システムの概念を導入する。そのために背景となる記号論とその背景思想としてのプラグマティズムを導入する。また記号創発システムの議論では主体の内部視点を取ることを重要視するが、この視点移動のためにユクスキュルの環世界論とピアジェの発生的認識論を導入する。また動的なシステム論的視点から情報や意味を捉えるネオ・サイバネティクス（基礎情報学を含む）についても導入する。これらに共通するのは構成主義という考え方である。

第Ⅱ部「Symbol Emergence in Robotics」においては、記号創発システムへの構成論的アプローチとしての記号創発ロボティクスに関してその一部を導入する。特に構成論的アプローチとは何かに関して述べた後に、幼児の言語習得や概念形成に関して、人間におけるそのありように触れ、構成論的な研究を具体事例とともに紹介する。また確率的生成モデルについて基礎的な導入をして、後の自由エネルギー原理や世界モデルの理解にも繋げる準備としたい。

第Ⅲ部「Cognitive Development in the Environment」においては環境に適応し続ける個体としての人間に焦点を当て、その認知発達への構成論的アプローチと脳の計算論を問題にする。その中でディープラーニングを端緒とした近年の人工知能技術との接点に関しても触れたい。特に認知発達ロボティクスやニューロロボティクスといったロボットを用いた構成論的アプローチに関して紹介する。また理論の側面では脳の統一原理としての存在感を強めている自由エネルギー原理（及び予測符号化）に焦点を当てる。これが好奇心や感情といった、人間の心を語る上で多くの人々が興味を持つ要素に関しても説明を与える。またディープラーニングと表現学習の紹介を通して、重要な概念である世界モデルの議論に繋げる。

第Ⅳ部「Embodiment, Mind and Consciousness」では機能主義に基づく現代の人工知能研究が見落としがちな二つの言葉をキーワードとして、関連する工学的および哲学的議論を繋いでいく。「身体性」と「意識」だ。身体性認知科学とエナクティヴィズムの議論を紹介しつつ、現象学の紹介を挟んで、意識の議論へと至る。意識というキーワードは社会においてＡＩを他者として見出すかどうかにおいても重要となる。社会の議論を行う第Ⅴ部への架け橋として最後にＡＩロボットと社会について論じる。

第Ⅴ部「Dynamics of Culture, Norms and Language」では文化や言語の動態に焦点を当てて、記号創発システム論の射程を社会に関する議論へと展開する。記号創発システム論の重要な論点は個々の環境適応に基づいた、社会におけるミクロ・マクロ・ループを通しての創発的記号システムの形成にある。文化心理学の視点から「記号圏」の議論を紹介する。また言語の動態に関しては言語の進化と創発に関する議論を紹介する。ディープラーニングの時代であった２０１０年代の発展を超えて、２０２０年代に社会的な影響力が増している大規模言語モデルについても紹介する。人間が寄り集まって形成している記号創発システムが生み出した言語、そしてその蓄積である大規模なコーパスを巨大なニューラルネットワークに集約することで大規模言語モデルは作られている。それが生成ＡＩ時代の扉を開いたのだ。次に現実の人間にとっての言語教育の現状と展望に関して述べる。記号創発システムにおいて生まれるのはただ何か外界の対象を表現する言葉ばかりではない。社会における規範や規則もそのような記号システムの一部である。このような視点から、私たちの社会で創発するより高度な記号システムとしての倫理と法に関しても述べる。記号創発システムの視点からすれば倫理や法が変化していくことは、私たち自身の集団としての環境適応にあたる。

最後に第Ⅵ部「Symbol Emergence Systems and Beyond」ではあらためて記号創発システムの一般論へと立ち返り、生成ＡＩに代表される２０２０年代の人工知能研究や社会的状況を背景としながら、記号創発システム論そのものの理論的展開に関して論じる。特に記号創発システムを分散的な表現学習としてみなす構成論的モデルを紹介する。これは第Ⅱ部で紹介するような確率的生成モデルに基づく個体の概念形成の社会版として描かれる。その描像を敷衍したのが集合的予測符号化だ。さらにこの視点から人間知能の本質を個体に閉じず、社会的に繋がり集合的予測符号化に参画すること、つまり記号創発システムのミクロ・マクロ・ループに巻き込まれることにあると見出し、知能の三層モデルの考え方を導入する。その上で、人間の知能に迫る生成ＡＩについて改めて議論し、人間らしさとは何かに触れながら、生成ＡＩとの共生社会へ向けて論じることで本書を締める。

■新たなる体系を目指して

本書『ワードマップ　記号創発システム論』が関わる範囲は一つや二つの学部がカバーする学術分野の範囲に収まるものではない。かといってアトランダムに選ばれたキーワードが並んでいるのでもない。これらは全てこれまでの記号創発システム論を理解する上で必要であるか、またはこれからの記号創発システム論が射程とする範囲を理解する上で必要な内容である。

学融（学術融合）的な議論とは、異なる学問分野の知識が完全に統合され、新しい理論、概念、研究領域を生むことを指す。一方で各分野は依然としてその独立性を保持しながらも、異なる学問分野が協力し合い、自分たちの分野からの知識、方法、研究技術を共有して、複雑な問題を解決するのが、**学際的**な議論であると言われる。学融的議論は学際的議論を超える。記号創発システム論は前者、つまり学術融合を志向している。記号創発システムは私たち個人の知能や認知を含んだ心の働き、また社会や言語文化の動態を捉える上で一本の軸を通す新たなる視点である。これを基軸としながら学問の体系を生み出すことを15年以上に渡り企図してきた。本書はその重要なメルクマールである。

本書は「記号創発システム論」を主題にした初めてのキーワード集である。そのウィングを広げるためにも、多くの著者に各項目を分担執筆してもらった。それぞれは各界における日本の代表的な研究者である。大変豪華な著者陣であるが、このようなメンバーが集まり執筆を担ってくださったことに感謝の意を示したい。

谷口忠大

記号創発システム論——目次

装幀＝加藤光太郎

第Ⅰ部

Foundations of Symbol Emergence Systems

I－1

記号創発システム

――人間とAIが共に見出す意味の世界に向けて

■「言葉」の意味はどこからくるのか？

この社会は複雑性に満ちている。様々な人がそれぞれの想いを抱え、それぞれの意思を持ち、それぞれの立場で生きている。自分の生きている周囲の世界を眺め、そこに行き交う人々の日常に想いをはせ、そして成立し続けているこの社会全体を俯瞰する時、気づくのはその圧倒的な構造の複雑性と安定性だ。ただ自生的に生まれたにしてはあまりに機能しすぎている社会。それは誰か絶対的存在が設計したものではない。やはり人間の活動の中で維持されてきているものだ。[1] どうやって、そのような複雑性は維持されているのだろうか。その多くは「言葉」――**記号**（およびその一種としての言語）を用いた**コミュニケーション**によってだ。[2]

他者と協調する上で「言葉」は欠かせない。自らの意図を伝えるために「言葉」を使う。明日の予定を共有するにも、自分の意見を述べるにも、想いを伝えるにも、仕事で共同作業をする上でも「言葉」は欠かせない。ビジネスで契約を取り交わすにも、政治を動かし日常を守る法律を作るにも「言葉」は欠かせない。

[1] この世界は言葉や貨幣で動いているが、言語で規定される法的な規則やその適用についても、物の価格やその移動に関しても、全てを監視したり制御したりしている人間は誰もいない。それなのに社会は回り、文化は発展し、都市は形成されていく。このような不思議を改めて感じてみていただきたい。なおここでいう「自生的」とはハイエク（Friedrich von Hayek）の自生的秩序の概念における「自生的」を表している。自生的とは現代のシステム論で言えば自己組織化概念に等しい。ハイエクは市場の持つ情報集約能力やそれを通した社会システムの自己組織化に早くから注目していた思想家である。ハイエク／田中真晴・田中秀夫編訳 1986『市場・知識・自由――自由主義の経済思想』ミネルヴァ書房などを参照。

[2] 本書で言う記号はI－2「記号学と記号論」やII－1「記号創発ロボティクス」においても説明するように言語を含んだ広い概念

身振り手振り（ジェスチャー）でも想いは伝わると思うかもしれないが、身振り手振りにしても記号の一種ではある。ゆえに以降、**記号論**にならい、私たちが何かを表し、意図を伝えようとするために出す信号（**サイン**）、また、私たちが何か意味を読み取る対象としての信号（サイン）を記号と呼ぶ。

人類の社会を成立させている根本的な法則である「記号の意味がどのように成立しているのか？」について、その根本原理は明らかになっていない。あらゆる原子や物質を成り立たせている量子力学や、地上の構造物や空の上の天体を成り立たせている古典力学は明らかになっているのに、である。それを明らかにするには言語や心理に関わる人文社会系の学問のみならず、ＡＩやロボティクスといった情報系・工学系の学問、またシステム論やプラグマティズム、現象学を始めとした哲学まで動員した学術融合的な探究が不可欠だ。それが**記号創発システム論**の企てなのである。

コミュニケーションにおいて記号とは表現されるものに代わり対象を表現する信号（サイン）である。サインは信号「そのもの」以外の何ものかを表す。それに受け手が意味づけを行うことで、受け手にとっての意味が現れる。記号論によって語られるように記号はコミュニケーションにおけるもののみならず、何らかの観察対象に対して、主体が「そのもの」以外の意味を読み取れば記号となる。

記号的なコミュニケーションの存在には少なくとも大きくわけて二つの不思議がある。それは受け手と送り手の自己閉鎖性と、記号の恣意性である。**自己閉鎖性**とは私

である。情報科学分野においては、シャノン（Claude Shannon）に始まる情報通信理論や、20世紀の認知科学や人工知能に多大な影響を与えた数理論理学の影響で、「記号」と言うとより抽象化された離散的なトークンを想起されがちである。しかし、ここでの記号は言語をより一般化させた、人がそれを解釈し意味を汲み取る表現くらいに考えておいていただきたい。

たちが自らの**感覚運動系**から得られる以上のことを観測することができないということであり、コミュニケーションにおいては相手の頭の中を覗けないということである。[3] それに加えて、記号には**恣意性**があり、記号は「そのもの」以外を指し示すと共に、送り手と受け手の合意次第で、様々な物事を指し示すことができる。逆に言えば、社会システムの中で、また個人の認知システムの中で、意味を揃える何らかのメカニズムなしには記号的なコミュニケーションは機能し得ないのである。あなたがその言葉にどのような意味を込めているか、私は直接的には知りえないのだから。この意味を揃えるメカニズムとして考えられるのが**記号創発**のメカニズムであり、それを支える社会と認知の結合システムの総体が記号創発システムなのだ。

[3] ここでいう自己閉鎖性に関してはI-4「ユクスキュルの環世界論」において詳説される。

■動的平衡システムとしての言語

社会における記号系とは自律分散システムとして存在する人間集団の活動に支えられた**動的平衡システム**である。しばしば言語を論じる時に教科書に掲載される文法や辞書に掲載された語彙によって象徴される静的な体系を想像しがちである。しかし、それは変化する言語の一部を共時的に切り取った断面であり、**形式知**としてのスナップショットにすぎない。言語やその意味は歴史的にも日常的にも変化を続ける存在であり、言葉の解釈は**暗黙知**[4]である。

また言葉の意味を言葉で表すことには限界がある。「りんご」を「赤い」「果物」の

[4] 形式知と暗黙知はポランニー（Michael Polanyi）により導入され、経営学者である野中郁次郎によりナレッジマネジメントの文脈で彼のSECIモデルの中で紹介されたことで、より広く知られるようになった。ポランニー／高橋勇夫訳 2003『暗黙知の次元』ちくま学芸文庫、野中郁次郎・竹内弘高 1996『知識創造企業』東洋経済新報社

ように表現しても記号と記号の関係をネットワーク化するだけであり、私たちの現実世界での経験には結びつかない。私たち解釈者による意味付けはしばしば現実世界との関わりの中で生じる。また言葉の意味は自らの経験との対応によってのみならず、社会的な規範や合意によっても成立する。私たちの認知システムに基づく経験から立ち現れるボトムアップな意味と、社会システムからトップダウンに与えられる言葉の意味を結びつけるシステム論的な枠組みが必要である。

記号創発システムとは記号システムを生み出し、支え続ける**自律分散システム**（もしくはマルチエージェントシステム）である。図1にその概観を示す[5]。記号創発システムの構成員は基本的には人間である。しかしこれは生物学的な人間であることを要請するものではない。むしろ恣意性を有する記号を使用し社会を成り立たせている人間の記号的コミュニケーションに参画し続けられる存在が現れた時、その存在――エージェントは記号創発システムの構成員となるだろう。その意味を込めて、この図にロボットの絵を足している。これは2020年代初頭という執筆時現在のロボットではなく、未来の――もしくはSF映画やアニメの世界の中で人間と共に自然な協調を果たしていくロボットと思ってもらった方がよ

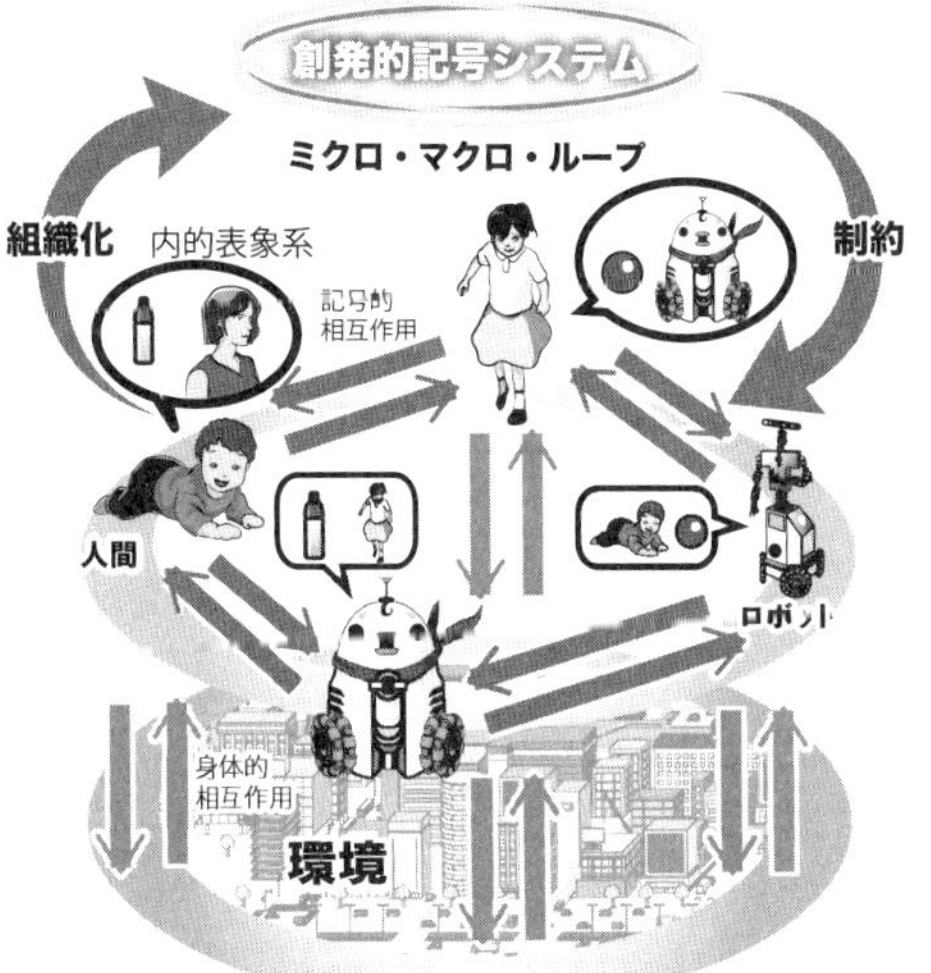

図1　記号創発システムの概観

[5] 谷口忠大 2020『心を知るための人工知能――認知科学としての記号創発ロボティクス』共立出版

い。記号創発システム論の企ては、人間の記号的コミュニケーションを支える認知的・社会的能力を明らかにすることであるが、それは同時に人間の記号的コミュニケーションに参画し、私たちと共に未来社会を形成していくロボットの要件を明らかにすることでもある。

記号創発システムでは各構成員が自らの認知に関して自己閉鎖性を有していると仮定する。[6] 神の視点は持たないし、他人の頭の中も覗けない。

■記号創発システムのダイナミクス

私たちが「りんご」という言葉の意味を理解する時、私たちはその見た目や味、それにまつわる経験を想起する。「りんご」という記号は恣意的でありながらも、その存在は私たちが「りんご」に関して得てきた経験に繋がっている。「りんご」は「赤い」「甘い」「果物」であるが、赤さも甘さも私たちの五感にその意味の基盤を持つ。その経験の基盤となるのが感覚運動系を備えた身体である。動詞の「歩く」を考えたときも、その身体をもって歩行を経験しなければ、もしくは他者の歩行を観察しなければ、自らにとっての「歩く」の意味を直感的に捉えることは難しいだろう。**身体的相互作用**は、**内的表象系**の形成の基礎となる。[7]

言葉の意味は、**記号的相互作用**を介して社会的に形成される側面をも持つ。内的表象それ自体は言葉に対応するような記号ではなく、その素でしかない。言葉は**外的表**

[6]「**認知的な閉じ**」とも呼ぶことがあるが記号創発ロボティクスにおける素朴な「認知的な閉じ」の用法と、オートポイエーシスやネオ・サイバネティクスにおける理論的な「認知的な閉じ」の用法には多少のずれがあることに注意。

[7] ここで内的表象系とは脳における内部表現と呼んでもよく、古典的な表象主義が仮定するような現実世界のコピーのような存在を意味しない。

象であり、その意味は社会の他の構成員の解釈によって意味づけられる。そこにはある種の意味解釈や言語使用に関する調整・交渉が存在し、その積み重ねが**創発的記号システム**を**組織化**していく。これは言語を含めた一般的な**記号システム**であり、創発的とはいうものの特別なものではない。ただあらゆる記号システムが創発的であることを強調するために創発的記号システムと呼んでいる。

私たちは記号システムを適応的かつ創造的に変容させる能力と権利を有している。例えば、あなたが家族とともに家にある何らかの物体に新しい名前を与え、その名前に合意した時、その記号はその物体の名前となる。社会の中で生まれる慣用句や造語、流行語の類はこの言語が持つ動態の典型例である。

■ミクロ・マクロ・ループと創発特性

私たちの記号的コミュニケーションや世界の知覚は私たちが所属する社会の言語を始めとした記号システムに影響される。幾らあなたが「りんご」と「なし」の区別が面倒くさくなり、「りんごを取って」と友人に言ったとしても、友人は「なし」を取ってくれない。その一方でその友人が「マルメロ」という果物を知らなければ、彼は「マルメロ」と「洋梨」を同一のカテゴリにまとめるかもしれない。これは単純な例ではあるが、共有された創発的記号システムは私たちの記号的相互作用（言語の発話やその解釈）や身体的相互作用（知覚や行動）に影響を与える。これを**制約**と呼ぶ。

逆に言えば、この制約があるからこそ、私たちは記号の持つ**恣意性**を抑え込み、言語を機能させることができているのだ。

記号創発システムは、**複雑（適応）系**に特有の**創発特性**を持つ。創発特性とは、システム下部構造のミクロな相互作用が、システム上部構造のマクロな構造（秩序）を生み、そのことがシステム全体に何らかの機能を提供することを表す。このような特徴を持つ複雑系を**創発システム**と呼ぶ[8]。上部構造に生まれた秩序は各エージェントへのトップダウンな制約を与える。この再帰的な構造は**ミクロ・マクロ・ループ**と呼ばれる。

記号創発システムのシステム論としての含意は、このような人間社会の記号に関わるミクロ・マクロ・ループの構造こそが記号に意味を与えているということである。つまり、人間社会の創発システムとしての性質、そして、それを創発システムたらしめる人間の認知的かつ社会的な適応性にこそ、言葉の意味の根源があるのだ。

〔**谷口忠大**〕

[8] 日本国内において「創発システム」の議論は、海外における複雑系科学やシステム論の隆盛に呼応して始まった文部省科研費重点領域研究「創発システム」(1995-1997、領域代表：神戸大学北村新三）において議論が深められた。記号創発システム論はその学術的議論の系譜にある。サイバネティクスなどの議論から繋がる、北村による整理は例えば以下に記されている。北村新三・喜多一 2001「創発システム」『計測と制御』*40*(1). 94-99.

Ⅰ−2

記号学と記号論

——意味を捉える二つの視点

■記号とは何か

記号とは、何かが、別の何かを代用して表すものである。例えば言語はその典型的なものだろう。「カラス」という音は、日本語話者にとって黒い鳥を思い起こさせるが、まさにこれが記号の働きである。もちろん言語は唯一の記号ではない。例えばカラスの鳴き声は夕方になったことを思い起こさせるし、ゴミ捨て場で撒き散らされたゴミはカラスがそれを食い荒らしたことを想像させる。これらの例は今ある何かと、それとは別の何かを**推論**の働きによって結びつける記号であると言える。人間は記号によって身体感覚と、思考や知識とを結びつけるのである。

記号は、世界のあらゆる事物・事象に対して意味づけを行う人間の性質をよく特徴づけるが故に、多くの研究者の関心を集めてきた。記号を扱う学問には伝統的に**パース**（Charles Sanders Peirce）の構想に基づく**記号論**（semiotics）と、**ソシュール**（Ferdinand de Saussure）に始まる**記号学**（semiology）があり、それぞれ独立に理論体系を発展させてきた経緯がある。本稿ではこの二つの記号に対するアプローチについて概観し記号創発システム論との関連について議論する。

■記号論

パースの記号論に関しては、邦訳では内田種臣編訳の『パース著作集2 記号学』[1]に網羅的にまとめられている。記号論は、人間の認識や思考は全て記号の働きの内にあると考え、その推論の在り方における論理的規範の構築を目指す。この意味で、記号論自体は論理学の性質を帯びているが、それが非常に一般的な形で思考やコミュニケーションのダイナミズムを捉えること、さらには記号の分類が非常に精緻であることから、今日では言語学や心理学などの経験科学諸分野に援用されることも多い。

パースの記号論では人間の認識や思考を、記号がその作用の結果としてさらなる記号を生み出し続ける不断の**記号過程**（semiosis）として捉える。ここでは記号を、何かを表しうる可能性を持つ記号それ自体である**サイン**[2]（sign）、記号がその作用として表す**対象**（object）、さらに記号の作用の結果である**解釈項**（interpretant）の三項関係から捉える。**三項関係**として記号作用を考えることは、私たちが世界に対して行う柔軟な意味づけのプロセスを効果的に説明できる。例えば、「カラス」という音（サイン）は黒い鳥という概念（対象）を表すが、これは日本語の慣習（解釈項）が両者を媒介するために他ならない。しかしそれはあらゆる状況で不変なわけではない。例えば大人と子どもが一緒にカラスを見つけた時、養育者が「カラスだね」と発話す

[1] パースの記号論に関する邦訳は以下の書物にまとめられている。パース／内田種臣編訳 1986『パース著作集2 記号学』勁草書房

[2] 初期のパースの議論では**表意体**（representamen）とされることもある。

るとしよう。続いて子どもが「ポッポ？」と反応したとする。最初の養育者の発話（サイン）に対する解釈項である子どもの発話は、子どもが「カラス」に対して表したのがハトだということを示すことになる。つまり、あるサインが表しうる対象はそれに対する反応である解釈項の作用により揺れ動く。換言すれば、記号が何を表すかは、運用の場面においてそれがどのような知識や思想を媒介し新たな記号を生んだかに依存するのである。さらに解釈項はそれ自体が新たなサインとして働くことで、新たな記号作用を連鎖的に生み出す。例えば先の子どもの発話は新たなサインとなり、「違うよ、カラスはカァだよ」という養育者の反応を引き起こし、やりとりが続くことになる。このように、記号過程は思考やコミュニケーションの不断のサイクルを、知覚や知識の働きを柔軟に取り入れながら表すことができる。

さらに、記号論では三項関係からなる記号の在り方を非常に精緻に分類する。この分類は、第一次性、第二次性、第三次性と呼ばれるパース哲学における存在の普遍的カテゴリに基づいている。**第一次性**は他の何とも関係を持たずそれ自体が何かである存在、**第二次性**は他の第二のものと関係するが第三のものとは関係しない存在、**第三次性**はさらに第三の媒介を経て初めて成立する存在である。パースはこのカテゴリに基づきサイン自体、サインと対象の関係、サインと解釈項との関係を分類しているが、[3] 例としてサイン自体の分類を取り上げてみよう。[4] あなたが暗闇の中で目の前にカラスがいるような状況を想像してみてほしい。あなたはもちろんカラスを見ることができ

［3］パースはこのサイン、サインと対象、サインと解釈項という三つの観点だけでなく、それらの組み合わせや変形型を考慮しつつ、最終的には66種に及ぶ記号の分類を行っている。

［4］記号の分類についてはパースが１９０３年に書いたとされる文献 Nomenclature and Divisions of Triadic Relations, as Far as They Are Determined（Peirce, C. S. 1998 In the Peirce Edition Project（Eds.）, *Essential Peirce: Selected Philosophical Writing, vol. 2 (1893-1913)* (pp. 289-299). Indiana University Press.）に基づく。なお前掲書［1］pp. 7-28 にこの文献の抄訳が収録されている。

ないが、あなたの可知不可知と関係なくそこにカラスとしてみなされうる色や形の可能性は存在している。このようにサインとみなされうる可能性としての性質の存在は**性質記号**（qualisign）と呼ばれ、第一次性的な記号の在り方である。次にあなたの手が偶然カラスの羽に触れたとする。するとあなたは抵抗、すなわちあなたが手を動かしたということに対する触覚的なフィードバックを知覚する。何度も触れればその都度異なる抵抗を知覚するだろう。この一回性の知覚はあなたと対象の二者間における作用と反作用の関係のみで成立する第二次性的な側面を持ち、**個別記号**（sinsign）と呼ばれる。さらに照明がつきあなたはそれがカラスであったと判断する。この判断はカラスがスズメやハトではないという慣習的知識により成立している。このため、もしカラスが飛び去っていってもそれがカラスだという判断が消え去ることはない。このように慣習やルールにより一般的なタイプとして存在する記号は**法則記号**（legisign）と呼ばれる。当然、三つのサインはそれぞれが独立に存在しているのではない。タイプとしての法則記号はトークンとしての個別記号がないと機能しないし、個別記号が成立するためにはそれが何かの性質を持ちうる可能性としての性質記号を含んでいなければならないのである。

記号論は記号創発システム論にどのような視点を提供するだろうか。記号創発システム論では、主体は環境や社会と記号的相互作用を行うことで集団的に創発する記号システムを組織化し、またさらに記号システムの制約を受けながら主体が記号的相互

[5] 記号論の記号分類は、発達心理学における言語習得分野においても注目を集めている。一例を挙げてみよう。パースは、サインと対象の関係について、対象がサイン自体の持つ性質との類似性に基づき表される第一次性的な**類像記号**（icon）、対象がサインとの

作用を行うダイナミックなサイクルを想定する。時々刻々と変化する世界において、人間がどのように世界を意味づけし続けるのかを問う記号過程の三項関係モデルはこの記号的相互作用のメカニズムを説明するのに重要な基盤となるだろう。一例を挙げると、前述のサインの分類は記号創発システム論における相互作用のレベルを適切に表現することができる。つまり、様々な記号として解釈されうる可能性を持つ性質記号としての環境、主体がリアルタイムに行う個別記号と考えられる環境や社会との相互作用、さらにそれが集団的に起こった際に創発する法則記号としての記号システム、その三位一体の関係を記号論のアプローチは表現できるのである。[5]

■記号学

ソシュールの記号学についてはその講義録である『一般言語学講義』[6]にまとめられている。記号学は記号の成立基盤を、記号間の関係である構造に求める。このようなアプローチは特に言語記号の性質を非常にうまく捉えることに成功し、言語学の重要な理論的基盤を提供した。記号学では記号の働きを、**シニフィアン**（signifiant：表すもの）と**シニフィエ**（signifié：表されるもの）の結合として論じる。ここで特に言語記号の関係に関わる重要な性質として挙げられるのはその**恣意性**（arbitrariness）に関わるものである。記号の恣意性は二つの点から捉えるのがわかりやすい。第一に、シニフィアンとシニフィエの関係における恣意性である。つまり、日本語において慣

影響関係によって表される第二次性的な**指標記号**（index）、対象が慣習や法則によって表される第三次性的な**象徴記号**（symbol）の三つの分類を行う。言語を含む文化的慣習の学習において重要となるのは象徴記号の習得であるが、この象徴記号の習得に至るまでに子どもはオノマトペのような類像記号や指さしのような指標記号を足がかりにすることが明らかになっているのである。このことは言語のような象徴記号の意味が**マルチモーダル**な情報に支えられていることを示唆するが、同じく記号のマルチモダリティ的特性を重視する記号創発システム論においても類像、指標、象徴の記号分類は有効に機能するだろう。

[6] ソシュールの記号学については数多の訳書や参考書があるが、近年の邦訳としては以下などがある。ソシュール／町田健訳 2016『新訳 ソシュール一般言語学講義』研究社

[7] 例えば中国語の音韻体系で

習的にそのように決まっているというだけで、その表記は言語が変われば crow でも corbeau でもよいという点で恣意的である。第二の恣意性は、シニフィアンとシニフィエの画定に関するものである。シニフィアンに着目すれば、日本語話者にとって「カラス」という音は「ガラス」という音と区別される。この差異は、日本語の音韻体系の中において異なる概念を表しうるという意味で区別する価値を有している。[7] またシニフィエの側から見ても、表される対象をどのように画定するかは恣意性を含む。例えば、英語では都市部に生息する小型のカラスを crow、野山に生息する大型のワタリガラスを raven と呼び分けるが、日本語においてはどちらも「カラス」と呼ぶのが一般的だろう。このように、記号がどの形式を用いて何を表すかという点は個別言語の体系内部における差異関係に基づき決定されるという点で恣意的である。[8] ソシュールは、このような個別言語の話者に共有された制度を**ラング**（langue）と呼び、実際に話者によって発せられる**パロール**（parole）と区別した。つまり私たちが日常的に記号を用いて他者とコミュニケーションが取れるのは、互いに社会において共有されたラングに則って実際の発話を行うためであると考えるのである。

　記号学のアプローチは時間を捨象し、ある時点での共時的なラングの構造を明らかにしようとする。このアプローチは人間の記号的相互作用が集団的に行われる結果として立ち現れる巨大な記号システムの姿を描き出すのに有効な視座を提供するだろう。

〔**佐治伸郎**〕

はこのような有声／無声音の対立は有効な弁別素性ではない。

[8] このことは、我々が日常的に用いる辞書を想像するとわかりやすいかもしれない。例えば、カラスという語を辞書で調べれば、文中でカラスと同じ位置に出現しうる「ハト」や「スズメ」などの他の記号とどのような関係にあるか（**範列軸**：paradigme）、「黒い」や「飛ぶ」、「漁る」など他の記号とどのように共起し配列されるか（**連辞軸**：syntagme）という、他の記号との関係を以てその意味が記述されているだろう。このような辞書的表現はまさに、ある記号を他の記号との関係の中に位置づけ、その差異の中に価値を見出していると言える。現在においても、例えば範列軸に基づく差異関係は、各種**シソーラス**や**意味ネットワーク**に基づく言語記号の意味表現に用いられているし、連辞軸に基づく差異関係は共起関係に基づく意味表現を目指す**分布意味論**の思想へとつながっている。

I－3

プラグマティズム

——記号の意味とは何か？

■プラグマティズムによる意味の説明

プラグマティズムは、19世紀後半に米国で確立した哲学思想である。I－1「記号創発システム」で述べられた企図のもと構想された記号創発システム論は、プラグマティズムの創始者の一人である**パース**（Charles Peirce）の提唱する記号概念を採用する。パースの記号論についてはI－2「記号学と記号論」を参照してほしい。ここでは一歩引いた視点から、なぜパース記号論の背景にあるプラグマティズムの思想に立脚すれば記号創発システム論に適した形で記号の意味を捉えられるのかを解説する。

プラグマティズムの立場からすると、言葉をはじめとする記号の意味はどのように捉えられることになるのか。まずは、しばしばプラグマティズムと対照的な思想であるとみなされる**分析哲学**[1]の立場から記号の意味がどう捉えられるのかを確認したい。伝統的な分析哲学の手法を採れば、記号の意味は、必要十分条件を与える形で明晰化される。例えば「bachelor」という記号の意味を考えよう。[2]（1）「Aがbachelorである」ならば（2）「Aは独身男性である」、そしてその逆も然りであるなら、（1）

[1] 分析哲学は、19世紀後半から欧州で発展し、1930年代頃からは特に英米で興隆した哲学研究の手法であり、伝統的には、数理論理学の道具立てを用いた分析により、英単語などの記号で表される概念の意味や記号から成る命題間の論理的関係を明晰化しようとした。

[2] この「bachelor」を例にとった説明は、クワインの「経験主義のふたつのドグマ」の議論に基づく（Quine, W. V. O. 1953 *Two Dogmas of Empiricism: From a Logical Point of View*. Harvard University Press. pp. 20-46.（クワイン／飯田隆訳 1992「経験主義のふたつのドグマ」『論理的観点から——論理と哲学をめぐる九章』（pp. 31-70）勁草書房）。ただし説明の都合上、大いに簡略化して述べている。

と（2）の間には必要十分の関係が成立している。このことをもって「bachelor」の意味は「独身男性」であると説明するのが、分析哲学の手法による意味の説明である。

しかしこの説明には問題がある。現実には、Aが独身男性でも、Aがbachelorであるとは限らない。というのも通常、男子児童に対しては、彼が独身であったとしても「彼はbachelorである」とは言わないからだ。「bachelor」という言葉には大人であるという含意が暗黙裡に存在する。それゆえ先述の（1）と（2）の間には必要十分の関係が成立していない。だがそれならば、「bachelor」の意味を「大人の独身男性」と説明すればよいのではないか。実際、そのように分析を精緻化する道筋はありうる。しかし、この道筋において見落とされている点がある。それは、「bachelor」の暗黙裡の含意が文化的な負荷を伴ったものであり、私たちの当該の記号の使用実践が蓄積することで、その含意が変化しうるということだ。例えば今後、「bachelor」を男性に限定する用語法は性別二元制を助長しかねず社会的に好ましくないと考えられ、「bachelor」から性に関する含意が消えることもありうる。必要十分条件を与えようとする分析哲学の手法を採る限り、このように変化してゆく、しかも通常は暗黙裡に存在する社会的含意を明示化しようとするいたちごっこが続くことになる。

他方、プラグマティズムの立場からすると、こうしたことは問題視されない。プラグマティズムにおいて記号の意味は、それがどういう行動に結びついているかという観点から説明される。例えば「コップ」の意味は、「それを使えば液体を持ち運べるもの」「それを使えば飲料が飲めるもの」というように、「液体を持ち運ぶ」や「飲料を飲む」という行動に結びつけて説明される。さらに「コップ」の意味は、私たちの社会的実践の蓄積に基づいて、もっと多様な行動に結びつけて説明されることもありうる。例えば、多人数が共用するオフィスの給湯室に置かれた個人のコップは、そのコップの持ち主がそこに継続的に通ってくること、その人がそのオフィスに関連する共同体に属していることも意味しうる。ここにもプラグマティズムの重要な特性が見てとれる。つまり、記号を使用する主体は、その主体が生きる環境内でのこれまでの実践の蓄積に基づいて、記号の意味を更新してゆくと捉えられる。こうしてプラグマティズムは、分析哲学が目指した必要十分条件的な意味の説明、いわば辞書的な定義を与えようとするのではなく、行動に注目することで記号の意味を可塑的に捉え、主体が環境に適応して記号の意味を創発してゆく過程まで考慮した説明を提供できる。

■パースのプラグマティズムと記号創発システム論

記号創発システム論は、多様な主体（エージェント）から成る記号システムにおいて記号の新たな意味が創発することを述べた理論である。そのため、必要十分条件を与えようとする分析哲学的な手法よりも、環境の中で生きる主体が記号の意味を生み出してゆく過程をも念頭に置いたプラグマティズムの考え方が適している。ところで、I－2「記号学と記号論」で述べられている通り、パース記号論は**解釈項**という第三

［3］パースの1878年の論文 "How to Make Our Ideas Clear" (Peirce, C. S. 1992 In N. Houser & C. Kloesel (Eds.), *Essential Peirce: Selected Philosophical Writing, vol.1 (1867-1893)* (pp. 124-141). Indiana University Press.) の議論を参考に記述した。なお、この論文内でパースは有名な「**プラグマティズムの格率**」を導出し、「硬い」という性質を例に説明している。ただしここでは「他の様々なものを擦りつけても傷がつかない（will not）」と直接法で書いており、パースは後にこのような書き方を誤りであったと

項を導入することにより**記号の可塑性**を理論に織り込むが、実際は極めて多様なものが解釈項たりうる。慣習ゆえに対象を指し示す記号（シンボル）の場合、その記号にまつわる**規約**や**慣習**、ひいては記号を使用する主体も解釈項と考えられる。例えば、「ネコ」という言語記号の場合、日本語という言語の規約や〈ネコ〉概念についての慣習、そしてその記号の使用者をも解釈項とみなせる。このように考えると、パースの思想が持つ重要な示唆が見えてくる。すなわちパース思想には、当の規約や慣習を常用している共同体、当の主体が属する共同体についての顧慮も含まれているのだ。

プラグマティズムによる意味の説明について、今度はパース自身の述べた例を取り上げてみよう。「Aは硬い」と述べる際の〈硬い〉概念の意味は、「Aに様々なものを擦りつけたとしても傷がつかないであろう」というように、「様々なものを擦りつけて傷がつくかどうか実験する」という行動に結びつけて説明されうる。[3] ここで、実験という科学的な手続きへの顧慮が見られる点に注目したい。パースのプラグマティズムは、**科学者共同体**による探究の営みをより健全で着実なものとするために構想されている側面もあるのだ。[4] さらにパースは、探究を適切に進めるために探究の共同体において「**統制的想定**（regulative assumption）」が設けられる、とも述べる。[5] 科学的探究における統制的想定は、「個々人の主観的な思いには左右されない確固たる実在がある」などの想定である。こうした科学者共同体像は現代人からすると素朴に映るかもしれないが、これをより一般的な共同体論と捉え、それぞれに統制的想定を備えた

認め、仮定法の would を使ったプラグマティズムの定式化へと至っている。この思想の変遷については、Misak, C. 2013 *The American Pragmatists.* Oxford University Press.（ミサック／加藤隆文訳 2019『プラグマティズムの歩き方――21世紀のためのアメリカ哲学案内』勁草書房）の第3章や伊藤邦武 1985『パースのプラグマティズム――可謬主義的知識論の展開』勁草書房なども参照のこと。

[4] パースは1877年の論文 The Fixation of Belief（前掲書[3] pp. 109-123）において、信念を固定化するための様々な方法を比較検討し、自身としては科学の方法を選択したいと述べている。この議論を展開する際にも、彼は科学者の探究共同体を念頭に置いている。

[5] 統制的想定についてより詳しい説明は、ミサック前掲書[3] 第3章を参照のこと。

多種多様な探究の共同体がそれぞれの統制的想定を再編しながら探究を続けてゆく、という構図のもとで受けとめてみよう。そうすれば、パースのプラグマティズムが示唆する共同体の姿は、それぞれにミクロ・マクロ・ループを含んで創発を続けてゆく記号創発システムの構想と重なる。すなわち、個々の主体のみならず、それぞれの主体から成るある共同体全体が、環境内での適応的実践の中で新たな記号の意味を創発し、統制的想定までも再編してゆく、という構図が描けるのだ。

■プラグマティズムのこれまでとこれから

最後に、本書の多様な読者層を想定して、プラグマティズムに関する哲学史的文脈を補っておきたい[6]。パースは、自身の思想について膨大な量の手稿を残したが、それを発表する機会は非常に限られていた。「プラグマティズム」の名称を人口に膾炙させたのはハーヴァード大学哲学教授になっていた**ジェームズ**（William James）であり、その後**デューイ**（John Dewey）が米国学術界でのプラグマティズムの地位を盤石にした。こうして米国では、プラグマティズムといえばジェームズやデューイが想起され、パースはさほど顧みられない時代が続いた。

さらに1930年代以降、第二次世界大戦前夜の不穏な社会状況から、欧州各地から哲学者が米国へ亡命してきた。彼らの思想は、当時最先端の**数理論理学**の道具立てによって、哲学で用いられる言葉や概念についても定義的な意味を明晰化するなどの

[6] プラグマティズムと分析哲学を取り巻く英語圏哲学史については、ミサック前掲書［3］にて全編にわたって詳しく解きほぐされている。

[7] 分析哲学の意味の捉え方は、先述した通りプラグマティズムの意味の捉え方とは一線を画すものである。プラグマティズムの意味の捉え方とこれとの対比は、記号創発システム論における記号概念と伝統的な「記号」概念との対比にも重なっているように思われ、興味深い。

[8] ミサックの他に、ブランダム（Robert Brandom）、ハーク（Susan Haack）といった論者が注目される。これら三者については、伊藤邦武 2016『プラグマティズム入門』筑摩書房にて紹介されている。本書は、古典から現代に至るまでのプラグマティズムの

整備を進めるもので、分析哲学と呼ばれた[7]。分析哲学は、当時の科学的探究の営みとも合致しているように思われ、米国哲学界で中心的な地位を占めるようになった。

この潮目を変えたのが、いわゆる「**ネオ・プラグマティズム**」の旗手**ローティ**(Richard Rorty)である。ローティはジェームズとデューイのプラグマティズムを高く評価し、1970年代より、それを分析哲学と鋭く対比し、前者の再興を訴えた。ただしローティは、パースのプラグマティズムに対しては冷淡な態度をとっていた。

2000年頃からは、ローティの思想から一定の距離を取りつつ「新しい」プラグマティズムを打ち出す動きが活発に見られる[8]。その筆頭として、分析哲学とプラグマティズムの間には初期から関心の重なりや協調関係があったと主張する**ミサック**(Cheryl Misak)を挙げておきたい。ミサックは、パースのプラグマティズムが、真理を探究する科学者共同体の姿を的確に描写している点を高く評価する。さらに彼女は、パースが述べた探究の共同体の理論を独自に発展させ、プラグマティズム的な意味合いで「真理」を希求する真摯な探究が、科学のみならず倫理や政治の文脈においてもありうると主張する[9]。他にも現代のプラグマティズム研究ではパースの再評価が盛んに試みられるようになっており、さらには人工知能の設計や人類学の分野からもパース思想に注目が集まっている[10]。本項目もまた、哲学研究者の立場からこうした多分野からの関心に応答しようとする試みの一つである。

〔**加藤隆文**〕

重要な論者たちの議論を手っ取り早く知るうえでも最適の書となっている。さらに、ローティ、ミサック、ブランダムの三者の(微妙な)思想的位置関係については、朱喜哲 2024『人類の会話のための哲学——ローティと21世紀のプラグマティズム』よはく舎がひとつの簡明な見取り図を提供してくれる。

[9] Misak, C. 2000 *Truth, Politics, Morality: Pragmatism and Deliberation*. Routledge.(ミサック/加藤隆文・嘉目道人・谷川嘉浩訳 2023『真理・政治・道徳——プラグマティズムと熟議』名古屋大学出版会)を参照。

[10] Kohn, E. 2013 *How Forests Think: Toward an Anthropology beyond the Human*. California University Press(コーン/奥野克巳・近藤宏監訳、近藤祉秋・二文字屋脩訳 2016『森は考える——人間的なるものを超えた人類学』亜紀書房)など参照。

ユクスキュルの環世界論

――生物から見た世界

■環世界

環世界（Umwelt）とは、特定の動物が知覚し、作用（活動）する世界、その動物がまさに生きている、経験している世界のことである。環世界は、客観的な環境ではない。その動物自身にとっての意味によって構成された、主観的な世界である[1]。

生物学的概念としてこれを提唱した**ユクスキュル**（Jakob von Uexküll）は、1864年にエストニアに生まれ、ドイツで活躍した生物学者である。当時においてさえ、自然科学の主流は、生物を客観的な物体として、とりわけ機械とみなしていた[2]。だが彼は、生物は客体というよりも**主体**であり、機械というよりもその操作係（機関士）であるとして、主体としての生物にとっての意味の世界を探究する環世界論こそ、生物学にふさわしいと考えた。

環世界の具体像としてもっともよく知られているのは、交尾を終えた雌のマダニのそれである[3]。このダニには眼がないが、代わりに哺乳類の皮膚腺から流れ出る酪酸の匂いを嗅ぎつけることができる。この酪酸の匂いは、ダニにとっては灌木からの落下

[1] ユクスキュルはUmweltという言葉にこのような特殊な意味を込めたが、ドイツ語のUmweltは英語で言えばenvironmentであり、「環境」を意味するごく一般的な言葉である。よって日本語訳でも「環境」や「環境世界」という言葉が採用されている場合があるため、注意が必要である。なお、ユクスキュルは、客観的な環境に対してはUmgebung（周囲）という言葉をあてている。Umweltという言葉の扱いやその日本語訳との関係は、以下に詳しい。日高敏隆 2005「訳者あとがき」ユクスキュル、クリサート／日高敏隆・羽田節子訳『生物から見た世界』（pp. 159-166）岩波書店、田中祐理子 2021「ユクスキュルにとっての〈環世界〉――人間・認知・外の世界」石井美保他（編著）『環世界の人文学――生と創造の探究』（pp. 17-35）人文書院

を促す**標識**（サイン）として機能する。そうして落下したダニは、何かへの接触を知覚することで、歩きまわるという活動を開始し、毛のない皮膚にたどり着いたことを温かさによって知覚すると、そこに頭を突っ込んで液体（血液）を吸う。

このダニの世界は、酪酸の匂い、接触、温かさという三つの知覚と、落下する、歩きまわる、液体を吸うという三つの作用によって構成されている。ダニの環世界は、このように非常に単純である。目下の対象である哺乳類が客観的に有していると思われるその他の性質は、無視されているというよりも、ただ存在しない。ダニはそのような世界に生きている。しかしこの単純さは、ダニの生存をより確かなものとしている。ダニの環世界は単純だが、それでいて完全である。

■機能環

ダニの環世界は、ダニに固有のものである。同様に、すべての動物は、それぞれに固有な環世界を生きている。客観的な環境と異なり、環世界には種に応じた多様性がある。[4] よって環世界は、しばしば複数形のUmweltenとして語られる。

ユクスキュルは、種によって異なる多様な環世界に共通する基礎的構造を、**機能環**（Funktionskreis）として図式化した[5]（図1）。機能環は、動物主体とその環世界における客体との結びつきを、閉じた環として表現する。先に述べた環世界の完全さは、この図式によって把握される。

[2] ユクスキュルは、この考え方を生理学者や動物学者の立場として批判的に言及している。von Uexküll, J. & Kriszat, G. 1934; 1970 *Streifzüge durch die Umwelten von Tieren und Menschen*. S. Fischer Verlag GmbH.（ユクスキュル、クリサート／日高敏隆・羽田節子訳 2005『生物から見た世界』岩波書店）、von Uexküll, J. 1950 *Das allmächtige Leben*. Christian Wegner Verlag.（ユクスキュル／入江重吉・寺井俊正訳 1995『生命の劇場』博品社）

[3] von Uexküll, J. & Kriszat, G. 1934; 1970 *Streifzüge durch die Umwelten von Tieren und Menschen*. S. Fischer Verlag GmbH.（ユクスキュル、クリサート／日高敏隆・羽田節子訳 2005『生物から見た世界』岩波書店 pp. 11-13.）

[4] 様々な動物の多様な環世界は、以下に詳しい。von Uexküll,

例えば、ダニの環世界における酪酸は、客体である哺乳類が近づいていることを知らせる知覚標識として機能する。これは主体であるダニの**内的世界**（Innenwelt）を通じて、落下するという作用を引き起こし、客体である哺乳類に対し、衝撃という作用標識を与えるとされる。すると酪酸という最初の知覚標識は消去され、接触という新しい知覚標識から成る次の機能環に切り替わる。先のダニの三つの知覚と三つの作用は、このようにして進行する三つの機能環によって理解される。

ダニの**知覚世界**（Merkwelt）は、ダニの受容器によって知覚が可能なすべての領域であり、ダニの**作用世界**（Wirkwelt）は、ダニの実行器（効果器）によって作用が可能なすべての領域である。この二つの世界は、一つの機能環として、あるいは複数の機能環の関係として結び合わされており、それらの統一体としてのダニの環世界を作り上げている。[6]

このようにして単純な動物には単純な環世界が、複雑な動物には複雑な環世界が対応しているが、どんな動物主体もそれぞれの環世界に完全にはめこまれている。ユクスキュルはこれを「環世界説の第一の基本法則」と呼んだ。[7]

J. 1921 *Umwelt und Innenwelt der Tiere.* Verlag von Julius Springer.（ユクスキュル／前野佳彦訳 2012『動物の環境と内的世界』みすず書房）

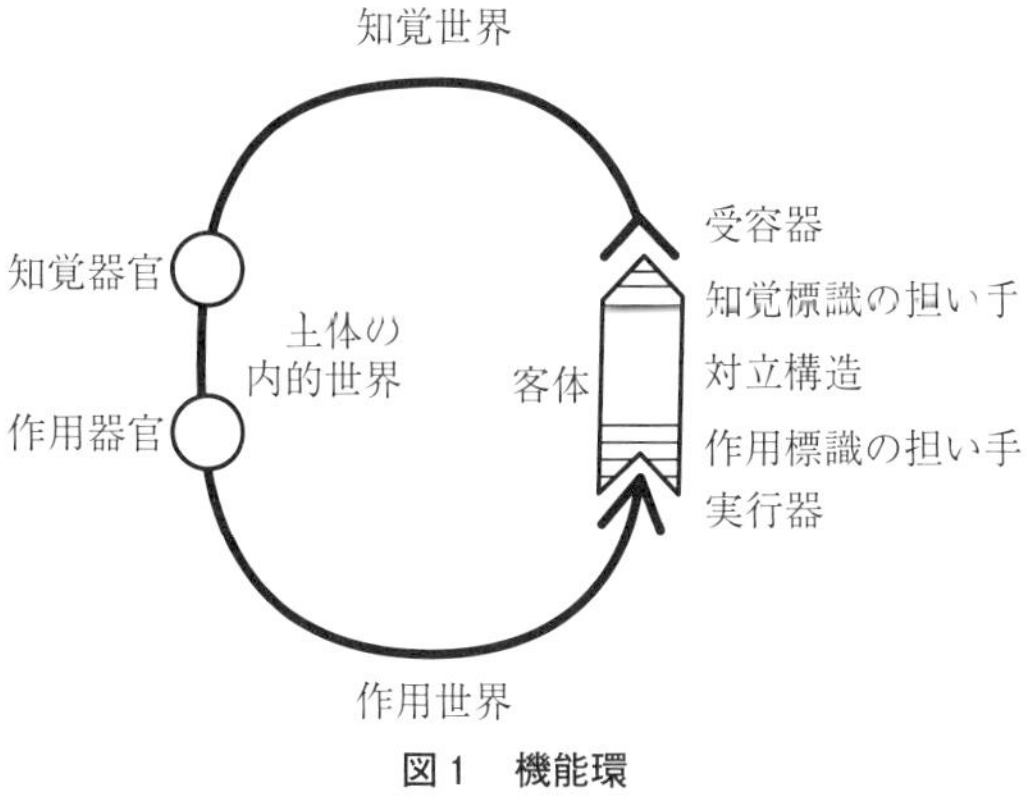

図1　機能環

■環世界へのアプローチ

環世界は動物の主観的世界であるから、それへのアプローチは容易ではない。とくに注意すべきは、特定の動物に固有な意味世界を、人間の主観になぞらえて捉えてしまう、安易な擬人化である。ユクスキュルはこの罠と意識的に向き合い、とりわけ心理学的なアプローチとは慎重に距離を取った。

代わりに彼が注目したのが、動物の行動である。動物の主観には直接アクセスすることができないが、それは動物の行動を通して推測することができる。例えばダニは、膜の下に適当な温度の液体があれば、膜を突き破ってそれを吸う。それが血液でなくてもよい。その意味で、ダニには味覚がないということは、適切な実験環境を構築し、ダニの行動を観察することで推測することができる。この点で、環世界論は**動物行動学**の先駆としてしばしば評価される[8]。

行動に注目するとはいえ、生物の内的状態が無視されるわけではない。例えばヤドカリにとってのイソギンチャクは、ときには住居であり、ときには食物である。イソギンチャクという客体に対して、ヤドカリはそのときの内的状態に相応しい行動をとる。これはヤドカリの**気分**（Stimmung）という言葉で言及されている[9]。

また、相互に関係する生物の環世界は、**対位法**（Kontrapunkt）の関係にあるとされる。音楽の対位法において、独立した複数の旋律が調和的に配置されるように、各生物の環世界は、それぞれに固有でありながら調和的に結びついているという。こう

［5］機能環の図やそこに示される用語は、文献によって若干異なる。ここでは前掲書［3］p.19に収載のものを使用する。

［6］環世界はこのように主体に応じて作られる世界、構成される世界であり、I－5の構成主義の考え方と通じている。人間の環世界、とりわけその発生的（発達的）側面に注目した理論が、ピアジェの発生的認識論であると言えるだろう。

［7］前掲書［3］p. 20.

［8］アドルフ・ポルトマンによれば、動物の行動研究の源泉は実際には複数あり、ユクスキュル一人の功績とすることはできないようである。また、彼の息子であるトゥーレ・フォン・ユクスキュルは、近年の行動研究においては生物の主体性が看過されており、環世界研究はむしろ後退しているという。詳細は、新思索社版の『生物から見た世界』所収の解説を参照。

した音楽のメタファーは他にもあり、晩年の著作に顕著である。[10]

■人間の環世界

ユクスキュルの環世界論が、**シェーラー**（Max Scheler）や**ハイデガー**（Martin Heidegger）といった**現象学**の流れを汲む哲学者たちの議論に大きな影響を与えたことは、よく知られている。だがそうした同時代の哲学者たちが、動物とは異なる存在としての人間に焦点を当てたのに対し、ユクスキュル本人は、むしろ動物と人間を同一の地平で捉えようとした。とくに彼はカント的**認識論**を生物学に応用することで、固有の認識構造を持つ主体として生物を位置づけようとした。[11]その意味で、環世界論は**人間中心主義**を超克する思想の先駆でもあり、今日の人文学領域においてもしばしば肯定的に言及される。

環世界論はたしかに人間中心主義的ではないが、**観察者**としての人間という観点がきちんと踏まえられているという点は、強調されなければならない。生物が主観的な意味の世界に生きているということは、生物の一種である我々自身にも当てはまる。すなわち、客観的な環境とは、人間に固有の環世界に他ならない。[12]また、他の生物の環世界についての記述は、そうした人間による観察の結果としてであるという弁明をつねに必要とする。その意味で、環世界論はI－6で述べるネオ・サイバネティクスにおける**観察**という問題系を先取りしてもいる。

[9] 前掲書［3］p.89.

[10] von Uexküll, J. 1940; 1970 *Bedeutungslehre*. S. Fischer Verlag GmbH.（ユクスキュル／日高敏隆・野田保之訳 1995「意味の理論」『生物から見た世界』（pp. 137-241）新思索社）、von Uexküll, J. 1950 *Das allmächtige Leben*. Christian Wegner Verlag.（ユクスキュル／入江重吉・寺井俊正訳 1995『生命の劇場』博品社）

[11] von Uexküll, J. 1920 *Theoretische Biologie*. Paetel.

[12] 前掲書［3］p.28.

なお、環世界論は、生物の世界を記号過程として捉える**生命記号論**の立場の先駆としても位置づけられる。生命記号論は、人間中心的、言語中心的なソシュール系の記号学に対して、よりミクロな記号過程を論じるパース系の記号論の系譜にある。ただし、生命記号論では、そのように観察する観察者の視点は看過される傾向にある。[13]

■ロボットから見た世界

記号創発システム論は、各主体の内部に閉じた視点を前提として、社会レベルの記号的コミュニケーションがいかにして成立するかという問題を主題化する。これは各々の環世界を基盤として、記号の問題を考えるということに他ならない。[14]

では、記号創発システムの未来の構成員として想定されるロボットは、どのような環世界を持つのだろうか。先の機能環の図式でいえば、ロボットに備え付けられたカメラやマイクは、受容器に相当する。同様に、アームやタイヤ、スピーカーなどは実行器であろう。**ロボットの環世界**は、それらによって〝知覚〟ないし〝作用〟が可能な領域の統一体として想像することができる。[15] 記号創発システム論は、そうしたセンサ・モータ系という意味で閉じたロボットの身体をベースに、そこから立ち上がる記号的相互作用を探究する。

とはいえ、ロボットの環世界論は、そのロボットが主体であるとみなせる場合に妥当する。ユクスキュルは、主体がなければ時間も空間も存在しないと述べ、環世界論

[13] 西田洋平 2010「ネオ・サイバネティクスと生命記号論――その交点における情報論／生命論」『思想』1035, 115-130.

[14] I-6で述べるように、情報という概念も同様に、閉じたシステムを前提として議論されなければならない。

[15] このロボットの環世界は、ロボットの世界モデル（III-7）と対応関係にあると想像することもできる。

における主体の役割を強調した[16]。そして彼は生物と機械を区別し、生物であれば主体であると捉えたのだった。時代的に、現代のロボットのような機械は想定されておらず、機械は主体になり得ないと明言されているわけではない。生物もまたたしかに機械的であるとも言われている。だが少なくとも生物は、自らの身体を自ら形成し、つねに再構築を続けるという点で、**超機械的**であると考えられている[17]。

このような機械的でありながら超機械的でもあるという生物観は、I-6「ネオ・サイバネティクスと情報」で述べる**オートポイエーシス**を連想させる。オートポイエーシス論に則すなら、ロボットが主体となることができるのは、オートポイエーシスという閉じた組織化が実現したときである。

〔**西田洋平**〕

[16] 前掲書［3］p. 24.

[17] 前掲書［4］p. 327.

発達心理学と構成主義

――ピアジェから現代まで

■ピアジェ理論：シェマと適応

発達心理学者**ピアジェ**（Jean Piaget）は、子どもの**認知発達**に関する理解に革命をもたらした人物である。Ⅱ-2「言語習得」でも述べられているように、一般的に、子どもの発達は経験的要因と生得的要因のどちらが大事であるかが議論されがちだが、ピアジェは両者の相互作用を重視し、知識の構築における子どもの積極的な役割を強調した。詳細は後に触れるように、ピアジェは**構成主義**者として知られる。

シェマとは、ピアジェ理論における認識の枠組みの単位であり、ピアジェの構成主義における根本的な概念のことを指す。具体的には環境を理解し、予測するための一連の行為や記憶、思考、戦略などを含む。重要な点として、Ⅰ-1の記号創発システム論でもふれられているように、主体の感覚運動系をもった身体と環境の相互作用を通じて構成されていく。厳密にはシェムと表記する方が正しいという指摘もある。[1] 例えば、ものをつかむシェマについて考えてみると、対象の大きさや重さに応じてものをつかみ方は異なるものの、行為者にとってはものをつかむという意味では同じであ

[1] Piaget, J. 1970 Piaget's theory. In P. H. Mussen (Ed.), *Carmichael's Manual of Child Psychology* (Vol.1, 3rd ed.) (pp. 703-732). John Wiley & Sons.（ピアジェ／中垣啓訳 2007『ピアジェに学ぶ認知発達の科学』北大路書房）

る。このように、シェマは様々な行為の等価性を特徴づける単位のことを指す。

ピアジェによれば、シェマを通じて、子どもは環境に適応していく。特に、**同化**と**調整**という二つのプロセスを通じて適応していく。同化とは、生物学の概念で、有機体が食物を摂取し、環境を自らに取り込むことに基づく。ピアジェ理論においては、子どもが新しい情報を自分の既存のシェマに合うように変形させ、取り入れることを指す。また、調節とは、有機体が、既存のシェマを、新しい経験に合わせて変化させていくことを指す。つまり、新しい経験に応じて、自分の認識を変更させることだと言える。つかむという行動を例にすると、乳児が新しい物体を見つけた場合に、既存のつかみ方をこの物体に適用することが同化である。また、通常のつかみ方ではうまくいかない場合に、うまくつかめるようにつかみ方を探索する過程を調整だとみなすことができる。

このように同化と調節を繰り返す中で、ヒトは新しい認識を獲得する。

■発生的認識論

ピアジェは、**発生的認識論**の提唱者とされる。発生的認識論とは、知識、特に**科学的知識**の発達を、その歴史、社会発生、知識の基礎となる概念や操作の心理学的起源に基づいて説明しようとする理論である。発生という言葉は、現代の意味では発達と同義である。ピアジェは1950年に『発生的認識論序説』を著し、1955年に発生的認識論国際センターをジュネーブ大学に発足させ、この問題に取り組んでいる。

ピアジェによれば、発生的認識論は、科学の歴史的側面（系統発生）と個人の発達（個体発生）の両方における知識の発達に関係している。この理論では、知識はどのように獲得され、どのように組織化され、時間とともにどのように変化するかを説明しようとする。

発生的認識論は、伝統的認識論といくつかの点で重要な違いがある。伝統的認識論は、知識の性質や知識の獲得方法に関心を持ち、知識の論理的・概念的分析とその正当化が主な関心事である。対照的に、発生的認識論は、知識の起源やその発達に関心がある。また、研究方法にも違いがあり、伝統的認識論は哲学的で抽象的なものであり、論理的推論、思考実験、哲学的論拠の分析を通じて認識論的疑問に答えようとする。一方、発生的認識論は、より経験的で、実践的な観察に基づくものであり、実験や観察を通じて行われる。個体の役割にも違いがあり、発生的認識論では、学習者が世界との相互作用を通じて自ら知識を構築するというピアジェの構成主義の視点があるが、伝統的認識論は知識を生み出す上での個人の役割を必ずしも考慮していない。

■構成主義

構成主義とは、知覚や記憶などの心的構造が、受動的に獲得されるのではなく、能動的に組み立てられたり、構築されたりするものであるという考えのことを指す（I

－6「ネオ・サイバネティクスと情報」も参照)。心理学者である**バートレット**(Frederic Bartlett)が、記憶に関する研究で導入したのが始まりとされる。知覚の分野においては、心理学者**ナイサー**(Ulric Neisser)によって、様々な錯視を説明するために用いられている。**ラディカル構成主義**は、本項目で取り上げているピアジェや哲学者**ヴィーコ**(Giambattista Vico)に由来し、『ラディカル構成主義』の著者である哲学者**グレーザーズフェルド**(Ernst von Glasersfeld)によって形式化された。この考えは、主体が環境に対する自身の行動の影響を観察することによって心的構造を構成するという仮定に基づいている。また、**社会構成主義**は、社会学者**バーガー**(Peter L. Berger)らが出版した『現実の社会的構成』に基づき、人々が社会環境の解釈を共有するようになるプロセスに焦点を当てている。

■ピアジェとラディカル構成主義

ラディカル構成主義は、知識と現実の関係について従来とは異なる見方を提案している。伝統的認識論や認知心理学では、知識は客観的現実に一致するとみなされる。ラディカル構成主義は、客観的現実の存在自体は否定しないものの、客観的現実への到達手段がないことを指摘する。知識は機能的な意味での適応であり、主体の経験によって構成される世界の枠組みを反映したものであると考える。言い換えると、知識は客観的現実を反映するものではなく、個人によって構成される主観的な世界理解だといえる。この理論によれば、主体はその経験の流れの中で構造を作り出し、その構造こそが現実として経験するものである。ピアジェは、構成主義理論の先駆者の一人であり、ピアジェ自身がラディカル構成主義者だとみなされるわけではないが、その考えはラディカル構成主義の中心的なものと類似している。ラディカル構成主義は、ピアジェの構成主義理論を継承し、洗練させたものとして捉えられる。

■発達心理学における構成主義の展開

ピアジェ理論は、理論的な曖昧さや支持する実証的知見の不足などから、20世紀後半に多くの批判を受け、ピアジェが提唱した形のまま受け入れられているものはほとんどない。だが、ピアジェ理論を認知科学の視点から発展させた新ピアジェ派という一派など、現在でも研究は脈々と受け継がれている。構成主義に関しては、2000年代から、**合理的構成主義**というアプローチが見られる。これは、発達の構成的説明の要素と、合理的な統計的推論、とりわけ確率論的モデルやベイズ的アプローチとしての学習の説明を融合したものである。具体的には、個体は事前の信念、知識、バイアスを、環境から提供された新しい証拠と統合し、一連の仮説の事前確率と、その証拠がどの程度強力で、どのように生成されたかを暗黙のうちに評価し、これらの評価を組み合わせて仮説の事後確率を生成するようなプロセスのことを指す。合理的構成主義は、乳児の認知発達の一部をうまく説明することができる[2]。

〔**森口佑介**〕

[2] Xu, F., Dewar, K., & Perfors, A. 2009 Induction, Overhypotheses, and the Shape Bias: Some Arguments and Evidence for Rational Constructivism. In B. M. Hood & L. Santos (Eds.), *The Origins of Object Knowledge* (pp. 263-284). Oxford University Press.

ネオ・サイバネティクスと情報

——情報とは何か？

■サイバネティクスとネオ・サイバネティクス

サイバネティクス（cybernetics）とは、生物と機械をシステム論的観点から統一的に理解しようと構想された学際的な学問である。**システム論**（systems theory）とは、対象を個々の要素に還元せずに、その全体性を捉えようとする研究手法を指す。

サイバネティクスは、数学者**ウィーナー**（Norbert Wiener）によって1948年に提唱された[1]。だが社会的には、一つの独立した学問というよりも、様々な分野の学者たちが参画する一種の知的ムーブメントとして機能し、制御、通信、情報などをキーワードとする20世紀後半以降の知を先導する役割を担った。

サイバネティクスの原点には、出力の結果を入力側に返すことで目的の状態へと接近する**フィードバック機構**と、精神の働きを脳神経系における情報の機械的処理としてモデル化する**ニューラルネットワーク**としての**マカロック・ピッツモデル**がある。

この両者によって、生物の身体や精神の全体性を機械論的に理解する道筋が得られ、生物と機械を同一のシステムとみなすサイバネティクスが誕生した。

[1] Wiener, N. 1948, 1961 *Cybernetics: Or Control and Communication in the Animal and the Machine*. John Wiley.（ウィーナー／池原止戈夫他訳 2011『サイバネティックス——動物と機械における制御と通信』岩波書店）

[2] この呼称は、米国の文学者ブルース・クラークとメディア学者マーク・ハンセンによるものである。なお、工学分野の一部でも同じ名称が用いられているが、それとは無関係である。

[3] サイバネティクスからネオ・サイバネティクスへの〝転

一方、**ネオ・サイバネティクス**[2]（neocybernetics）と今日総称される諸理論は、サイバネティクスの**認識論的転回**として1970年代に成立した。[3] サイバネティクスが我々人間をサイバネティックなシステムとして語るならば、それは我々というシステムが語るサイバネティクスそれ自体をも含まなければならない。フェルスター（Heinz von Foerster）は、これをサイバネティクスのサイバネティクスという意味で、**セカンド・オーダー・サイバネティクス**と名付けた。[4]

従来のサイバネティクスはファースト・オーダーに留まっており、サイバネティクスそれ自体は客観的な科学的理論として第三者的に語られるのみである。これに対してセカンド・オーダー・サイバネティクスは、そのように語るシステムとしての**観察者**を含めて語ること、言い換えれば、サイバネティックな観察それ自体の観察を求める。観察対象はただそのようにあるのではなく、そのようなものとして観察者によって観察されているということが、つねに意識される必要がある。

これは「我々によって現実がつくられている」と考える、現実の**構成主義**（I-5）的立場をとることでもある。このネオ・サイバネティックな現実観は、グレーザーズフェルド（Ernst von Glasersfeld）によってヴィーコ（Giambattista Vico）の哲学とピアジェ（Jean Piaget）の発生的認識論と組み合わせられ、**ラディカル構成主義**として探究された。[5]

回〟と、後者を構成する諸理論（セカンド・オーダー・サイバネティクス、オートポイエーシス論、ラディカル構成主義）の概略は次を参照。西田洋平 2023『人間非機械論――サイバネティクスが開く未来』講談社

［4］von Foerster. H. 2003 *Understanding Understanding*. Springer.

［5］ラディカル構成主義という名称は、直接には、ピアジェ理論のラディカルな受容を意味している。いわく、認知主体は客観的な環境に対して同化や調節を行っているのではなく、自らが構成してきたシェマに即して主観的に認知行為している。調節は同化の逆ではなく、シェマが予期された結果を生まない場合にのみ生じる現象である。詳細は、von Glasersfeld. E. 1995 *Radical Constructivism: A Way of Knowing and Learning*. Routledge.（グレーザーズフェルド／橋本渉訳 2010『ラディカル構成主義』NTT出版）を参照。

■オートポイエーシス

ネオ・サイバネティクスのもう一つの特徴は、生物と機械を異なるシステムとして理論化する点にある。これを明確に行ったのが、マトゥラーナ（Humberto Maturana）とヴァレラ（Francisco Varela）によるオートポイエーシス論である。[6]

オートポイエーシス（autopoiesis）とは、生命システムに特徴的な組織化の仕方を指し示す概念で、自分で自分をつくり続けるというメカニズムを意味している。「オート」は自己、「ポイエーシス」は産出や創造を意味するギリシア語である。オートポイエティック・システムは、その**構成素**が相互作用することでプロセスのネットワークをつくり出すと同時に、このプロセスのネットワークによってこそ、まさにその構成素が産出されるようなシステムである。[7]

オートポイエティック・システムは、自らの作動によって自らを産出し続けることで、それ自身の在り方をそれ自身によってつねに特定している**自律システム**である。それに対して機械[8]は、他者（アロ）の産出に従属する**アロポイエーシス**（allopoiesis）として組織化された**他律システム**である。

オートポイエーシス論は、最小の生命システムとしての細胞を念頭に置いた理論だが、その後継者たちはこれを心的システムや社会システムの理解へと応用した。なかでもよく知られているのが、**ルーマン**（Niklas Luhmann）による社会システム理論である。[9] ルーマンは、社会システムの構成素は、人間ではなく**コミュニケーション**であ

[6] Maturana, H. R., & Varela, F. J. 1980 *Autopoiesis and Cognition: The Realization of the Living.* D. Reidel Publishing Company.（マトゥラーナ，ヴァレラ／河本英夫訳 1991『オートポイエーシス――生命システムとはなにか』国文社）

[7] これは細胞の代謝プロセスと細胞膜との相互依存関係として具体的にイメージすることができる。こうしたシステムの自律性については、Ⅳ-2「エナクティヴィズム」も参照。

[8] ここでいう機械とは、通常の意味での人工的機械である。オートポイエーシス論では、生命システムもまた機械の一種としてそのメカニズムが論じられるが、それはオートポイエーシスという超機械的（Ⅰ-4「ユクスキュルの環世界論」参照）なメカニズムである。

るとした。**社会システム**とは、コミュニケーションの産出プロセスがネットワークとなると同時に、このネットワークによってこそ、まさにそのコミュニケーションが産出されるようなオートポイエティック・システムである。

■基礎情報学

サイバネティクスは、情報という概念と密接に関わる学問である。その初期の頃から、コンピュータ科学や通信工学のみならず、認知科学や生命科学など、科学的概念としての客観的な「情報」を扱うと考えられた諸学問を支える役割を果たしてきた。だがネオ・サイバネティクスへと〝転回〟後の情報概念は、それまでとはまったく異なるものとなってくる。生命システムは自律システムであるから、それを制御するような客観的な「情報」が外部から入力として与えられることはない。自律システムは**情報的閉鎖系**である。情報があるとすれば、それはシステムの内側に生じる主観的な意味と不可分のものとしてあるということになる。

ネオ・サイバネティクスに基づく情報学として、このような新しい情報概念を明確に示したのが、西垣通の**基礎情報学**（fundamental informatics）である[10]。基礎情報学では、**情報**とは「生物にとって意味（価値）をもたらすもの」である。そうした情報を担うもの、すなわち情報の担体に注目するならば、それは「それによって生物がパターンをつくりだすパターン」である。

［9］Luhmann, N. 1984 *Soziale Systeme*. Suhrkamp.（ルーマン／佐藤勉監訳 1993, 1995『社会システム理論』（上・下）恒星社厚生閣）

［10］西垣通 2004『基礎情報学――生命から社会へ』NTT出版、西垣通 2008『続基礎情報学――「生命的組織」のために』NTT出版、西垣通 2021『新基礎情報学――機械をこえる生命』NTT出版

■生命情報、社会情報、機械情報

基礎情報学では、あらゆる情報は生物にとっての意味と結びついた**生命情報**であるとされる[11]。観察者から見れば、それはその生物の生存に役立つものであり、その生物の進化や学習といったプロセスを通じて生成されてきた意味や価値に相当する。そうした試行錯誤のプロセスによって、パターンとしての意味構造が形成され、それに基づいてさらに新たなパターンが形成されていく。これはパース系記号論における**記号過程**、とくに**ホフマイヤー**（Jesper Hoffmeyer）が**生命記号論**[12]として展開した生命体内部の記号過程に相当する。そうして生命体の内部で自己準拠的に発生しているのが生命情報である。

生命情報の一部は、人間によって明示的に観察、記述され、社会的に流通する**社会情報**に転化する。社会情報は、言葉や絵といった人間社会で通用する**記号**で記述された情報である。人間社会で用いられるあらゆる情報は社会情報である。

社会情報は、それが用いられる社会を前提としている。例えば日本語による表現は、日本語を用いる**言語共同体**の存在が前提となっている。ソシュール（Ferdinand de Saussure）が喝破したように、それを超える普遍的な意味構造は存在しない。さらにパースが論じたように、個々の記号の意味は記号過程としてダイナミックに変容していくものでもある。

だが記号のこのダイナミックな側面を捨象し、サイン（表意体）としての「記号」

[11] 西垣通 2012『生命と機械をつなぐ知 ── 基礎情報学入門』高陵社書店

[12] Hoffmeyer, J. (Danish version 1993), Haveland, B. J. (Trans.), 1996 *Signs of Meaning in the Universe*. Indiana University Press.（ホフマイヤー／松野孝一郎・高原美規訳 2005『生命記号論 ── 宇宙の意味と表象』（新装版）青土社）

だけに注目することで、最狭義の情報としての**機械情報**が出現する。意味と切り離された客観的な「記号」ないし「情報」であれば、その処理や伝達を効率的に行うことができる。コンピュータが扱うのはまさにこの機械情報である。さらに、例えば**文字**もそうである。文字は正確に書き写しさえすれば、その意味も伝達できると想定されている。

■HACS

機械情報のように情報の担体のみに注目し、それこそが情報であると考えるなら、情報伝達は可能であると言ってよい。しかし、情報的閉鎖系である自律システムの内部に生じる生命情報こそが本来の情報であるならば、情報は原理的に伝達されないと言わなければならない。

問題はむしろ、社会的な情報伝達が可能であると錯覚されるメカニズムである。基礎情報学が提示する**階層的自律コミュニケーション・システム**（**Hierarchical Autonomous Communication System**）、略して**HACS**と呼ばれる概念は、情報伝達というフィクションをシステム論的なメカニズムによって理解することを可能にする。

重要な点は、観察者の視点を動的に切り替えることによって、自律システム間の拘束・制約関係が把握可能となる点である（図1）。社会システムと**心的システム**は、それ自体としては（その内的メカニズムの観察者の視点では）ともに自律的である。

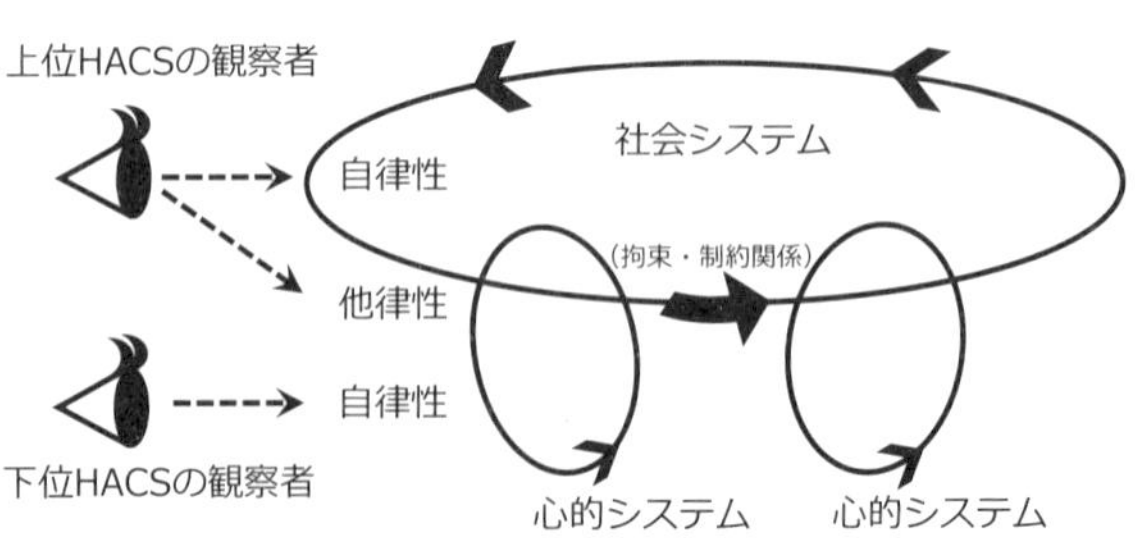

図1　HACSとして見た心的システムと社会システム

だが上位ＨＡＣＳである社会システムのレベルの観察者には、下位ＨＡＣＳである心的システムは社会システムの作動に拘束・制約される他律システムに見える。そうした心的システムが生み出す記述を素材として、社会システムのコミュニケーションが継続的に発生しているとき、観察者はそこに情報伝達というフィクションを見る。情報は原理的に伝達されないが、心的システムの上位にあたる社会システムが継続的に維持されているということそれ自体によって、情報が伝達されているとみなされるような事態が生じていると言えるのである。

各主体の認知的な閉じを前提とする記号創発システム論も、こうしたネオ・サイバネティックな議論の系譜にある[13]。現在のところ、ロボットのような人工的機械はすべて非オートポイエティックなシステムであり、他律システムであるから、それらを心的システム同様の下位ＨＡＣＳとして位置付けることはできない。だが社会システムのレベルでは、自律システムであるはずの心的システムもまた他律システムのように見える。よってそれ自体としては他律的な機械のまま、社会システムレベルで我々人間と同等に作動するシステムの可能性を探ることはできるだろう[14]。記号創発システム論は、そうした個々のシステムのメカニズムが、社会レベルの記号的コミュニケーションの実現にどのように寄与するかを探る試みであると言える。

〔**西田洋平**〕

[13] ただし、各システムの捉え方が厳密に一致するわけではない。両者の異同については、谷口忠大他（編著）2023『未来社会と「意味」の境界——記号創発システム論／ネオ・サイバネティクス／プラグマティズム』勁草書房の第3章を参照。

[14] とはいえ、それ自体として他律的な機械のままであるならば、それは我々のようなオートポイエティックな自律的存在とは区別されてしかるべきだろう。

ブックガイドⅠ

①谷口忠大『コミュニケーションするロボットは創れるか ── 記号創発システムへの構成論的アプローチ』NTT出版、2010年
記号創発システムの概念を初めて世に問うた著作。「ペットロボットになぜ飽きるのか？」の問いに始まり、人間の記号的コミュニケーションがいかにして意味を持ち、成立するのかという問いにシステム論的視点から迫る。本書編者の処女作。

②西田洋平『人間非機械論 ── サイバネティクスが開く未来』講談社選書メチエ、2023年
日本におけるネオ・サイバネティクスの啓蒙者である著者が、丁寧にその歴史と、それから至る情報観まで解説する。AI研究の裏に潜む背景的なパラダイムを指摘しつつ、生命の自律性に迫る。

③H・マトゥラーナ，F・バレーラ『知恵の樹』管啓次郎訳、ちくま学芸文庫、1997年：オートポイエーシスを構想したマトゥラーナとバレーラが著した入門書。イラストや直感的な説明も豊か。記号創発システムの概念は本書の構造的カップリングの概念に基づいている。

④米盛裕二『パースの記号学』勁草書房、1981年：難解であると言われるパースの記号論に対するわかりやすい解説書。記号論のみならずパースの哲学に触れることができる。

⑤丸山圭三郎『ソシュールを読む』講談社学術文庫、2012年：記号学の父であるフェルディナン・ド・ソシュールの思想を解説する。記号創発システム論における創発的記号システムはソシュールのラング概念と近接している。記号や言語を語るにはソシュールに触れておきたい。

⑥シェリル・ミサック『プラグマティズムの歩き方 ── 21世紀のためのアメリカ哲学案内』（上・下）加藤隆文訳、勁草書房、2019年：ニュー・プラグマティズムの旗手によるプラグマティズムの概説書。記号論を生んだパースを含むアメリカの思想潮流であるプラグマティズムを解説する。

⑦J・ピアジェ『ピアジェに学ぶ認知発達の科学』中垣啓訳、北大路書房、2007年：発達心理学の父であるのみならず、発生的認識論の哲学で知られるピアジェの基本的な思想を解説した書籍。記号創発システム論は特に内的表象形成の視点においてピアジェの発生的認識論の影響を強く受けている。

⑧ユクスキュル，クリサート『生物から見た世界』日高敏隆・羽田節子訳、岩波文庫、2005年：生物たちの主観的世界である「環世界」の考え方を広めたユクスキュルの名著。私たちの世界は常に私たちの知覚世界に閉じていると再認識させられる。読み物としても優れた一冊。

⑨西垣通『基礎情報学 ── 生命から社会へ』NTT出版、2004年：記号創発システム論がその形成過程において強く影響を受けた思想の一つ。「情報とは何か？」を徹底的に問う、西垣通による情報学。端々に現れる記号創発システム論との近接性にも注目したい。

⑩谷口忠大・河島茂生・井上明人（編著）『未来社会と「意味」の境界 ── 記号創発システム論／ネオ・サイバネティクス／プラグマティズム』勁草書房、2023年：記号創発システムの概念が初めてネオ・サイバネティクスやプラグマティズムなどの人文社会系の思想と交差する。

第Ⅱ部

Symbol Emergence in Robotics

Ⅱ－1 記号創発ロボティクス

――記号接地問題を超えるための構成論的アプローチ

■記号創発システムへの構成論的アプローチ

現実世界の中で**内的表象系**を形成し、語彙や言語の使用方法を学び、言語的（記号的）なコミュニケーションを可能にし、私たちと共に暮らしていける人工知能やロボットを作るにはどうすればよいだろうか。またその先の未来図であるⅠ－1「記号創発システム」で示した図1（再掲）の中では人間のみならず人工知能やロボットが言語を生み出す**記号創発システム**へと参画していた。人工知能やロボットが、人間が形成する記号創発システムの構成員として加わっていくためにはどのような能力が必要なのだろうか。工学的な方法論により、そのような問いに答える記号創発システムへの構成論的アプローチが記号創発ロボティクスである。

記号創発ロボティクスは、まず実世界の経験と相互作用に

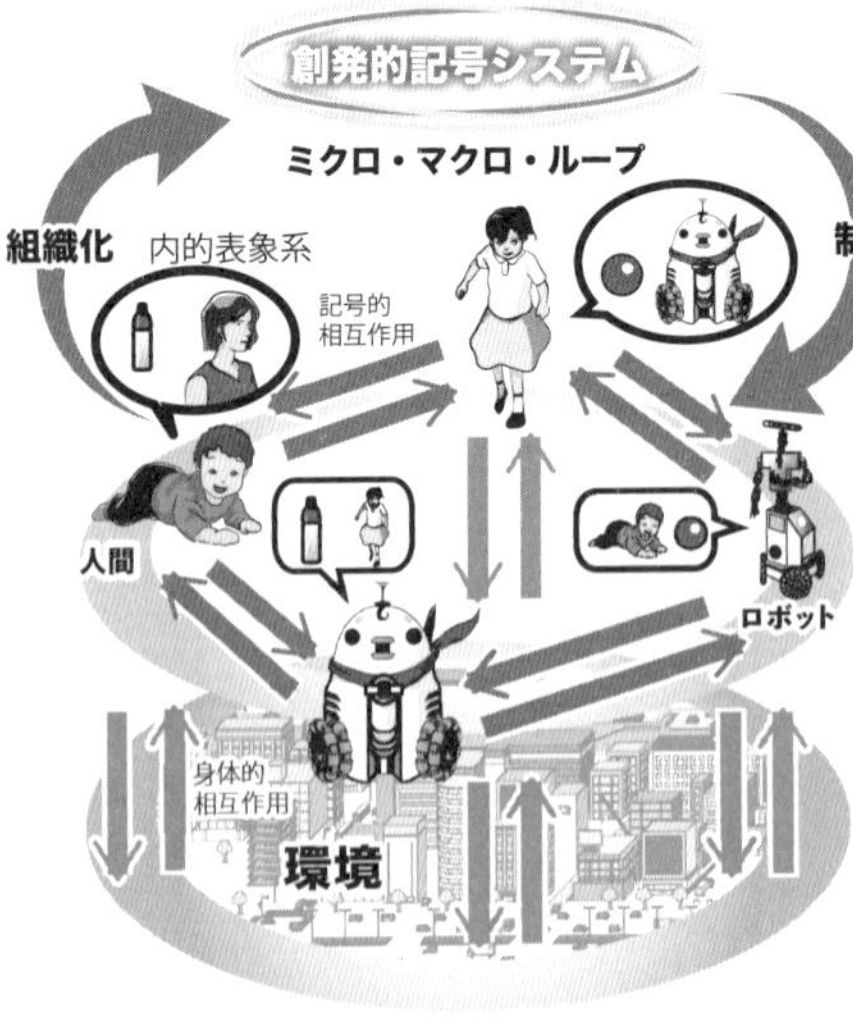

図1（再掲）　記号創発システムの概観

基づいて言語を獲得するロボットの開発が目指されてきた。このアプローチでは、**概念形成**や**言語獲得**、多様なコミュニケーション戦略などを、そのような能力を持つロボットの構築を通して研究する。この研究分野の核心は、人間の感覚運動器を持つロボットが環境との相互作用から言語を獲得し、**記号的相互作用**を達成することで人間理解を深めることにある。

この言葉が初めて用いられたのは、２０１１年に開催された日本人工知能学会において筆者らが中心となり開催したオーガナイズドセッション「記号創発ロボティクスとマルチモーダルセマンティックインタラクション」においてであった[1]。その後、初期的な研究や考え方をまとめた『記号創発ロボティクス――知能のメカニズム入門』が出版され、日本のコミュニティを中心にその研究活動が広がっていった[2]。

ロボットを作ることで人間理解を深めるとはどういうことだろうか。**構成論的アプローチ**は一般的に「作ることによって対象を理解する」という学術的アプローチであり、**分析的アプローチ**に対置される。計算機の発達や低廉化を経て、20世紀末に勃興した**複雑系科学**で多く用いられるようになった学術的にはまだ比較的新しい方法論だ。その科学哲学的な位置づけに関しては、まだ十分な合意に至る議論がなされていないが、**モデル論**の視点から理解するのが良いだろう。

記号創発ロボティクスのような領域では、人間の認知プロセスやその現象を模倣するモデルの構築が主要な焦点となっている。これらのモデルを作動させることで、ロ

[1] オーガナイズドセッションの開催趣旨を述べた予稿は以下で閲覧できる。谷口忠大・岩橋直人・新田恒雄・岡田浩之・長井隆行 2011「記号創発ロボティクスとマルチモーダルセマンティックインタラクション」『人工知能学会全国大会論文集』25, 2B2OS22a1-2B2OS22a1.

[2] 谷口忠大 2014『記号創発ロボティクス――知能のメカニズム入門』講談社

ボットが概念の形成や語彙の獲得などの人間と似た現象を再現できるかどうかが問題となる。もちろん、ロボットの認知が真に人間の認知と同じであるかどうかという疑問は常に存在する。しかしながら、この疑問の焦点は、ロボットの認知が人間と完全に同じであることを証明しようとするのではなく、人間の認知を説明するための新しいモデルを提案し、そのモデル検証をロボットに基づいて実証的かつ反証可能な形で進めることにある。

この視点において人工知能やロボットは人間知能のモデルとなる。モデルの概念は、認知科学や言語学だけでなく、物理学や化学を含んだ多くの科学分野や日常生活の中での思考プロセスにとっても重要な存在である。私たちは何らかのモデルを用いて対象における現象を切り出し、そのモデルの検討によって理解する。特にこれは直接的な観測が困難な対象に対して重要である。私たちの認知システムの作動や適応は、直接的な観測が不可能なため、モデルがその作動を概念化・理解するための鍵となっている。

■科学におけるモデルとしてのロボット

記号創発システムが対象とするような人の心や言葉の意味を研究する上で「なぜ、ロボットなのか？」という質問は記号創発ロボティクスに対して最も頻繁に投げかけられてきたものの一つである。[3]

［3］本項目で議論しているモデルの段階に関しては、谷口忠大2020『心を知るための人工知能――認知科学としての記号創発ロボティクス』共立出版の「第1章 実世界認知のモデル」において詳述しているので参考にしていただきたい。

モデルには段階がある。筆者はこれを四つの段階に分けて議論している。四段階のモデルは、言語によるモデル、図式的なモデル、シミュレーションによるモデル、そしてロボットによるモデルだ。**言語によるモデル**はこれがもっとも曖昧であり、幅もあり、解釈の多様性がある。哲学的な議論ではよく用いられるが、反証可能性が維持されず、思弁的な議論に終止しがちだ。これを乗り越えていくことに実験科学および、その補助輪となる構成論的アプローチの意義がある。**図式的なモデル**は現象や情報、事象の関係性およびその構造を図式的に示したものである。言語的表現よりは論理的構造の特定が図られているが、図式で描かれたシステムが実際に語られたように作動するのかはわからないという問題を抱える。検証不可能であり、反証可能性を持たない。計算機科学の発展のおかげで、これに数理的もしくはアルゴリズム的根拠を持たせて作動させることが可能になった。これが**シミュレーションによるモデル**だ。シミュレーションが多くの学問に貢献したのは2020年代以降に生きる私たちにとっては論を待たないところだろう。しかし、計算機による数理モデルのシミュレーションだけでは、記号創発システムの構成員となる存在のモデルとして十分ではない。なぜならばそのモデルは身体的相互作用と記号的相互作用を通して認知発達し、記号創発システムの構成員となり続けることを検証しなければならない。この検証のためには実世界との相互作用によって得られる感覚運動情報をモデルに加える必要がある。つまり身体が必要なのだ。人工知能が環境と相互作用できる身体を持った時、それはロボットと呼ばれる。こうして私たちは自然とロボットによるモデルに至るのだ。

記号創発システムは自己閉鎖性を有するエージェントによる身体的相互作用をその最も基底に置く。その全体をモデル化しようとすれば、そのモデルが計算機に閉じたシミュレーションを超え**ロボット**へと進むのは研究対象と記号創発システムという図式的モデルが求める必然的な要件なのである。

■「記号」接地問題を超えて

本書における記号概念に関して、人工知能や認知科学の分野に20世紀半ばから末にかけて広がり続けていた「記号」概念との差異に触れておく必要があるだろう。20世紀後半に人工知能や認知科学の分野において一定の勢力を持った**記号主義・計算主義**と呼ばれる考え方がある。記号主義に基づく人工知能（もしくは**記号的人工知能**（Symbolic AI））は**ニューウェル**（Allen Newell）らによる**物理記号システム仮説**に基づく。[4] ここでいう記号とは記号論でいう私たちが日常で使っている記号ではなく、計算機科学が基づくところの記号論理学における「記号」である。筆者はこの二つの記号概念を鉤括弧なしの記号と鉤括弧つきの「記号」で区別している。[5]

物理記号システムはエンティティの集合であり、知識は論理式の集合として表現され、その記号システムは人間によって設計される。これは「記号」が固定的なトークンとして扱われる知能へのアトミズム的アプローチである。しかし、２０１０年代の

[4] Newell, A., & Simon, H. A. 2007 Computer Science as Empirical Inquiry: Symbols and Search. *Communications of the ACM, 19*(3), 113-126.

[5] 谷口忠大 2020『心を知るための人工知能 ── 認知科学としての記号創発ロボティクス』共立出版

ディープラーニングの隆盛を経て、２０２０年代の大規模言語モデルによる分散的表現／表象の論理的情報処理に関するブレイクスルーに至り、「記号」概念に立脚した物理記号システム仮説の妥当性は構成論的な視点ではほぼ失われた。つまり、「記号」概念に立脚した記号的人工知能では実世界で十分柔軟に知的な振る舞いを見せる人工知能は作れずに。データから学ぶ**ディープラーニング**に基づく人工知能が様々なタスクにおいてそれらを超える、そして人間に匹敵するパフォーマンスを見せたのだ。

一方で、私たちのコミュニケーションを支える記号における意味の不思議は残り続けている。記号創発ロボティクスが対象としているのは記号であり「記号」でない点には留意したい。

記号接地問題（**シンボルグラウンディング問題**、Symbol grounding problem）は１９９０年に**ハーナッド**（Stevan Harnad）による論文で紹介された[6]。人工知能の基本問題の一つとも言われる。しかし現在この問題は、人工知能やロボットにおける言語理解全般に関する問題と拡大解釈されているように思われる。元々の指摘はそのコンテクストに「記号」主義人工知能を置いたものであり、物理「記号」システム仮説に基づくようなアプローチで問題になる点を指摘したものである。記号接地問題は記号的人工知能が「りんごは赤い」という知識を持っていても、「赤」という実際の経験を持たないため、その知識が意味を持たないことを指摘した。２０１０年代のディープラーニングが記号接地問題を解決したという論者もいるが、そもそも言語進化や記号

[6] Harnad, S. 1990 The Symbol Grounding Problem. *Physica D: Nonlinear Phenomena, 42* (1-3), 335-346.

創発の先駆的な研究者である**スティールズ**（Luc Steels）は2008年の論文ですでに「記号接地問題はすでに解決されている、またはその問題提起自体に誤りがある」と指摘している[7]。問題の本質は「記号」と記号の概念の混同と、人間の知能の本質でもない「記号」への執着である。「記号」接地問題は本質的な問題ではなく、記号創発問題と言語理解・生成のみが問題なのだ。

■記号創発問題に向き合う

人工知能の分野においても2020年代初頭からの大規模言語モデルの成功と、2022年末にOpenAI社がリリースしたChatGPTの活用普及も相まって多くの人々の記号観が変容している。もはや記号論理の意味での「記号」を知能構築の基礎とする必要性は、人工知能分野でもロボティクス分野でもなくなってきている。記号としての自然言語を直接扱えばよいのだ。脳内の表現（内的表象）は連続的で分散的なものでかまわないし、むしろそうであることが記号（言語）の扱いに関して本質的なのではないかと思われるほどに、大規模言語モデルは上手く作動している。

記号創発問題を「記号」接地問題に取って代わらせよう。それは人工的に設計された「記号」ではなく、自律的な認知システムが環境との身体的相互作用や他者との記号的相互作用を通して、いかに意味ある記号が創発し、記号システムが社会の中で組織化されていくか、を問う。記号創発システム論では特に人間の「認知的な閉じ」を

[7] Steels, L. 2008 The Symbol Grounding Problem Has Been Solved. So What's Next. *Symbols and Embodiment: Debates on Meaning and Cognition*. Oxford University Press. pp. 223-244.

前提に、記号の意味に関わる問題群に向き合う。人間にとっての言葉の意味やコミュニケーションの成立を考える上でも、人間の言葉を理解し記号創発システムの構成員となれる人工知能やロボットを構築する上でも、向き合わなければならないのは記号創発問題なのだ。[8]

〈谷口忠大〉

[8] 谷口忠大 2016「記号創発問題――記号創発ロボティクスによる記号接地問題の本質的解決に向けて」『人工知能』37 (1), 74-81.

Ⅱ－2

言語習得

――統計学習と社会的認知

■言語の生得論と経験論

人間の発達の過程に表れる変化は、大きく経験的要因と生得的要因、そしてそれらの相互作用によって説明されると考えられている。**経験的要因**とは、人間が生まれてから物理的環境、社会的環境において受ける経験の影響を指し、**生得的要因**とは、遺伝的に備わった性質の影響を指す。それぞれがどのように相互作用を行い、発達的変化を実現するかは領域によって異なるが、20世紀中盤以降、言語領域において強い影響力を持ってきたのは生得論であると言って良いだろう。これは**認知科学**の勃興期に**チョムスキー**（Noam Chomsky）が経験による言語習得の不可能性を指摘し、人間にユニークな言語能力を生得的に組み込まれた記号論理的ルールと考えたことの影響が大きい。このアイデアは、人間の知的営みを情報の計算としてみなした初期の認知科学の方向性とも合致しており、多くの研究者に受け入れられた。

しかしその後、認知科学全体において**計算主義**から**身体・環境論**への転換がなされる中で、言語習得研究における経験的要因、生得的要因の捉え方も大きく変化した。

すなわち、経験からの学習方略にこそ、人間の言語習得のユニークな特徴があるのではないかという新たな論点が立ち上がったのである。本稿ではこの中核であると考えられる**統計学習**（statistical learning）と**社会的認知**（social cognitive skills）の二点について概説する。

■統計学習と言語習得

１９９０年代以降の言語習得研究に大きな影響を与えた重大な発見の一つは、人間は環境における安定した情報の分布パターンに敏感に反応し、これを新たな活動に利用できるという統計学習能力の存在だろう。言語習得分野においてこの議論のさきがけとなった**サフラン**（Jenny R. Saffran）らの研究では、８ヶ月児が音の遷移確率、つまりどのような音の後にどのような音が出現しやすいかを手がかりとして用い、連続した音列の中から適切に単語の並びを切り出すことができることを示した[1]。このように、環境における情報の分布の偏りを検出する学習は非常に強力で、その後、単語の切り出しだけではなく意味や統語など、言語を構成する様々なレベルで起こることも明らかになった。例えば、語意学習の領域では、語音（聴覚）と参照対象（視覚）のような異なる**感覚モダリティ**（sensory modality）間のマッピングが統計学習によって検出可能であることが知られている[2]。このことを示した**スミス**（Linda B. Smith）らの実験では、ある語音が複数の異なる場面において用いられている状況において、

[1] Saffran, J. R. Aslin, R. N. & Newport, E. L. 1996. Statistical Learning by 8-Month-Old Infants. *Science*, *274*, 1926–1928.

[2] モダリティとは、視覚、聴覚、嗅覚、触覚などそれぞれの感覚器官を通じて受容される感覚様相のことである。言語習得過程においては、言語の意味を構成するのに複数のモダリティをどのように統合するのかという点が重要な問題となる。例えば「りんご」という音が甘酸っぱい匂いのする赤い果実と結びつくためには聴覚モダリティと視覚モダリティ、嗅覚モダリティの統合が必要となる。

子どもが最も共起関係の高い語音と参照対象の対応パターンを素早く検出することを示している[3]（**交差状況学習**：cross situational learning）。

　このような統計学習は、計算機シミュレーションを用いた検討も幅広く行われている。例えばその先駆的研究である**エルマン**（Jeffrey L. Elman）のシミュレーションでは、言語的インプットから統語的知識をどのように抽出できるのかを単純再帰ネットワークを用いて検討した。この研究では、様々な語の配列を入力することで、ある語の後にどのような**文法的カテゴリ**の語が現れるかを学習させた。結果、学習されたネットワークは例えば形容詞の後に名詞、または名詞の後に動詞など、次に生起しうる文法的カテゴリを予測することができ、この意味で部分的に統語的規則を学習していたのである[4]。

　統計学習の発見が言語習得研究に与えた意義の一つは、これまで生得的要因が仮定されてきた言語習得メカニズムの少なくとも一部が、経験的要因によって説明できる可能性を開いたことだろう。この点に関連して、あらゆる言語的知識は入力における言語形式とその意味の関係を抽象化して取り出すことによって学習可能であるという、**用法基盤モデル**（usage based models of language acquisition）の指摘も大きな注目を集めている[5]。用法基盤モデルでは、例えば語が語音とそれが参照する意味との対応によって成立するように、様々な言語的知識の学習が形式と意味の記号的関係の学習として表現できると考える。これまで最も強く生得性が仮定されてきた統語的知識さえ

[3] Smith, L. B., & Yu, C. 2008 Infants Rapidly Learn Word-Referent Mappings via Cross-Situational Statistics. *Cognition, 106*, 333-338.

[4] Elman, J., Bates, E., Johonson, M. H., Karmiloff-Smith, A., Parisi, D., & Plunkett, K. 1998 *Rethinking Innateness: A Connectionist Perspective on Development*. MIT Press.

[5] Langacker, R. W. 1987 *Foundations of Cognitive Grammar, vol. 1: Theoretical Prerequisites*. Stanford University Press.

も、ある語の配列（e.g. 名詞－動詞－名詞）がその文に対応した意味（e.g. 他動的事態）と記号的に結びつくことによって学習可能であると考える（**記号的文法観**：symbolic view of grammar）。

■社会的認知能力と言語習得

統計学習能力は進化的に古くから持っていたと考えられる学習能力であるが、より進化的に新しく、人間に特有の学習能力である可能性が検討されているのが社会的認知能力に基づく学習である。子どもは環境からの様々な働きかけの中でも、同種の人間から与えられる働きかけに対して特殊な反応を示す。１９９０年代から２０００年代にかけて多くの報告が集まった前言語期における乳幼児の強力な社会的認知能力の発見は、言語習得研究において非常に強いインパクトを与えた。

社会的認知能力の研究について、まず重要な嚆矢となったのが人間の意図推論に関わる議論だろう[6]。**トマセロ**（Michael Tomasello）は、子どもがおおよそ9ヶ月ほどになると他者が意図を持った存在であり、またこの意図を達成するために行動しているということに気づき始めることを**９ヶ月革命**（9-month revolution）と呼んだ。このためこの時期を境に、養育者と子どものコミュニケーションは質的に大きく変化する。具体的には、この時期に至る前の子どもはおもちゃで遊んでいる時にはおもちゃにのみに注意を向け、養育者と遊んでいる時には養育者にのみ注意を向けるというように、

[6] Tomasello, M. 2003 *Constructing a Lnguage: A Usage Based Theory of Language Acquisition.* Harvard University Press.

多くの場合、二項関係的に環境と関わる。ところがおよそ9ヶ月を過ぎると子どもは他者の視線を追従して、他者が自分以外の何に対して注意を向けているのかを把握しようとしたり、さらに自分の注意を向ける対象に対して指さしをすることにより他者の注意がそちらに向くように操作したりして、自分と他者が同じ対象に注意を向ける**共同注意**（joint attention）を確立しようとする。このようなコミュニケーションは、自分、他者、モノの関係の中で成立するという意味で三項関係的ということができる。トマセロは、他者の行為に含まれる意図を推論し、また自ら記号を用いて他者の意図を操作しようとするコミュニケーションの発現が、人間に特有の記号的コミュニケーション及び**模倣**（role reversal imitation）を可能にすることを指摘する。[7] 実際にこの**三項関係コミュニケーション**の発現に追随する形で、他者の用いている音声を模倣し、自ら他者の意図を操作しようとする発語、即ち言語が現れるのである。

　人間が他者とのコミュニケーションを通じて言語を含めた文化的知識や技能を習得していくということに関する特殊性は、**チブラ**（Gergely Csibra）と**ガーガリ**（György Gergely）の**ナチュラル・ペダゴジー**（natural pedagogy）理論においても議論されている。[8] コミュニケーションを通じて他者に何かを教える、他者から何かを教わるという場面は人間にとっては日常的であるが、広く多種の生物のコミュニケーションを見渡した時、非常にユニークである。例えば今一度、養育者と子どものコミュニケーションを考えてみよう。ここで、養育者は殆ど全ての場合において、子どもに対しまず

[7] この模倣学習は他者の行為意図を踏まえて他者の行為を再現することであり、そのような過程を含まない真似（mimicry）とは区別される。例えば子どもの指さしが単なる養育者の真似であるならば、養育者と同じ対象に対して指をさす動作を繰り返すだけであろう。しかし実際には、子どもは指さしを用いて養育者の注意を様々な対象に向けようとする。これは、子どもが養育者は「他者の注意を操作する」という行為意図に則り指さしを行うということを理解しており、この行為意図の主体を自分に置き換えて（役割を交替して）用いていることを示している。このような役割交替に基づく模倣学習は、言語を含むあらゆる社会的学習の基盤になると考えられている。

[8] Csibra, G., & Gergely, G. 2009 Natural Pedagogy. *Trends in Cognitive Sciences, 13*, 148-153.

「これからあなたに情報を伝えるよ」という意図（伝達意図）を示す手がかり（**意図明示的手がかり**：ostensive cue）を示す。例えば、養育者が子どもに対して目線を合わせたり、名前を呼びかけたりすることが意図明示的手がかりにあたる。このような手がかりを示した後、養育者はおもちゃを見せたり、お話を始めたりという、情報の伝達を意図（情報意図）とするコミュニケーションを始めるのである。さらに情報の受け手である子どももまた、意図明示的手がかりに対して非常に敏感であり、このような手がかりの後に続く養育者の働きかけから新たな情報を読み取ったり、模倣を行う傾向を強める。このように意図明示的手がかりを通じ、養育者と子どもが共に教え、教わることを想定したコミュニケーション様態へと推移することが、人間に特有の文化学習を可能にすることをチブラとガーガリは指摘する。

このような社会的認知能力を巡る一連の議論は、言語的知識及びその習得の問題を、言語領域に限定的なものとして考えるのではなく、人間の記号的コミュニケーション全体の問題として、また文化的知の継承問題として、広範囲に一般化するのに大きな役割を果たしている。一方でこのような社会的認知メカニズムがどれほど生得的、あるいは人間という種に固有であるのかについては議論が続いている。認知科学勃興期において記号論理的なルールとして考えられた人間の言語習得メカニズムの特殊性は、今日では人間の社会性における特殊性の問題として新たに再検討されているのである。[9]

〔**佐治伸郎**〕

[9] このような特殊性は、社会的動物としての人間固有の認識構造の性質、人間の持つ環世界の性質と考えられるかもしれない。

ロボットによる語彙獲得

――確率モデルに基づく語彙獲得のモデル化

言語獲得は、記号創発ロボティクス[1]においても重要な課題である。認知科学では人を観察することで言語獲得の仕組みを明らかにしようとするのに対して、**記号創発ロボティクス**では数学的な枠組みで現象を再現可能なモデルを作り、その妥当性を検証することで言語獲得過程を明らかにすることを目的としている。このように作ることで現象を明らかにするアプローチは**構成論的なアプローチ**と呼ばれており、数学的なモデルを構築することで、人間の言語獲得過程に潜む複雑なメカニズムを解明・理解することを目指している。言葉の意味は環境との相互作用の中で獲得されるものであるため、感覚や行動と密接に結びついている。記号創発ロボティクスでは身体を持つ主体であるロボットが環境との相互作用を通じて言語を獲得するプロセスをモデル化し、この複雑なマルチモーダルな統合の理解を目指している。

記号創発ロボティクスでは、現象のモデル化に**確率的生成モデル**を利用している研究が多い。確率的生成モデルでは、感覚器を通して得られる実世界の情報が、内的表象から生成される過程を確率分布によって記述する。内的表象を未知の変数とすると、

[1] Taniguchi, T., Nagai, T., Nakamura, T., Iwahashi, N., Ogata, T., & Asoh, H. 2016 Symbol Emergence in Robotics: A Survey. *Advanced Robotics, 30* (11-12), 706-728.

[2] 今井むつみ・針生悦子 2007『レキシコンの構築――子どもはどのように語と概念を学んでいくのか』岩波書店

観測される情報のみからこの未知の変数を決定する推論が可能となる。すなわち、確率モデルを使うことで、身体を通して環境との相互作用の中から、内的表象が作られていく過程をモデル化することができる。

語彙獲得を再現するためには、図1（a）に示した主に四つの現象をモデル化する必要がある[2]。まずは音声認識である。人の発話は単に空気の振動でしかなく、その振動のパターンから**音素**や**音節**といった音声の最小単位を抽出する必要がある。次に、単語の意味を獲得するためには、音素や音節の系列から単語を抽出する単語分割が必要である。さらに、概念を形成し、形成された概念と単語が結びつくことで、その意味を獲得することができる。また、ある状況において人が感覚を通して観測した情報から想起される概念は一つではなく、そこにある複数の物体や色・形・匂いといった様々な概念が同時に想起される。そのため、他者から発話された単語がどの概念を指し示すかは一意ではなく、様々な可能性が存在する。すなわち語彙を学習するために、単語を結びつける**概念**も推定しなければならない。さらに重要な点は、これらの四つの要素は独立して学習されるのではなく、相互に影響を与えながら相補的に学習されている点である。記号創発ロボティクスでは、これら四つの現象を再現可能な確率的生成モデルが提案されている。本項目では、このような学習に必要な要素を説明し、

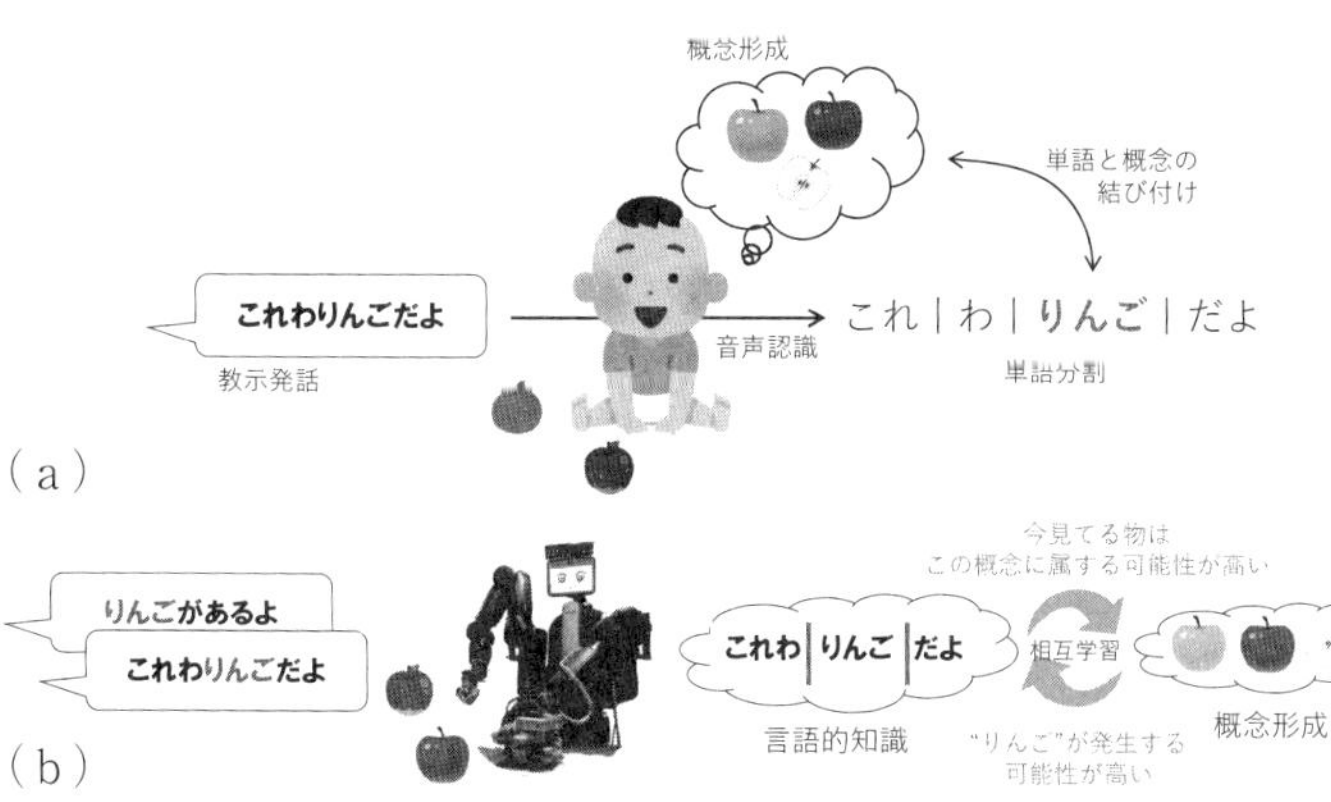

図1　（a）人の語彙獲得、（b）ロボットによる概念と語彙の同時学習

ロボットを利用した語彙獲得に関する研究を紹介する。

■概念と語彙の同時学習

例えば目の前にりんごが置かれ、教示者から〝これわりんごだよ〟といった発話が与えられたとしよう。学習者は、この発話文から単語を抜き出し、目の前の物体の概念と結びつけることで、単語の意味を獲得することができる。しかし、学習者が語彙に関する知識を持っていない、すなわち単語を知らない場合、単純にはこの教示発話の中から単語を抽出することは難しい。この問題を解決する方法の一つが、文字の出現パターンを利用した**単語の分節化**である。例えば、〝これわりんごだよ〟と〝これもりんごです〟のような二つのパターンの発話が与えられた時、〝りんご〟という文字列が共通して現れ、その前後の文字は二つの文で異なっている。このような文字の出現パターンを手がかりとすることで、〝りんご〟という単語を抽出することができる。このように系列データを特定のパターンで区切ることを分節化といい、特に切れ目のない文章のみから単語に分節することを**教師なし形態素解析**という。このような教師なしの形態素解析手法の一つに**Nested Pitman-Yor Language Model（ＮＰＹＬＭ）**[3]がある。英語版のAlice in Wonderlandの単語区切り（スペース）をすべて削除し、ＮＰＹＬＭによって分節化した結果が図2である。正解となる単語区切りを与えることなく、文法的に正しい単語が抽出できている。

[3] Mochihashi, D. Yamada, T., & Ueda, N. 2009 Bayesian Unsupervised Word Segmentation with Nested Pitman-Yor Language Modeling. *In Proceedings of the Joint Conference of the 47th Annual Meeting of the ACL and the 4th International Joint Conference on Natural Language Processing of the AFNLP*, 100–108.

さらに、実際にロボットが語彙を獲得するためには、音を認識する必要がある。しかし、言語的知識を持たない状態では、そもそも音を認識することも困難である。教示者が〝りんご〟と発話したとしてもノイズの影響等により、誤って〝りんぼ〟と聞こえたり、〝りんど〟と聞こえたりするかもしれない。通常、我々は、言語的な知識と文脈を利用することで、このような誤認識に対処している。言語的な知識とは、例えば、日本語において、〝りんぼ〟や〝りんど〟といった単語の出現確率は低く、〝りんご〟という単語の出現確率が高いといった知識である。また文脈とは、会話の流れや周囲の状況のことであり、例えば、りんごの木の前で会話をしていれば、〝りんご〟という単語が出現する可能性が高いといった情報を利用することができる。このような状況を総合的に判断することで、仮に〝りんぼ〟と聞こえたとしても、〝りんご〟という単語へと修正することができる。

実際に、ロボットを用いて周囲の状況として目の前に置かれている物体の情報を利用して、言語的な知識と物体概念を相互に学習し、単語と概念を結びつけることで語彙を学習する研究が行われている[4]。この研究では、**Multimodal Latent Dirichlet Allocation**（ＭＬＤＡ）と呼ばれる概念獲得モデルと音声認識機、ＮＰＹＬＭを統合したモデルが使われている。図1のように、言語的な知識を持たない状態で、目の前

lastly,shepicturedtoherselfhowthissamelittlesisterofhersw
ould,intheafter-time,beherselfagrownwoman;andhowshe
wouldkeep,throughallherriperyears,thesimpleandlovingh
eartofherchildhood:andhowshewouldgatheraboutherothe
rlittlechildren,andmaketheireyesbrightandeagerwithmany
astrangetale,perhapsevenwiththedreamofwonderlandoflo
ngago:andhowshewouldfeelwithalltheirsimplesorrows,an
dfindapleasureinalltheirsimplejoys,rememberingherownc
hild-life,andthehappysummerdays.

(a) Training data (in part).

last ly , she pictured to herself how this same little sis-
ter of her s would , inthe after - time , be herself agrown
woman ; and how she would keep , through allher ripery
ears , the simple and loving heart of her child hood : and
how she would gather about her other little children ,and
make theireyes bright and eager with many a strange tale
, perhaps even with the dream of wonderland of longago
: and how she would feel with all their simple sorrow s ,
and find a pleasure in all their simple joys , remember ing
her own child - life , and thehappy summerday s .

(b) Segmentation result. Note we used no dictionary.

図２　ＮＰＹＬＭによる Alice in Wonderland の分節化（［３］より引用）

［4］Nishihara, J., Nakamura, T. & Nagai, T. 2017 Online Algorithm for Robots to Learn Object Concepts and Language Model. *IEEE Transactions on Cognitive and Developmental Systems*, 9(3), 255–268.

におかれた物体の特徴を教示者がロボットへ音声発話によって教示する。このモデルでは、同じ概念、すなわち同じ物体カテゴリに属する物体には同じ単語が発話される可能性が高いといった、文脈的な情報を利用することで音声の誤認識を低減し、NPYLMにより単語を学習する。さらに、単語が聞き取れるようになることで、同じ単語が教示される物体は、同じ概念に属する可能性が高いといった情報も利用することができる。このモデルは、このようにして言語的な知識と概念を相補的に学習することが可能なモデルである。

■連続音声からの語彙学習

人は連続音声を、その音の最小単位である音素（日本語であれば、/a/、/i/、/u/、…、英語であれば /æ/, /ʌ/, /ɑː/, …）へ分節化することで学習し、さらに認識できた音の列（例：korewaringo）を分節化することで単語（例：kore, wa, ringo）を学習することができる。人間の言語はこのような二段階の分節化によって音声から意味を持つ単語を抽出できるといった特徴があり、このような構造を**二重分節構造**という。ロボットによる自律的な語彙獲得のため、このような連続音声から音素・単語を学習可能な、二重分節解析に関する研究が行われている[5][6]。

これらの研究では、二重の構造を表現する確率モデルが使われている。このモデルでは、単語から音素が生成され、音素から観測される音声波形が生成されることを仮

[5] Taniguchi, T. Nagasaka, S. & Nakashima, R. 2015 Nonparametric Bayesian Double Articulation Analyzer for Direct Language Acquisition from Continuous Speech Signals. *IEEE Transactions on Cognitive and Developmental Systems*, *8*(3), 171-185.

[6] 長野匡隼・中村友昭 2023「GP-HSMMに基づく二重分節化モデルによる連続音声の教師なし構造学習」『日本ロボット学会誌』*41*(3), 318-321.

定している。したがって学習時には、観測される音声波形から単語と音素だけでなく、その長さも推論する必要がある。例えば、〝これ〟という単語は2文字であり、〝りんご〟という単語は3文字であり、単語ごとにその長さは異なる。すなわち、単語を推論するためには、その単語を構成している音素の長さの推論が必要となる。同様に、〝りんご〟という単語はゆっくり発話しても、早く発話しても〝りんご〟であり、その単語を構成している音を生成するためにも、それぞれの音の長さも推論する必要がある。複雑なモデルであるが、観測が与えられた条件で、これら複数の隠れ変数が生成される確率を計算することで、推論することができる。

■交差状況学習に基づく語意学習

学習者の前には、りんごとみかんが置かれている状況で、教示者がこれらの物体に関することを教示しようと〝アカ〟という単語を発話したとする。このとき、学習者が〝アカ〟という単語を知らない場合、〝アカ〟が指し示す対象を明確には決定することができない。〝アカ〟がりんごを指し示す可能性や、みかんの特徴であるオレンジという色を指し示す可能性、または二つの物体に共通している丸いという特徴を指し示す可能性等、その可能性は無数に存在している。人は、様々な情報を手がかりとして利用したり、ある種の思い込みによる判断（**認知バイアス**）を利用したりすることで、この問題を解決し、効率的に言語を学習している。

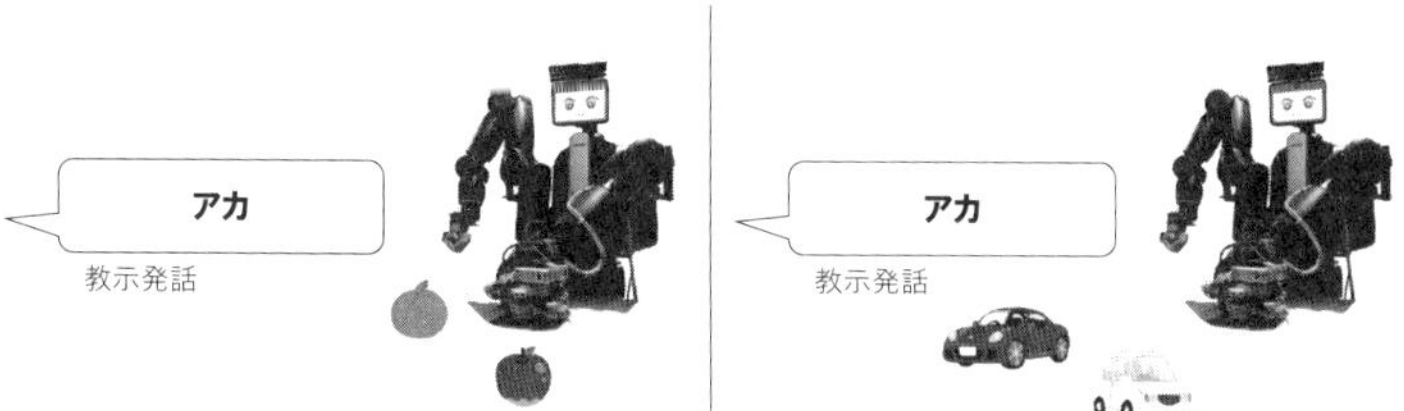

（a）（b）

図3　交差状況学習

ロボットの語彙学習においても、この問題を解決する取り組みが行われている。その一つが交差状況学習である。例えば、図3（a）（b）のような状況で〝アカ〟という単語を教示されたとする。それぞれの状況では、この単語が何を指し示しているのかは曖昧で判断することができない。しかし、この二つの場面から統計的に判断すると、〝アカ〟という単語が発せられる時には、赤いものが目の前にある可能性が高く、この単語が赤という特徴を表しているという判断をすることができる。これが交差状況学習である。谷口らは**交差状況学習**により、単語が指し示す対象を判断することが可能な確率的生成モデルを提案している[7]。長野らは、交差状況学習と、さらに教示者が注意を向けているものにロボットも注意を向けるという**共同注意**機構を導入することで、様々な物体が乱雑に置かれた環境での語彙学習を実現している[8]。

〔**中村友昭**〕

［7］Taniguchi, A., Taniguchi, T., & Cangelosi, A. 2017 Cross-Situational Learning with Bayesian Generative Models for Multimodal Category and Word Learning in Robots. *Frontiers in Neurorobotics. 11*, 66.

［8］長野匡隼・中村友昭 2021「複数物体が存在する環境下での共同注意を用いたロボットによる語意学習」『日本ロボット学会誌』*39*(6), 549-552.

Ⅱ－4

確率的生成モデル

――ベイズ推論に基づく認知モデリングのための基礎理論

■ベイズ推論と確率的生成モデルによる認知モデリング

Ⅱ－3「ロボットによる語彙獲得」でも用いられたように、人間の認知機能を数理的に表現する上で、確率論に基づく**生成モデル**（**確率的生成モデル**）のアプローチは極めて重要となる[1]。確率的生成モデルは、観測データの背後に存在する潜在的な構造やパターンを捉えるための数理モデルである。確率的生成モデルの利点には、**不確実性**への対応、**事前知識**の組み込み、新しいデータに対する柔軟な適応などがある。これらの特性は、人間の認知や意思決定のプロセスを模倣するのに有用である。

確率的生成モデルや**ベイズ推論**（Bayesian inference）の考え方は、記号創発ロボティクスにおける**認知モデリング**だけでなく、**世界モデル**[2]（world model）の構築や、**計算論的神経科学**の分野[3]でも議論され理論の構築に利用されている。確率的生成モデルは、脳や認知のモデルとして観測データを生成・予測する内部構造を数学的に定義することができる。また、ベイズ推論は認知機能の具体的な処理として、モデルの定義に従い任意の確率分布を計算するために用いることができる。

[1] 確率的生成モデルやベイズ推論の初学者は、以下を参照されると良い。須山敦志 2017『ベイズ推論による機械学習入門』講談社

[2] Ⅲ－7「世界モデル」を参照。

[3] 例えば、ベイズ脳仮説が代表的である。ベイズ脳仮説は、人間の脳が不確実性のある環境下での知覚、学習、意思決定を行う際に、ベイズ推論の原則に基づいているとする考え方である。Doya, K., Ishii S., Pouget, A., & Rao, R. P. N. 2007 *Bayesian Brain: Probabilistic Approaches to Neural Coding*. MIT Press.

■確率の基礎

確率の基礎的な概念は、確率統計や確率的生成モデルにおける推論など、多くの応用において重要な役割を果たす[4]。確率は、ある事象が発生する可能性を0から1の間の数値で表現する。全ての事象に対する確率値の総和は1となる。ある事象（確率変数）に対する確率を表す関数を**確率分布**と呼ぶ。確率分布には、事象の取りうる値が、離散的な場合と連続的な場合があり、それぞれ確率質量関数や確率密度関数として表現される。複数の事象が同時に発生する場合は、**同時確率**（joint probability）によって表現される。例えば、事象Aと事象Bが同時に発生する確率は、$P(A, B)$と表される。ある事象Bが既に発生しているという条件の下で、別の事象Aが発生する確率は、$P(A|B)$として表され、**条件付き確率**（conditional probability）と呼ばれる。

複数の事象の確率を計算するための基本的な公式を紹介する。**確率の乗法定理**は、二つの事象の同時確率を一方の事象の確率ともう一方の事象が起こる条件付き確率の積として表す。変数XとYの同時分布において、すべての可能なYの値についての足し合わせる操作は**周辺化**（marginalization）と呼ばれる（図1）。このとき、$P(X)$は同時分布から変数Xの確率分布のみを取り出したものであり、**周辺確率**（**周辺尤度**）と呼ばれる。

確率の乗法定理から、確率論において重要な定理である**ベイズの定理**が導き出される。ベイズの定理は、事前の信念（**事前分布**）と新しいデータの**尤度**を組み合わせて、

［4］確率の基礎からグラフィカルモデルへの導入は以下を参照されると良い。谷口忠大 2020『イラストで学ぶ人工知能概論　改訂第2版』講談社

［5］Ⅲ-2「自由エネルギー原理と予測符号化」を参照。

事後の信念（**事後分布**）を計算するための式として解釈できる。事前分布は、データを観測する前のモデルのパラメータに関して、事前の信念や知識を表現する確率分布である。尤度は、与えられたモデルのもとでデータがどれほど尤もらしいかを表す関数である。事後分布は、データを観測した後の信念を表現する確率分布である。

新しい**観測データ**を予測する場合は、**予測分布**（predictive distribution）が用いられる。予測分布は、これまで得られた観測データや学習された**モデルパラメータ**を条件づけた観測データの確率分布である。これまでの観測データX、新しい観測データX'、モデルパラメータをθとしたとき、予測分布は$P(X'|X)$であり、$P(X'|\theta)$はパラメータθのもとでの尤度関数、$P(\theta|X)$はパラメータθの事後分布である。

■ベイズ推論（ベイズ推定）

ベイズ推論は、新しいデータや情報が与えられたときに、既存の信念や確率分布を推定・更新することで事後分布や予測分布を得るための方法である。新しいデータが得られるたびに、ベイズの定理における事後分布を次の時刻の事前分布として使うことで、逐次的な学習や推論が可能となる。

ベイズ推論の一般的な方法として、**サンプリング**に基づく方法と**近似推**

確率の乗法定理

$$P(A,B) = P(B \mid A)P(A) = P(A \mid B)P(B)$$

周辺化

周辺確率

$$P(X) = \sum_{y} P(X, Y = y)$$

ベイズの定理

事後分布 ∝ 尤度 × 事前分布

$$P(A|B) = \frac{P(B|A)P(A)}{P(B)}$$

予測分布

$$P(X'|X) = \sum_{\theta} P(X'|\theta)P(\theta|X)$$

図1　確率の基本的な公式

論に基づく方法がある。サンプリングに基づく方法では、**Sampling-Importance-Resampling（S－R）**や**マルコフ連鎖モンテカルロ法（Markov Chain Monte Carlo：MCMC）**などがある。MCMCは、事後分布からのサンプリングを可能にするためのアルゴリズムであり、ギブスサンプリングやメトロポリス・ヘイスティングス法が代表的である。近似推論に基づく方法では、変分推論（変分ベイズ法）と呼ばれるアプローチがある。変分推論では、真の事後分布を解析的に解くことが難しい場合に、比較的に計算が容易な別の近似事後分布を置く。この際、近似事後分布を真の事後分布に近づけるために、二つの確率分布の間の非対称性を測る尺度である**カルバック・ライブラー（Kullback-Leibler：KL）ダイバージェンス**を最小化する。実際には、直接KLダイバージェンスを最小化するのは計算上困難な場合が多いため、対数周辺尤度の下界である**Evidence Lower BOund（ELBO）**を最大化することで、間接的にKLダイバージェンスを最小化する。また、負のELBOは**変分自由エネルギー**[5]（variational free energy）とも呼ばれる。変分推論は、大規模なデータや複雑なモデルに対して、事後分布の計算を効率的に行うための強力な手法として知られている。

■確率的生成モデルとグラフィカルモデル

生成モデルは、観測データが生成される過程をモデル化したものであり、観測データの背後にある隠れた構造やパターンを捉えるために有用である。特に、確率的生成

[6] 認識モデルとも呼ばれる。変分推論における近似事後分布として表現される。

[7] 単に長方形の枠で表される場合もある。

[8] 文献によってはグラフィカルモデルの表現の形式が異なる場合がある。この他にも、因子グラフと呼ばれる表現形式もある。例えば、自由エネルギー原理や能動的推論の文献においては、ベイジアンネットワークと因子グラフを合わせた表現がなされる場合がある。

[9] マルコフブランケットは、対象とする変数X以外の変数がすべて既知であるという仮定のもとで成り立つ。そのため、変数X以外にも未知の変数が存在する場合は条件付き独立性が崩れマルコフブランケットが成り立たない場合がある。

[10] 異なる確率的生成モデルを組み合わせるためのフレームワー

モデルは、**データの生成過程**に確率分布を仮定するもので、不確実性やデータのばらつきを考慮した表現を可能とする。これにより、新しいデータが与えられたときの予測や、観測データ全体の特性を理解するのに役立つ。

グラフィカルモデルは、確率的生成モデルの確率変数間の依存関係をグラフ構造で視覚的に表現する方法である（図2を参照）。グラフィカルモデルによって、確率的生成モデルの構造を容易に可視化できる。**ノード**は確率変数、**エッジ**（実線）は繋がれた確率変数間の依存関係（条件付き確率）を示す。エッジ（点線）は推論モデル[6]であり、生成モデルとは別に定義される。また、観測変数のノードは灰色、未観測変数（潜在変数）のノードは白色で表現される。ノードを囲む角の丸い四角[7]はプレートと呼ばれ、含まれるノードが変数の添え字に応じて複数まとめて表現される[8]。

確率的生成モデルは主に、**ベイジアンネットワーク**（Bayesian network）として表現される。ベイジアンネットワークは、有向非巡回グラフで表現される。一方で、無向グラフで表現されるグラフィカルモデルは、マルコフネットワーク（Markov network）と呼ばれる。マルコフネットワークは、変数間の相互の関係や相互作用を表現するのに適している。

グラフィカルモデルでは、ある変数が与えられた条件の下で、他の変数が独立であることを表現することができる。これは**条件付き独立性**と呼ばれ、グラフ上での特定の変数の親や子の関係を通じて示される。条件付き独立性の概念の一つとして、**マル

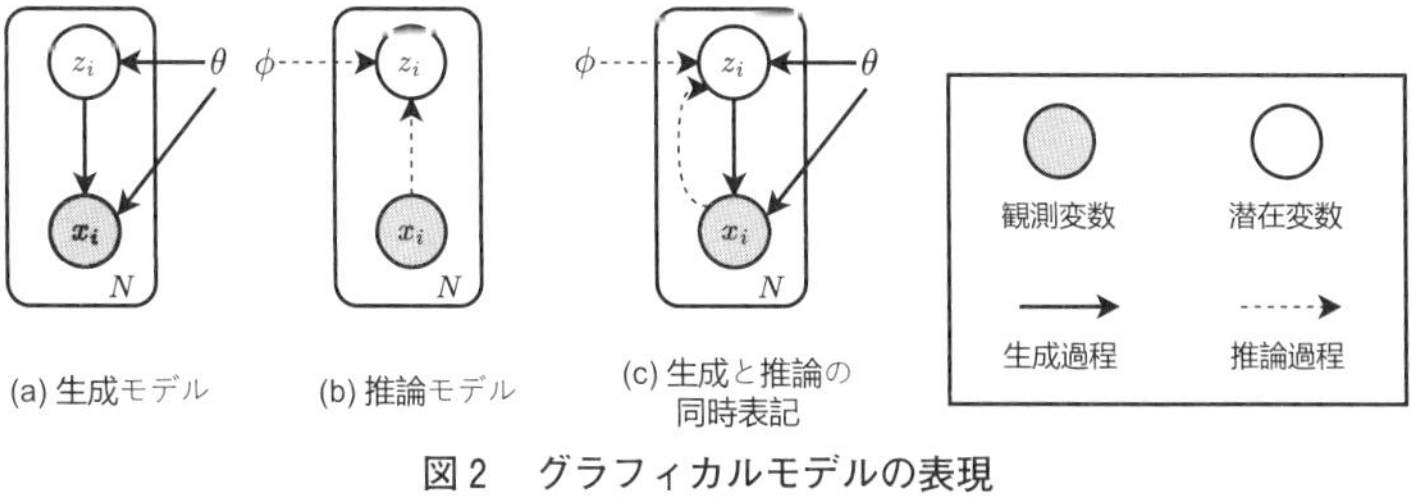

図2　グラフィカルモデルの表現

コフブランケットがある。ある変数Xのマルコフブランケットは、Xの親、子、およびその子の共同親から構成される変数の集合である。ベイジアンネットワークにおいて、ある変数Xがそのマルコフブランケット内の変数で条件づけられたとき、外側のすべての変数と変数Xは独立であると言える[9]。

グラフィカルモデルによって確率的生成モデルを表現することは、モデルの構造を可視化することによって変数間の依存関係が明確になるだけでなく、異なるモデルの統合やその推論が統一した理論枠組みで可能であるという利点がある。異なる機能を持つ確率的生成モデル同士を統合することで統合的な認知システムの構築が期待される[10][11]。また、機械学習における教師あり学習、教師なし学習（自己教師あり学習）、強化学習[12]を確率推論という統一的な視点で表現できるため、様々なタイプの認知モデルが実現可能である。

確率的生成モデルの学習や推論の際は、観測データXから未知の変数[13]Zやパラメータθの確率分布（事後分布）$P(Z, \theta|X)$を求める。また、マルチモーダルな確率的生成モデルの場合、あるモダリティから他のモダリティへの確率推論が可能である。これは**双方向の推論**[14]（**クロスモーダル推論**）と呼ばれる（図3）。これにより、見た目から触り心地を予測したり音から物体の見た目を予測したりするモダリティをまたいだ予測を実現できる。

確率的生成モデルは深層学習（ディープラーニング）と組み合わせることも可能で

クとしてNeuro-SERKETがある。これは複雑な認知モデルを構築する際に有効である。Taniguchi, T., Nakamura, T., Suzuki, M., Kuniyasu, R., Hayashi, K., Taniguchi, A., Horii, T. & Nagai, T. 2020 Neuro-SERKET: Development of Integrative Cognitive System through the Composition of Deep Probabilistic Generative Models. *New Generation Computing*, 38 (1), 23-48.

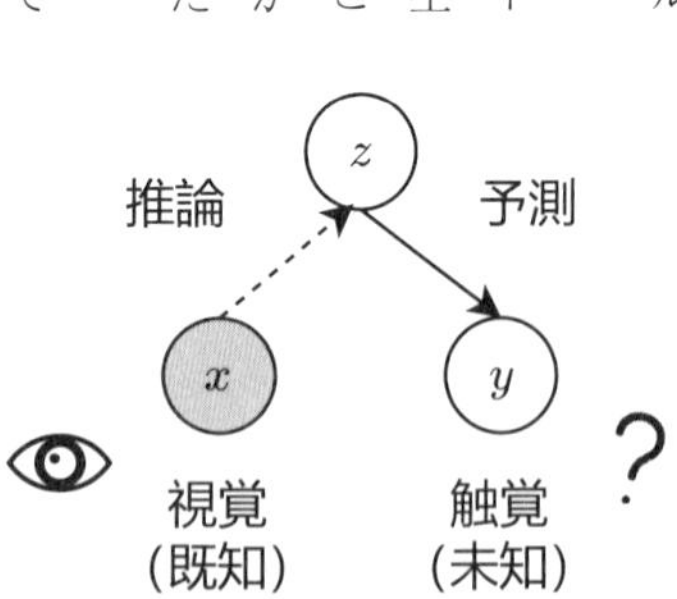

図3　クロスモーダル推論

ある。**深層確率的生成モデル**（**深層生成モデル**）は、大量のデータや複雑な潜在構造を持つ課題に対して、効果的なモデル化や推論を可能とする。代表的なものとして、**変分自己符号化器**（**Variational Auto-Encoder：VAE**）がある（図2（c））。

〔谷口彰〕

［11］脳全体のモデルを構築する全脳確率的生成モデル（Whole-Brain Probabilistic Generative Model：WB-PGM）が構想されている。Taniguchi, T., Yamakawa, H., Nagai, T., Doya, K., Sakagami, M., Suzuki, M., Nakamura, T., & Taniguchi, A. 2022 A Whole Brain Probabilistic Generative Model: Toward Realizing Cognitive Architectures for Developmental Robots. *Neural Networks, 150*, 293-312.

［12］強化学習を確率推論として解釈する試みは、推論としての制御（Control as Inference：CaI）と呼ばれる。Levine, S. 2018 Reinforcement Learning and Control as Probabilistic Inference: Tutorial and Review. *arXiv:1805.00909*.

［13］隠れ変数や潜在変数と呼ばれる。

［14］具体例はⅡ-5「マルチモーダル物体概念形成」を参照。

Ⅱ－5

マルチモーダル物体概念形成

――確率モデルに基づく概念のモデル化

■概念とは

概念とは、様々な類似する経験の集合である**カテゴリ**の**内的表象**である。人は概念によって経験を分類することで、様々な認知的な処理を行うことができると考えられている。その一つが予測である。未知の事象であっても、それがあるカテゴリの部分集合であることがわかれば、そのカテゴリの共通する特徴から未観測の事象を**予測**することができる。例えば、ある未知の鳥を見たとき、それが鳥というカテゴリに分類できることがわかれば、共通の特徴である飛ぶことができるということを予測することができる。さらに概念を組み合わせることで、新たな概念を生成することができる。例えば、金色の鳥は見たことはないが、金色の概念と鳥の概念を組み合わせることで創造することができる。また、概念は階層的な構造を持っていることも特徴である。例えば、鳥というカテゴリは、それをより抽象化した動物というカテゴリに含まれ、また鳥カテゴリには、より具体化したスズメカテゴリが含まれる。このような抽象度の高いカテゴリは上位レベルカテゴリ、より具体化したカテゴリは下位レベルカテゴリと呼ばれている。下位レベルカテゴリは、その上位レベルのカテゴリの特徴を含むとされている。

これまでこのような概念がどのように形成されるかが研究されてきた。古典的なものでは**定義的特徴**によって構造化されるとする定義的特徴理論がある。これは例えば、偶数というカテゴリは、2で割ると整数になるという特徴で構成されていると考える理論である。しかし、全ての概念が明確な定義に基づいて構成されているわけではなく、概念の理論としては不十分であった。その後、概念とは明確に特徴が定義されるわけではなく、部分的に共通した特徴が緩くつながって構成されるものであると考えられるようになった。このような概念を表現するモデルに**プロトタイプモデル**がある。これは、あるカテゴリに属する事例の平均的なプロトタイプを中心として概念が構成されるとするモデルであり、ある事象と各概念のプロトタイプとの類似性に基づき、その事象がどの概念に属するかが決定される。さらにより単純なモデルに、**事例モデル**がある。事例モデルは、カテゴリを構成している事例を記憶して、その事例によって概念が表現されているとするモデルである。

しかし、これらの概念モデルでは表現できないカテゴリが存在する。それが**アドホックカテゴリ**である。アドホックカテゴリとは特定の文脈に基づいて一時的に形成されるカテゴリである。例えばスーツケース・洋服・カメラ・充電器は一見すると共通点はないように思えるが、旅行に持っていくものというカテゴリの構成要素になっている。このようなカテゴリを表現可能なモデルとして、**知覚シンボルシステム**が提案されている。[1] 知覚シンボルシステムは、身体に根ざしたシミュレーションによってカテゴリが表現されるとする概念モデルである。先の例では、旅行に行くということをシミュレーションすることで、その文脈に基づいたカテゴリが現れるとするモデルである。

以上のように概念に関する様々な理論・モデルは研究されているものの、未だその定義は曖昧なものである。本項目では、この概念を形成できるロボットを工学的に実現することを考えたい。そのために、まず概念を工学的に実現できる程度に単純化・具体化し、その要件を決める必要がある。そこで、まず〝りんご〟という物体の概念に関して考えてみる。りんごという物体を思い浮かべると、それに付随する様々なイメージが頭に浮かび上がる（図1）。このイメージこそが概念であり、赤い、甘い、丸い、青いものもある、青森、好き／嫌いなど、見た目や味、産地、好み等、様々な情報が抽象化されたものである。すなわち、複数種類の情報を抽象化したイメージであることが、概念の一つの要件である。さらにこのイメージは個人によって異なってくる。例えば好き・嫌いといった好みは人によって違うし、青森の人が持つりんごのイメージと、りんごを食べることが少ない地域の人

[1] Barsalou, L. W. 1999 Perceptual Symbol Systems. *Behavioral and Brain Sciences*, *22*(4), 577-660.

図1　りんごの概念

が持つイメージは異なっているだろう。この違いは個々人のこれまでの経験の違いによって生じている。つまり、経験によって作られるものであることが、概念のもう一つの要件であるといえる。

最後に、概念の機能について考えてみる。概念とは複数の情報が結びついたイメージであるため、概念により観測していない情報を予測することができる。この節を読んでいる読者もりんごという文字から、実際にはその場にないはずのりんごの情報を予測しているのではないだろうか。りんごという文字を見れば、それに付随する味、形、色等様々な情報を予測できる。この概念の機能は非常に重要であり、この機能により人は直接は観測出来ないはずの様々な情報を予測することができる。

以上をまとめると、工学的に実現するために単純化・具体化した概念の要件は以下の三つである。

1　複数種類の情報を抽象化したイメージ
2　経験によって作られるものである
3　観測していない情報を予測できること

■概念の数学的な表現

概念形成ができるロボットを実現するためには、前節で定義した概念を数学を使って定式化する必要がある。まず複数種類の情報とは、人の場合であれば、見た目や匂い、味といった感覚器を通して得られる情報であり、ロボットの場合であればセンサから得られる物体に関する情報である。このように複数の感覚器や、センサから得られる情報を**マルチモーダル情報**という。一般にセンサから得られるマルチモーダル情報は**高次元のベクトル**で表現され、それぞれのベクトルを $w_1, w_2, w_3, \cdots$ とおく。ただし、右下の添字はセンサの種類を表している。また、イメージを高次元のマルチモーダル情報 $w_1, w_2, w_3, \cdots$ を圧縮した低次元のベクトル z であると考え、図2のような確率的生成モデルを考えてみる。ここでは解釈を容易にするために、三つのセンサ情報を仮定し、w_1, w_2, w_3 をそれぞれ味・色・形とする。また、低次元のベクトル z は w_1, w_2, w_3 を圧縮した変数であればどのような変数でもよいが、直感的にわかりやすいカテゴリを表す離散変数とする。つまり、この確率的生成モデルでは、z にりんごを表現する数値ベクトルを与えることで、それに付随する味・色・形といった様々な情報を想起することができ、z が複数種類の情報を抽象化したイメージとなっているといえる。これは、前節の概念の要件の一つ目である。

さらに概念の要件の二つ目として、経験によって形成されるものでなくてはならない。ここでの経験とは、ロボットが行動することでマルチモーダル情報を得ることであり、りんごの例では、りんごを見ることで視覚センサから形や色の情報を、食べることで味覚センサから味の情報を取得することである。つまり、図2の灰色のノード

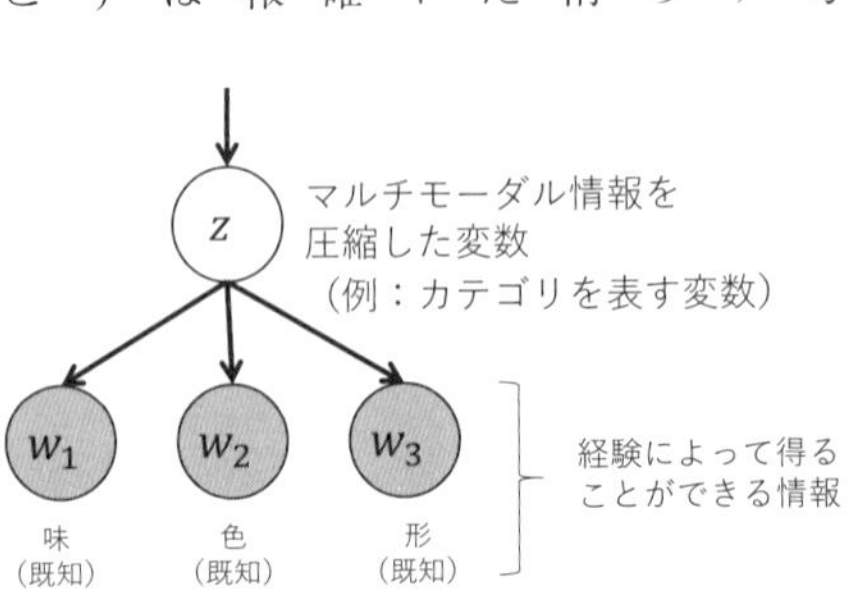

図２　物体概念の確率的生成モデル

で書かれた変数は経験によって得ることができる既知の変数となる。確率的生成モデルでは、観測可能な変数が生成されるプロセスをモデル化しており、これは図3（a）のように同時確率をモデル化していることに相当する。このように定式化することで、図3（b）のように観測変数 w_1, w_2, w_3 から、変数 z が生成される確率である事後確率を求めることができる。未知のパラメータや確率変数を決定することを確率的生成モデルでは推論と呼び、事後確率分布のパラメータは、**変分ベイズ法**や**マルコフ連鎖モンテカルロ法**といった手法によって推論することができる。すなわち、ロボットが経験で得たマルチモーダル情報 w_1, w_2, w_3 から、それらを圧縮した低次元のベクトル（物体カテゴリを表す変数）を学習することができる。

概念の三つ目の要件は、観測していない情報を予測できることであった。ここで、予測とは観測された変数から未観測の変数が生成される確率を計算することであるとする。例えば、ある物体を見ることで、その視覚的な特徴である色 w_2 と形 w_3 を得られたとき、未観測であるその味 w_1 の確率 $p(w_1|w_2, w_3)$ を計算することが、未観測情報の予測である。確率的生成モデルでは、この確率を図3（c）のように計算することができる。なお、このようなモダリティ（感覚やセンサー）間の予測を、**クロスモーダル推論**という。

このように単純化した定義であるが、前節で述べた概念の要件がこのモデルによって満たされていることがわかる。

(a) 同時確率： $p(w_1, w_2, w_3, z) = p(w_1|z)p(w_2|z)p(w_3|z)p(z)$
(b) 推論： $p(z|w_1, w_2, w_3) \propto (w_1, w_2, w_3|z)p(z)$
(c) 未観測情報の予測： $p(w_1|w_2, w_3) \propto \sum_z p(w_1, w_2, w_3|z)p(z)$

図3　概念モデルにおける確率計算

■ロボットによるマルチモーダル物体概念形成

前節の概念の数学的モデルによって、実際にロボットにより概念の形成が可能か検証した研究[2]を紹介する。この研究では、図４（ａ）のようなロボットを用いている。人間に近い感覚情報を取得するため、視覚として頭部にカメラが、触覚として手の表面に圧力センサが、聴覚としてマイクが取り付けられている。このロボットが図４（ｂ）の67個の物体を一つずつ見ることで視覚情報を、握ることで触覚情報を、物体を振り音を鳴らすことで聴覚情報を取得した。

概念モデルとして、図５のグラフィカルモデルで表される**Multimodal Latent Dirichlet Allocation（ＭＬＤＡ）**を利用した。このモデルでは、w^v, w^h, w^a がそれぞれ視覚、聴覚、触覚情報であり、z が物体カテゴリを表す変数である。その他の変数は、これらを生成する確率分布のパラメータであり、多少複雑にはなっているが、基本的には前節で紹介したモデルと同じである。このモデルを用いてロボットが自らの経験で得たマルチモーダル情報のみから、**物体カテゴリ**の学習が可能か検証した。

図４（ｂ）は人が分類したカテゴリ毎に分けて表示している。この人手による分類を正解としてロボットの分類を評価した結果、95・5％の精度で分類することができた。すなわち、マルチモーダル情報を圧縮したカテゴリを表現する変数が学

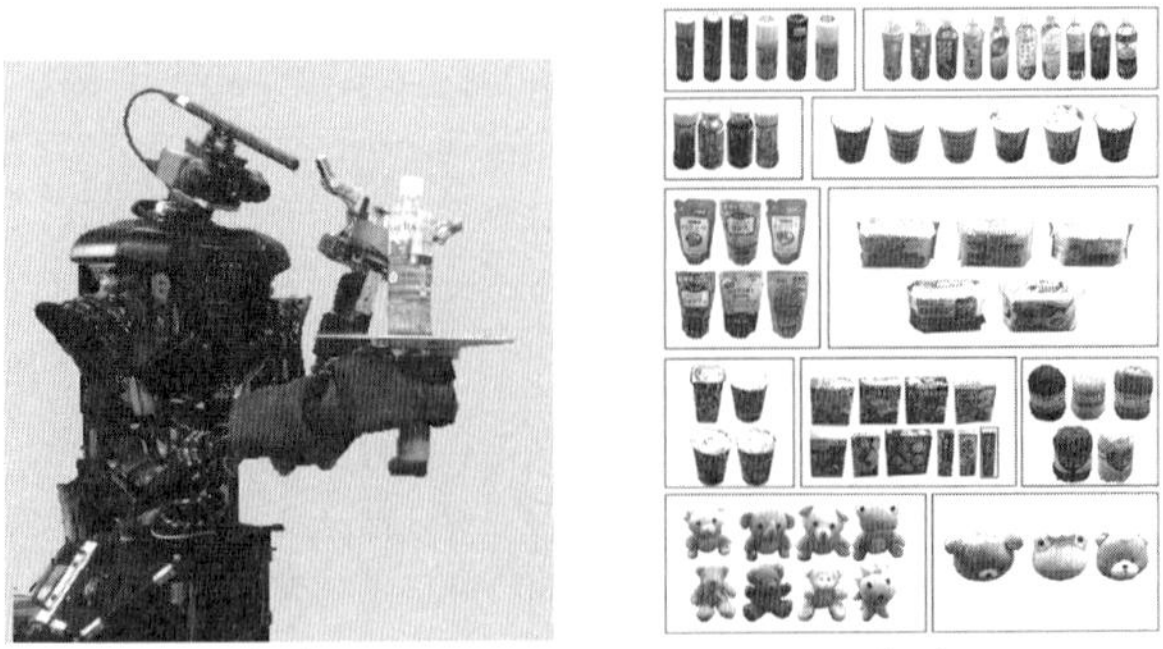

（ａ）　（ｂ）

図４　（ａ）実験に用いたロボット、（ｂ）学習された物体カテゴリ

習できたことを意味している。さらに、この研究では、使用するモダリティを減らした検証も行っている。その結果、三つのモダリティの一部を利用するよりも、三つ全てを利用する場合が、最も人間に近いカテゴリが形成できていた。すなわち、人間の感覚器に最も近い構成の場合が、最も人間に近いカテゴリが形成できることを意味している。この結果は概念形成における**身体性**の重要性を示唆している。概念は身体に根ざしたものであり、人間と類似した概念を持つためには人間と似た身体が必要であり、身体が異なれば形成される概念は異なるものになる。さらに、このように学習したＭＬＤＡを用いることで、クロスモーダル推論が可能である。すなわち、このロボットは物体を見ることで、その物体の音や固さなどを予測することができる。

このロボットを利用した実験により、ロボットはマルチモーダルな情報を抽象化したイメージであるカテゴリを自身の経験に基づいて形成することができ、さらにクロスモーダル推論による未観測情報の予測も可能であることが示された。すなわち、本項目の最初に定義した概念の要件を満たせたことになる。

さらに、このＭＬＤＡを基盤として発展させることで、様々な概念モデルが構築されている。安藤らは、生成プロセスに階層的な構造[3]を導入したモデルを用いることで、図６のような物体概念の**階層構造**が獲得可能なことを示した[4]。ペットボトルやビンと

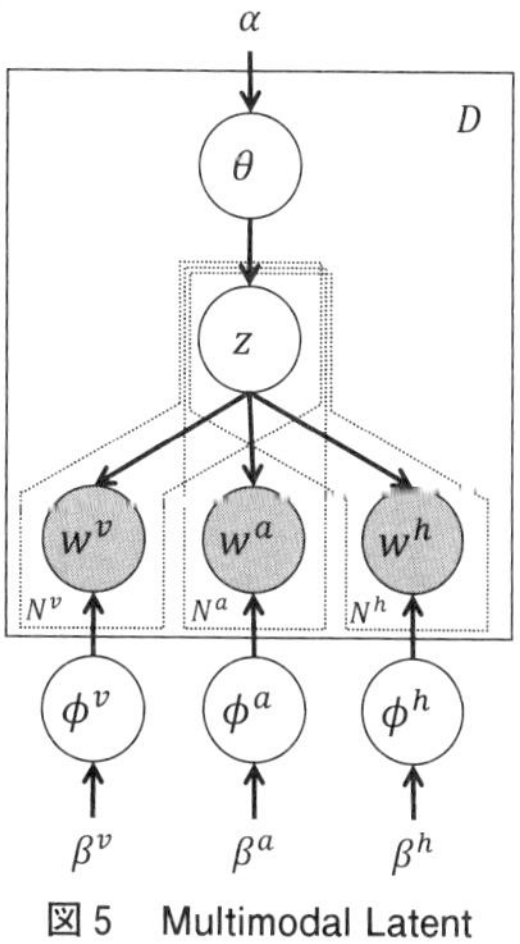

図５　Multimodal Latent Dirichlet Allocation

[2] Nakamura, T., Araki, T., Nagai, T., & Iwahashi, N. 2012 Grourding of Word Meanings in LDA-Based Multimodal Concepts. *Advanced Robotics*, *25*, 2189-2206.

いったカテゴリが組み合わされることで、液体が入っている容器という上位カテゴリが形成できている。人は物体を使うことで様々な経験を得ることができるのに対し、ロボットは視覚・聴覚・触覚の情報しか得ることができないため、必ずしも人間の感覚に即したものでないカテゴリも存在する。しかし、視覚・聴覚・触覚情報のみから構築された階層性と考えれば、妥当な階層的構造が学習できているといえる。

ここまでで紹介した研究では、物体概念の形成を目的としている。一方で、人は物体概念だけでなく、色の概念や音の概念といった、特定のモダリティと強く結びついた概念も持っている。そのような概念の獲得を目的とした概念モデル[5]も提案されている。このモデルでは人がロボットに物体の特徴を言葉で教示する。例えば、ロボットがペットボトルを観測しているときに、人が「これはペットボトルだよ。振るとピチャピチャと音がするね。」というように物体の特徴を教示する。ロボットは、自身のモダリティの情報を様々な重要度で組み合わせることで、与えられた教示文に含まれる単語を表現可能な概念を形成する。すると、視覚・聴覚・触覚情報を使用してペットボトルという概念を形成することができ、聴覚情報に重きを置くことでピチャピチャという音を表す概念も獲得することができた。このようにして、物体だけでなく色・音・触覚に関する概念の獲得を実現した。さらに教示文に含ま

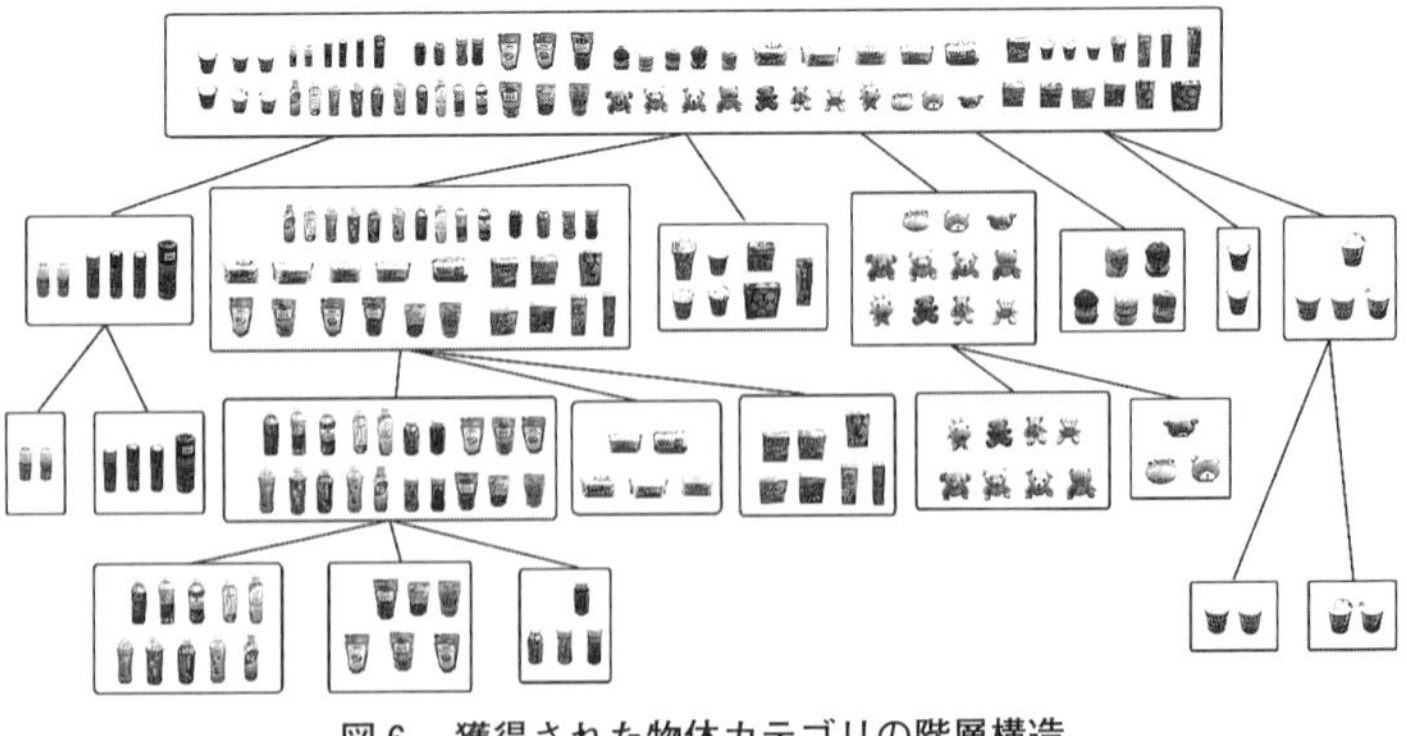

図 6　獲得された物体カテゴリの階層構造

れる「これ」のような単語は、現在得られているモダリティの情報では表すことができないということも学習された。

　ここまで見てきたように、様々な工学的な概念モデルが研究されている。しかし、これらの研究における概念の定義は非常に単純化されており、概念の持つ性質や機能を、全て説明できるわけではない。今後、概念を構成論的に明らかにするために、さらに研究を進展させ、概念に関する様々な事象を説明可能な数学的モデルを構築する必要がある。

〔**中村友昭**〕

[3] Blei, D., Griffiths, T., & Jordan, M. 2010 The Nested Chinese Restaurant Process and Bayesian Nonparametric Inference of Topic Hierarchies. *Journal of the ACM*, 57, 1-30.

[4] Ando, Y., Nakamura, T., Araki, T., & Nagai, T. 2013 Formation of Hierarchical Object Concept Using Hierarchical Latent Dirichlet Allocation. *IEEE/RSJ International Conference on Intelligent Robots and Systems*, 2272-2279.

[5] Nakamura, T., & Nagai, T. 2018 Ensemble-of-Concept Models for Unsupervised Formation of Multiple Categories. *IEEE Transactions on Cognitive and Developmental Systems*, *10*(4), 1043-1057.

マルチモーダル場所概念形成

──移動ロボットによる空間認知とセマンティクス

■ロボットの空間認知

実世界において人間と共存するロボットは、環境とのインタラクションを通じて空間を認知し、様々なタスクを行うことが求められる。ロボットは自身に取り付けられた様々なセンサ[1]を通して、周囲の環境の情報を取得する。ロボットは取得したマルチモーダルな観測データから環境の地図や物体の位置、場所のカテゴリなどを学習し、環境や自身の状態を推定する。実世界で動作する主体としてのロボットにとってこのような**空間認知**能力は重要である。

Simultaneous Localization and Mapping（SLAM）[2]は自己位置推定と地図生成を同時に行う移動ロボットのための基盤的な技術である。確率的生成モデルにおけるSLAMは、自己位置を表す潜在状態・観測・行動の変数を含む時系列モデルである**部分観測マルコフ決定過程（Partially Observable Markov Decision Process：POMDP）**の形で表現される。SLAMで推定される地図には、環境の幾何学的構造を正確に把握しようとする**メトリックマップ**や、環境に点在する特徴や抽象化された場所

[1] 多くの場合、深度（距離）センサやRBGカメラ、マイク、ホイールエンコーダから得られる自身の移動量などが用いられる。

[2] Thrun, S., Burgard, W., & Fox, D. 2005 *Probabilistic Robotics*. MIT Press.

[3] 人や動物の空間認知を考えた場合、工学的なSLAMで構築される正確な地図表現の利用は認知への構成論的なアプローチとして妥当か、という問いが立てられる。純粋に工学的なSLAMの他に、生物学的・神経科学的知見に触発されたSLAMのアプローチも存在する。

[4] Garg, S., Sünderhauf, N., Dayoub, F., Morrison, D., Cosgun, A., Carneiro, G., Wu, Q., Chin, T.-J., Reid, I., Gould, S., Corke, P., & Milford, M. 2020 Semantics for Robotic Mapping, Perception and Interaction: A Survey. *Foundations and Trends® in*

同士の関係をグラフ構造で表現した**トポロジカルマップ**がある。[3] また、ロボットや人が理解できる形で構築された環境地図に場所のラベルやカテゴリ、物体の配置などのセマンティクスを対応付けるアプローチは**Semantic Mapping**と呼ばれる。[4][5]

■マルチモーダル情報に基づく場所概念の形成

ロボットにおいて「リビングに行ってコップを取ってきて」といった人間の言語発話を通したナビゲーションやパスプランニングは重要な機能である。これらの実現には、ロボットが環境中のどこからどこまでがひとまとまりの場所か、ある場所を何と呼ぶのかといった場所や空間に関する概念的知識（**場所概念**[6]）を持つ必要がある。場所に関する概念は指示対象の範囲・名称が明確ではない場合や、環境や人によって異なる場合が存在する。したがって、場所の範囲や名称を事前に人手で設計することは困難である。そのため図1（上側）のようにロボットは自らの経験に基づいて自律的に場所の概念を形成・獲得することが望まれる。

このような空間認知や推論を可能とする確率的生成モデルとして、**ノンパラメトリックベイズ**[7]の枠組みで地図生成および自己位置推定・音声認識（単語分割）・場所に関するマルチモーダルカテゴリゼーションを統合した**SpCoSLAM**[8]（スプコスラム）が提案された（図2）。SpCoSLAMでは、ロボットが環境や語彙に関する事前知識なしに、未知環境下からでも場所の空間的な広がり、場所のカテゴリ、場所に関係した

Robotics, *8*(1-2), 1-224.

[5] 例えば、トポロジカルマップとメトリックマップを統合した階層的なセマンティックマップであるトポメトリックセマンティックマップへの拡張がある。

[6] ここで、場所概念とはロボットが場所や空間に関する自らの経験（環境から得たマルチモーダルなセンサ情報）に基づき教師なし学習によって形成される場所のカテゴリ知識を表す。

[7] 数理的に無限のモデルパラメータ数を仮定することで、観測データの複雑さや不確実性に応じて自動的にモデルの複雑さを調整することができる。代表的な例として、ディリクレ過程やガウス過程がある。SpCoSLAMでは、ディリクレ過程を使用し場所のカテゴリ数と語彙数を観測に応じて可変とした。ノンパラメトリックベイズは、事前に学習されるカテゴリ数の上限を設定する必要がなく、より自然な認知モデルとして表現することができる。

語を逐次的かつ追加的に学習できる[9]。さらに、SpCoSLAMは場所と単語との多対多の対応関係を学習することや、特定の場所と発話音声中の特定の音素列の共起性から語彙獲得・未知語の学習も可能である[10]。

能動的に環境を探索し新たな知識を獲得するためには、自らが行動を選択し移動することによって新たな場所で観測を得なければならない。**能動探索**による学習は、**情報利得**の最大化や**期待自由エネルギー**の最小化によって実現される[11]。このような確率的生成モデルに基づき不確実性を解消するための行動選択の枠組みは**能動的推論**(active inference)と呼ばれる。

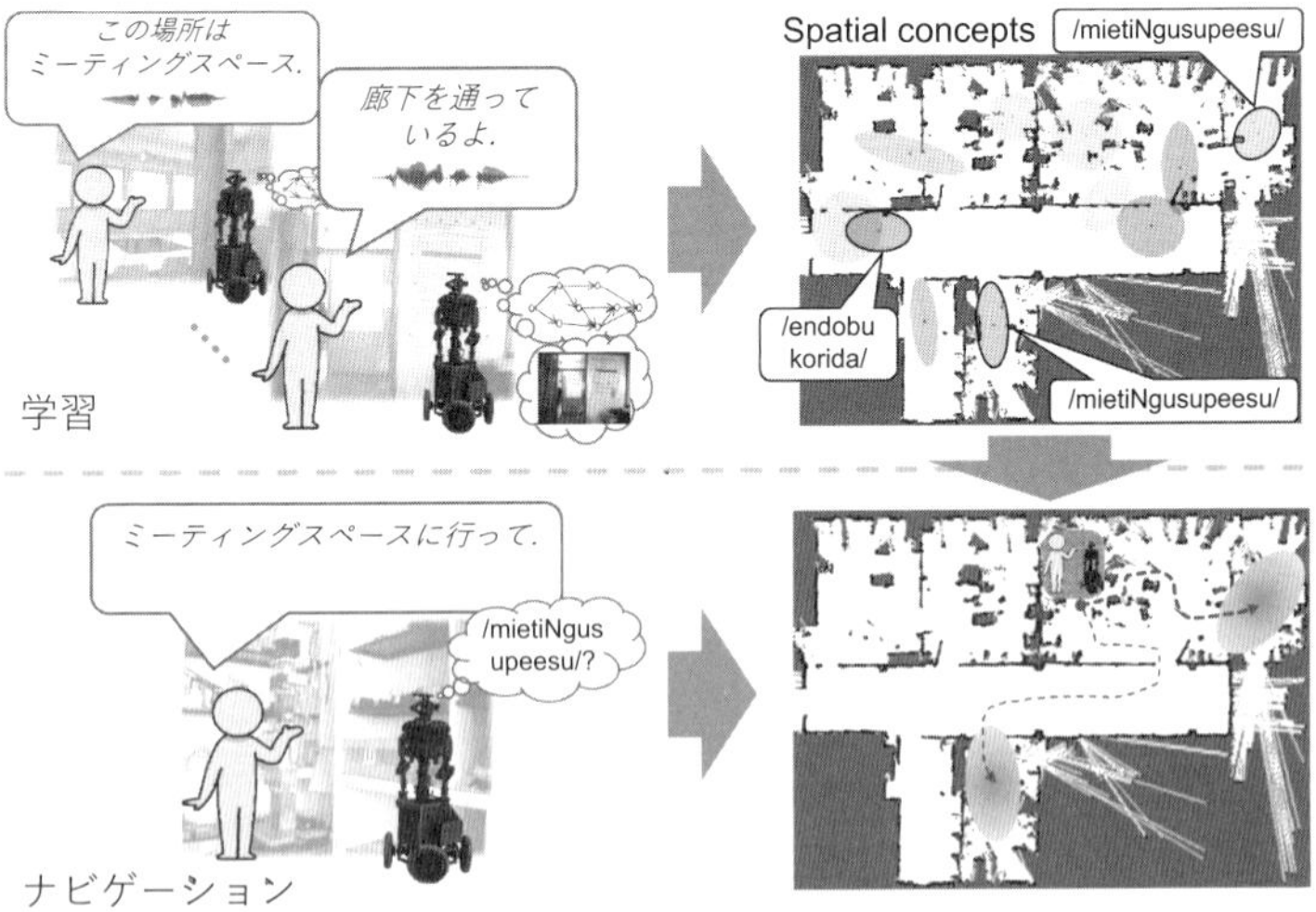

図1　場所概念の学習の様子と場所概念を使ったパスプランニングタスクの様子

[8] Taniguchi, A., Hagiwara, Y., Taniguchi, T., & Inamura, T. 2017 Online Spatial Concept and Lexical Acquisition with Simultaneous Localization and Mapping. *In Proceedings of the IEEE/RSJ International Conference on Intelligent Robots and Systems (IROS)*, 811-818.

[9] これは、Rao-Blackwellized Particle Filtersによるオンライン教師なし学習アルゴリズムによって実現される。

[10] Ⅱ-3「ロボットによる語彙獲得」と関連する。

[11] 情報利得は、現在の状態の確率分布とある行動をとったときに予測される観測に基づく事後確率分布とのKLダイバージェンスの期待値として定式化される。自由エネルギーについてはⅢ-2「自由エネルギー原理と予測符号化」を、能動探索についてはⅢ-3「好奇心と探索」を参照されたい。

場所概念形成のモデルにおいては、ある位置に移動して「ここはどんな場所ですか?」という質問を行動と見立てることで能動探索による学習が実現できる[12]。

人は様々な環境に置かれた際の場所の経験を汎化し、新たな環境に適応することができる。ロボットにおいても、多様な環境で獲得した場所のマルチモーダル情報から環境について汎化された場所概念を形成することで、新規環境への知識転移と適応学習が可能となる[13]。場所概念の知識転移は、複数の環境について汎化されたモデルパラメータと環境固有のモデルパラメータで構成される**階層ベイズモデル**としてモデル化できる[14]。新たなレイアウトの環境でも画像特徴などから既知の環境の知識を転移することで、言語情報を与えることなくリアルタイムな場所概念の形成が実現できる。

この他にも、相対的な位置関係や、空間的な階層性、環境の時間変化への対応など、

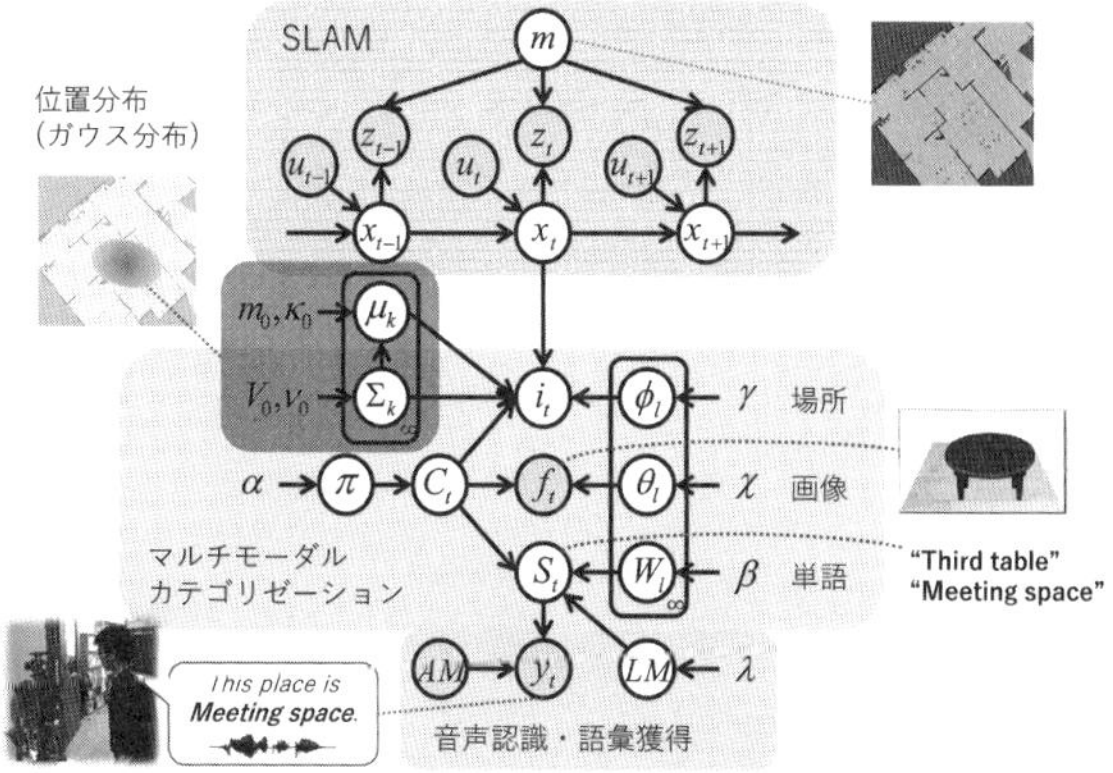

図2　SpCoSLAMのグラフィカルモデル

[12] Taniguchi, A., Tabuchi, Y., Ishikawa, T., Hafi, L. El, Hagiwara, Y., & Taniguchi, T. 2023 Active Exploration based on Information Gain by Particle Filter for Efficient Spatial Concept Formation. *Advanced Robotics*, 37(13), 840-870.

[13] Hagiwara, Y., Taguchi, K., Ishibushi, S., Taniguchi, A., & Taniguchi, T. 2022 Hierarchical Bayesian Model for the Transfer of Knowledge on Spatial Concepts Based on Multimodal Information. *Advanced Robotics*, 36(1-2), 33-53.

[14] 事前に大量のデータセットを用いて事前学習された大規模言語モデルなどの基盤モデルを活用することで、常識的知識と現場知識を統合する試みもある。

人の多様な空間認知機能を実現する計算論モデルが求められる。

■場所概念による実世界タスク応用

場所概念形成のモデルは、実世界環境でのサービスタスクを行うことを目的とした**RoboCup@Home**や**World Robot Summit（WRS）**といったロボット競技会においても活用されている。場所概念形成のモデルは位置と画像特徴[15]と単語が確率的に結びついているため、**クロスモーダル推論**が可能である。これにより、「ペットボトルとってきて」という発話命令からコップが存在するであろうキッチンへ向かうといったタスクが可能となる。

場所概念を用いたサービスロボットへのタスク応用先の一つとして、**ナビゲーション**や**パスプランニング**がある。音声命令が与えられた際の目的地までの軌道計画を行う手法に**SpCoNavi**[16]（スプコナビ）がある。これは、SpCoSLAMのモデルにおいて**Control as Inference（CaI）**と呼ばれる確率推論の枠組みを導入し実現された。具体的なタスクは、図1（下側）のように「ミーティングスペースに行って」などの場所の移動に関する命令を受け、ロボットは現在位置から目標状態への行動決定を行う。このとき、ミーティングスペースとして利用できる場所が複数ある場合では、現在地からの移動距離やこれまでの利用頻度などに応じて適切な方へ移動することもできる。ロボットが自らの経験をもとに自律的に獲得した場所の概念・語彙を活用する

[15] シーンの特徴を抽出するための事前学習済みモデルが用いられる。観測物体の画像特徴や認識確率、ラベルを使用する場合もある。

[16] Taniguchi, A., Hagiwara, Y., Taniguchi, T., & Inamura, T. 2020 Spatial Concept-Based Navigation with Human Speech Instructions via Probabilistic Inference on Bayesian Generative Model. *Advanced Robotics, 34*(19), 1213-1228.

ことで、人の音声命令から目的地までのパスプランニングが可能となる。これは、ゴールとして地図上の座標点を指定する必要のある従来の工学的なパスプランニング手法とは異なる。これにより、抽象的・概念的な場所の表象に基づいた推論が実現された。

環境に存在する物体の位置情報から形成された場所概念を活用することで、いくつかの散らかった物体に対して、効率的な片付けの順序と場所を計画することも可能となる。整頓された環境において物体の存在する確率を学習した後、複数の物が散らばった状況において、片づけた後の尤度が最も高くなる物体とその片づけ位置を確率推論によって選択する。結果として、ロボットにとって片付ける位置がより明確な物体から順に選択し、片付ける位置が不確実な物体は後で人に尋ねるという挙動が見られた。

■海馬体を参照した確率的生成モデル

脳に学ぶ人工知能[17]（**脳参照アーキテクチャ**）は、開発者の設計空間を制約し、人に近い機能を実現するために有効であると考えられている。空間認知や場所の認識を司る脳領域として、**海馬体**が知られている。海馬体とは、海馬、歯状回、嗅内皮質を含む脳部位の総称である。海馬体では、特定の場所で発火する場所細胞や格子細胞など、空間を表現する神経細胞が発見されている。また、海馬体は、空間的な認知機能のみ

[17] Yamakawa, H. 2021 The Whole Brain Architecture Approach: Accelerating the Development of Artificial General Intelligence by Referring to the Brain. *Neural Networks, 144,* 478-495.

ならず、エピソード記憶の処理や記憶の固定化に関わるとされている。

そのような海馬体の機能と構造を参照した確率的生成モデルとして Hippocampal formation-inspired probabilistic generative model[18][19]（HF－PGM）がある。HF－PGMは、主に海馬・歯状回と接続する内側・外側嗅内皮質における処理の違いに着目した。内側嗅内皮質からの投射は**アロセントリック**（環境中心的な視点・客観座標系）な情報処理に関与しており、外側嗅内皮質からの投射は**エゴセントリック**（自己中心的な視点・主観座標系）な情報処理に関与しているとされる。これらの二つの情報を海馬が統合し、次時刻の状態や観測の予測に活用される。HF－PGMは、アロセントリック・エゴセントリックな情報を再帰的な構造付き Encoder-Decoder モデルで統合し、次の時刻の各観測を予測するモデルとして表現される。このようなモデルを実世界のロボットに実装することで、従来の工学的な手法とは異なる空間認知の処理機能を実現することが期待される。

■大規模言語モデル・基盤モデルを用いた空間的な意味理解

近年、ロボットにおける空間的な意味理解の向上のために**大規模言語モデル**（LLM）や基盤モデルの利用が活発になっている。例えば、SayCan[20]はLLMを活用し、ロボットが現実世界の文脈を考慮した適切な行動を取ることを可能にした。このアプローチでは、言語に基づく**プランニング**をLLMで行い、外界からの情報を統合した

[18] Taniguchi, A., Fukawa, A., & Yamakawa, H. 2022 Hippocampal Formation-Inspired Probabilistic Generative Model. *Neural Networks, 151*, 317-335.

[19] 脳部位の機能と構造を対応付けることにより脳参照アーキテクチャを構築する方法論である structure-constrained interface decomposition（SCID）法および、脳参照アーキテクチャを確率的生成モデルとして表現するタスクである generation-inference process allocation（GIPA）を使用して構築された。GIPAでは、脳内の feedforward pathway（観測信号からのボトムアップな経路）を推論過程、feedback pathway（トップダウンな予測の経路）を生成過程として分ける。これら二つの経路は、Ⅲ－2「自由エネルギー原理と予測符号化」で説明される予測符号化に対応する。

上で動作スキルを選択する。これに関連して、現場知識を学習した場所概念モデルとＬＬＭによる常識的知識の融合に基づくタスクプランニングの研究も取り組まれている。

Vision-Language Models（**ＶＬＭ**）とsemantic mapを組み合わせたアプローチも出現している。CLIP-Fields[21]やVLMaps[22]は、ＬＬＭとＶＬＭを用いて空間と言語の関連付けを行い、様々な自然言語指示に基づくナビゲーションを可能とした。このようなＬＬＭベースのアプローチは幅広い語彙をカバーできる**open-vocabulary**という利点があるが、環境固有の用語（例えば、アリスの部屋など）への対応には課題が残る。環境固有の語を獲得できる場所概念モデルとの融合は有効な手段となりうるだろう。

〔**谷口彰**〕

[20] Ahn, M., Brohan, A., Brown, N., Chebotar, Y., Cortes, O., David, B., et al. 2022 Do As I Can, Not As I Say: Grounding Language in Robotic Affordances. *arXiv preprint.*

[21] Shafiullah, N. M. M., Paxton, C., Pinto, L., Chintala, S., (Mahi) Shafiullah, N., et al. 2023 CLIP-Fields: Weakly Supervised Semantic Fields for Robotic Memory. *Robotics: Science and Systems.*

[22] Huang, C., Mees, O., Zeng, A., & Burgard, W. 2023 Visual Language Maps for Robot Navigation. *In Proceedings of the IEEE International Conference on Robotics and Automation (ICRA).*

ブックガイドⅡ

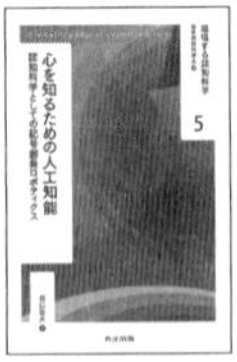

①谷口忠大『心を知るための人工知能 ── 認知科学としての記号創発ロボティクス』共立出版、2020年
ロボティクスやAIの研究とみられてきた記号創発ロボティクスがいかにして「認知科学」であるのかを語る一冊。「記号接地問題」自体の限界を指摘し、「記号創発問題」への移行を説く。確率的生成モデルに基づいて認知システムを描く。

②佐治伸郎『信号、記号、そして言語へ ── コミュニケーションが紡ぐ意味の体系』共立出版、2020年
子どものコミュニケーションに現れる語の意味について、その信号的特性、記号的特性を出発点として、個別言語特有の複雑な体系を構築するまでの過程を詳細に解説した研究書。

③谷口忠大『記号創発ロボティクス ── 知能のメカニズム入門』講談社選書メチエ、2014年：記号創発ロボティクスに関して初めて書かれた著作。ボトムアップな視点で認知を捉える構成論が導入される。「構成論的アプローチとは何か？」についても詳しく解説。

④池上嘉彦『記号論への招待』岩波新書、1984年：日本の意味論研究を牽引してきた著者が、記号論の考え方を特に言語学との関連から解説する。記号論は非常に広い説明力を持つが、本書は言語に関する例が多く採用されており、両者の関係を理解するのに役立つ。

⑤マイケル・トマセロ『ことばをつくる ── 言語習得の認知言語学的アプローチ』辻幸夫他訳、慶應義塾大学出版会、2008年：言語習得における社会認知能力の重要性を示し、その後の言語習得研究に大きな影響を与えた研究書。言語が他者との社会的やりとりの中で生まれ、複雑で抽象的な構造を持つまでの過程が詳細に解説される。

⑥須山敦志『ベイズ推論による機械学習入門』講談社、2017年：確率の基礎から確率的生成モデルやベイズ推論の代表的な手法まで、数理的な面から解説された入門書。本書で紹介された確率的生成モデルを理解する上での導入として役立つだろう。

⑦豊田秀樹（編著）『実践ベイズモデリング ── 解析技法と認知モデル』朝倉書店、2017年：ベイズモデルを使用したデータの解析技法や認知モデルの表現方法に関する様々な具体例が紹介されている。ベイズモデリングを実践する上で、グラフィカルモデル表現の利点を理解するのに良い。

⑧上田隆一『詳解　確率ロボティクス ── Pythonによる基礎アルゴリズムの実装』講談社、2019年：移動ロボットでの自己位置推定と地図生成の確率モデルアプローチである確率ロボティクスの解説書。Pythonによる具体的なコードとその裏にある数理的な原理を合わせて解説している。

⑨高橋宏知『続　メカ屋のための脳科学入門 ── 記憶・学習／意識　編』日刊工業新聞社、2017年：記憶・学習・意識を中心に脳科学の代表的な話題に触れる。専門分野外の読者も読みやすい。空間認知を司る海馬に関する記述が豊富である。

⑩横澤一彦（編）『認知科学講座4　心をとらえるフレームワークの展開』東京大学出版会、2022年：身体と脳、社会に関する最新研究とそれらの知見に関わる数理、計算モデル研究が紹介された専門書。自由エネルギー原理や記号創発システムをはじめとして、本書に関わる多くの知識をこの一冊から得ることができる。

第Ⅲ部

Cognitive Development in the Environment

認知発達ロボティクス

——構成的アプローチによる認知発達の理解と設計

■知能の理解と設計を目指す認知発達ロボティクス

認知発達ロボティクス（cognitive developmental robotics）とは、人間の脳や身体を模した計算モデルやロボットを用いて、認知発達の仕組みを構成的に理解し、その理解に基づいて、新たな人工知能やロボットの設計論の確立を目指す研究領域である[1][2][3]。第Ⅱ部で紹介した**記号創発ロボティクス**が認知機能の中でも記号（言語や概念）の獲得と操作に焦点を当てているのに対して、認知発達ロボティクスは自己の認知や物体操作、他者との協調行動など、記号の獲得・操作を支える様々な認知機能を対象とする。その歴史も長く、2000年頃には**発達ロボティクス**[4]（developmental robotics）や**経験主義的ロボティクス**[5]（epigenetic robotics）をテーマとする国際会議が初めて開催され、ロボティクスと発達科学・認知科学・神経科学の研究者が一堂に会して議論するようになった。そして、2001年に**浅田**[6]らによって認知発達ロボティクスが提唱されると、日本と欧州を中心に複数の大型研究プロジェクトが始動し、学際的な研究領域として発展してきた。

[1] Asada, M., Hosoda, K., Kuniyoshi, Y., Ishiguro, H., Inui, T., Yoshikawa, Y., Ogino, M., & Yoshida, C. 2009 Cognitive Developmental Robotics: A Survey. *IEEE Transactions on Autonomous Mental Development*, *1*(1), 12-34.

[2] Cangelosi, A. & Schlesinger, M. 2015 *Developmental Robotics: From Babies to Robots*. The MIT Press.（カンジェロシ，シュレシンジャー／岡田浩之・谷口忠大他訳 2019『発達ロボティクスハンドブック――ロボットで探る認知発達の仕組み』福村出版）

[3] Cangelosi, A. & Asada, M. (Eds.) 2022 *Cognitive Robotics*. The MIT Press.

[4] Lungarella, M., Metta, G., Pfeifer, R., & Sandini, G. 2003 Developmental Robotics: A Survey. *Connection Science*, *15*(4), 151-190.

一般的な人工知能研究と比べて認知発達ロボティクスの重要な点は、設計者が認知機能の獲得に必要と思われる最小単位のみを設計し、人間の乳幼児と同じように、ロボットに様々な感覚運動経験をさせることで、認知機能が獲得される過程（獲得結果だけではない）を検証することにある。具体的には、図1に示すように設計対象を脳や身体に対応するロボットの**内部構造**と、物体や他者を含む**外部環境**とに分け、それらの相互作用としてどのように認知機能が創発するのかを研究する。もう一つの重要な点は、人工知能研究が主に知能の最適化を目指すのに対して、認知発達ロボティクスでは内部構造や外部環境の変調が知能の獲得に与える影響を検証することにある。例えば、発達障害者に見られる認知機能の多様性（**神経多様性**）が、どのような脳・身体・環境要因によって生じるのかを理解することで、知能の本質的原理を明らかにすることが期待できる。

■ロボットの内部構造の設計

感覚運動経験を通してロボットに認知機能を獲得させる上で、まず重要なのは、脳に対応するロボットの学習モデルの設計である。人工知能分野で様々な機械学習法が提案される中、近年、認知発達ロボティクス

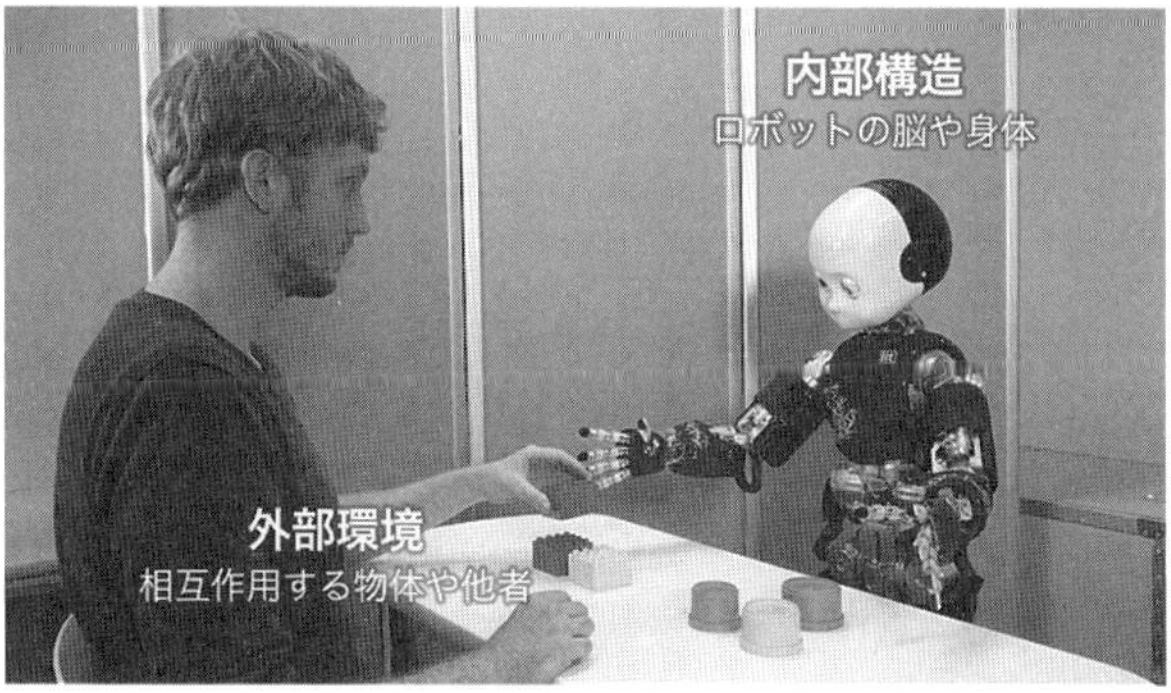

図1　構成的アプローチによる認知発達の理解と設計。ロボットの脳や身体などの内部構造と、物体や他者などの外部環境を適切に設計することで、認知機能の発達原理を研究する

では**予測情報処理（予測符号化）理論**[7][8]が高い注目を集めている。

予測情報処理は脳の様々な機能を統一的に説明する理論として、神経科学者や哲学者らによって提唱された。脳は感覚器を通して入力されるボトムアップな感覚信号と、意図や信念に基づいてトップダウンに生成する予測信号との差、つまり予測誤差を最小化するように機能すると考えられている。もともと、予測情報処理は成人の知覚や運動の原理を説明する理論として提案されたが、**予測誤差最小化**に基づく内部モデルの獲得や、その過程で現れる様々な認知行動が、感覚運動能力や社会的能力の発達に対応するとの仮説のもと、認知発達原理として拡張され、多くのロボット研究で検証されてきた[9][10][11]。

例えば、認知機能の基盤である（身体的）**自己認知**は、自己受容感覚と外受容感覚の予測誤差最小化を通して獲得することができる。ロボットは**身体バブリング**（乳幼児に見られるランダムな身体動作）を通して様々な姿勢・運動に対する視覚フィードバックを経験し、これらの予測誤差を最小化するように内部モデルを更新することで、身体表象を獲得する。同様に、喜び・悲しみなどの**情動**や**感情**も、環境や他者からの外受容刺激と、心拍や呼吸などの内受容応答を、予測誤差最小化に基づいて学習することで獲得できる。特筆すべきは、これらの内部モデルがロボット自身に向けられる行動だけではなく、向社会的行動も可能にする点である。特に、発達初期は自他が未分化であるため、ロボットは自己の内部モデルを他者にも適用する。この結果、**ミラ**

[5] Berthouze, L., & Ziemke, T. 2003 Epigenetic Robotics-Modelling Cognitive Development in Robotic Systems. *Connection Science, 15*(4), 147–150.

[6] Asada, M., MacDorman, K. F., Ishiguro, H., & Kuniyoshi, Y. 2001 Cognitive Developmental Robotics as a New Paradigm for the Design of Humanoid Robots. *Robotics and Autonomous Systems, 37*, 185–193.

[7] Friston, K. & Kiebel, S. 2009 Predictive Coding Under the Free-Energy Principle. *Philosophical Transactions of the Royal Society B, 364*, 1211–1221.

[8] Clark, A. 2013 Whatever next? Predictive Brains, Situated Agents, and the Future of Cognitive Science. *Behavioral and Brain Sciences, 36*(3), 181-204.

ーニューロンシステムのように、観測した他者運動（視覚）からそれに対応する自己運動（自己受容感覚）を想起したり、それに基づいて模倣や利他的行動などの原始的な向社会的行動を生成する。以上のように、予測情報処理は感覚運動能力から社会的能力、さらには、それらの**オープンエンドな発達**を支える**内発的動機付け**（**好奇心**）の基盤としても注目されており、認知発達科学に光明を投じる有望な理論である（予測情報処理の詳細と具体的な研究例については、Ⅲ-2〜5を参照）。

ロボットの内部構造の設計においてもう一つ重要な要素は、身体である。乳幼児は成人に比べて小さな身体と未熟な感覚運動機能を持ち、従来、これらは認知機能の学習に不利であると考えられていた。一方で、これらの**身体的制約**が情報の構造化に寄与し、学習を促進しているとの指摘がある[12]。これを工学的に検証・応用した研究として、例えば、視力の発達が自他認知や情動の獲得、さらに共同注意の学習を促進することを示した研究がある。感覚運動経験に同期してロボットの視力が向上することで、大局的情報から局所的情報へと段階的な学習が進み、より構造化された内部モデルが獲得された。また、物体操作などの運動学習において、ロボットの自由度を徐々に解放することで、探索範囲の段階的拡大による学習の効率化を示した研究もある。興味深いことに、これらの発達的制約は身体だけではなく脳（例えば、記憶容量）にも存在し、これらの発達が同期することで相乗効果を生むと期待できる。

[9] Nagai, Y. 2019 Predictive Learning: Its Key Role in Early Cognitive Development. *Philosophical Transactions of the Royal Society B, 374*, 20180030.

[10] Friston, K, Moran, R. J., Nagai, Y, Taniguchi, T., Gomi, H., & Tenenbaum, J. 2021 World Model Learning and Inference. *Neural Networks, 144*, 573-590.

[11] 長井志江 2023「自由エネルギー原理と認知発達ロボティクス」『人工知能』38(6), 826-832.

[12] Newport, E. L. 1990 Maturational Constraints on Language Learning. *Cognitive Science, 14*(1), 11-28.

■他者を含む外部環境の設計

認知発達ロボティクス研究において次に重要な点は、外部環境の設計である。乳幼児は他者を含む環境との相互作用を通して認知機能を獲得しており、どのような環境に置かれるかによって発達の方向性や速度が規定される。発達心理学では**発達の最近接領域**[13]という概念が提案され、養育者や環境による発達の足場づくりの重要性が指摘されてきた。乳幼児が自力で達成できる課題水準よりも、少しだけ困難な課題を与えられることで、発達が円滑に進むという考えである。

ロボットの学習でも上記の概念を計算論的に実装することで、学習の効率化や、環境要因の役割の理解が試みられてきた。例えば物体操作など、対象とする課題が上達するに従って学習データの質や量を段階的に上昇させることで、ロボットの学習が加速することを示した研究がある。また共同注意の学習において、養育者からの報酬の与え方を発達初期では易しく、徐々に難しくすることで、学習が促進されることを示した研究もある。近年、このようなアイデアが機械学習にも応用され、**カリキュラム学習**として広く利用されるようになった。認知発達ロボティクスで議論されてきた認知発達の原理が、新たな人工知能の設計論として確立した良い例である。

[13] Vygotsky, L. S. 1978 Interaction Between Learning and Development. *Mind in Society*. Harvard University Press.

■認知発達の多様性

認知発達の原理を理解する上で、時間的動態と同時に重要なのが、個人の多様性である。一般的な人工知能研究では知能の最適化が求められるのに対して、認知発達ロボティクスでは、人間の知能に見られる個人差が、どのような脳・身体・環境の相互作用を通して生じるのかを解明することが目標となる。

例えば、感覚運動能力や社会的能力に困難さを抱える**自閉スペクトラム症**や**統合失調症**が、どのような神経基盤の変調によって生じるのかを検証した研究がある[14]。人間の脳機能を模した神経回路モデルに変調を加えることで、獲得される認知機能がどのように変容するのかを構成的に検証してきた。前述の予測情報処理理論に基づく研究では、予測信号や感覚信号の推定精度を変調することで、ロボットが環境認識や物体操作能力の獲得に困難さを示したり、獲得した能力の汎化に限界を示すことが指摘された。また、外部環境からの教示や報酬が変わることで、社会的能力の獲得が抑制されることを示す研究もある。このような研究を通して、定型発達と発達障害の多様性が、共通の神経基盤における微細な変調によって生じうること、そして、脳・身体と環境のバランスの変化が多様な発達曲線を生み出すことも明らかになってきた。認知発達ロボティクス研究がさらに発展することで、発達障害者の理解や支援、さらにインクルーシブ社会の確立といった社会貢献が期待される。

[14] Lanillos, P., Oliva, D., Philippsen, A., Yamashita, Y., Nagai, Y., & Cheng, G. 2020 A Review on Neural Network Models of Schizophrenia and Autism Spectrum Disorder. *Neural Networks*, *122*, 338-363.

■認知発達ロボティクスの今後の展開

２００１年に認知発達ロボティクスが提唱されて以降、様々な計算モデルやロボットが提案されてきた。特に、認知発達科学研究で観測された乳幼児の行動を、計算論的に再現・予測することで、ロボティクスが工学的応用だけではなく、人間の知能の理解という究極の科学的課題にも貢献することが示されてきた。一方で、真に人間のような知能の設計には、認知発達を支える神経基盤の進化的・遺伝的起源の解明や、認知発達と並行して成長する身体の開発など、様々な課題が残されている。従来の心理学・認知科学・神経科学を超え、認知発達ロボティクスから新たな科学を創出するパラダイムシフトを起こすことで、知能の本質的理解と、それに基づく新たな知能の設計論の確立が期待される。

〔**長井志江**〕

自由エネルギー原理と予測符号化
―脳機能を説明する統一的な計算理論

■自由エネルギー原理

自由エネルギー原理[1]（free-energy principle）は、神経科学者である**フリストン**（Karl Friston）によって２００６年から提唱されている脳の情報処理に関する理論である。簡単にいうと、知覚・行動・学習といった脳のあらゆる機能を、**変分自由エネルギー**[2]（variational free energy）と呼ばれるコスト関数を最小化するための異なる解決策として説明するものである。説明の範疇として脳機能にとどまらず、例えば細胞の自己組織化から感情や意識、精神発達障害等の様々なトピックを含み、従来の諸理論を包含するような統一理論を目指す野心的な試みである。

自由エネルギー原理の出発点は、感覚入力の起こりにくさをあらわす**サプライズ**と呼ばれる情報理論的指標の最小化である。このサプライズは、何らかの好ましい感覚入力（例えば、快適な外気温、体温、あるいは何らかの目標状態）が得られているときに小さくなり、そこから逸脱しているようなときに大きくなるもので、生物の外部・内部状態に対する適応度を表現するといえる。サプライズの計算は、複雑な積分計算

[1] 関連する文献は多数あるが例えば以下がある。
Friston, K., Kilner, J., & Harrison, L. 2006 A Free Energy Principle for the Brain. *Journal of Physiology-Paris, 100*(1-3), 70-87.
Friston, K. 2009 The free-energy principle: A Rough Guide to the Brain? *Trends in Cognitive Sciences, 13*(7), 293-301.
Friston, K. 2010 The Free-Energy Principle: A Unified Brain Theory? *Nature Reviews Neuroscience, 11*(2), 127-138.

[2] 自由エネルギー原理における自由エネルギーは、熱力学におけるヘルムホルツ（Helmholtz）の自由エネルギーではなく、機械学習における変分ベイズ推論を行うための変分自由エネルギーであることに注意されたい。

を必要とすることから脳の神経回路では実現が困難であると考えられる。そこで自由エネルギー原理では、サプライズを直接計算することの代替案として、生物はその上限値である**変分自由エネルギー**を計算していると考える。そして、変分自由エネルギーが最小化するように知覚・行動・学習を行うことで、サプライズを上から抑え込む形でその最小化を実現するという仕組みである。[3]

■変分自由エネルギーの最小化

自由エネルギー原理では、脳は観測可能な感覚入力とその原因となる観測不可能な隠れ状態の同時分布で表される**生成モデル**（順モデルや世界モデルとも呼ばれる）を有すると考える。そして、変分自由エネルギーは、計算困難な事後分布の代わりとなる近似事後分布（**認識モデル**）と生成モデル間の**カルバック・ライブラー**（Kullback-Leibler：ＫＬ）**ダイバージェンス**として表される。このＫＬダイバージェンスを式変形することで、サプライズと変分自由エネルギーの差が、近似事後分布と真の事後分布間のＫＬダイバージェンスであることが示される。また、変分自由エネルギーは、正確さを表す対数尤度（の負値）と、複雑さを表す近似事後分布と事前分布間のＫＬダイバージェンスの和であることも示される。

自由エネルギー原理において、知覚は感覚入力に近い感覚予測を生成可能な隠れ状態を求めることで、行動は感覚予測に近い感覚入力を得るために環境に対して能動的

[3] サプライズと変分自由エネルギーはそれぞれ、機械学習における証拠（evidence）と証拠の下界（Evidence Lower Bound：ＥＬＢＯ）の負値に対応する。そのため、変分自由エネルギーの最小化に基づく学習は、例えば変分自己符号化器（Variational Auto-Encoder：ＶＡＥ）で用いられる変分下界の最大化に基づく学習と等しい。

に働きかけることで、学習は脳内の生成モデルをより精緻にするためにモデルのパラメータを変化させることで、変分自由エネルギーの最小化に貢献する。例えば感覚入力として「赤くて丸い」視覚情報を得た場合について考えてみよう。このとき知覚は、認識モデルを用いて視覚情報の原因としての隠れ状態を求めることに対応する。ここでは隠れ状態として、例えば「果物のりんご」があると推論したとする。このような推論過程を（ヘルムホルツの）無意識的推論や**知覚的推論**（perceptual inference）と呼ぶ。これによって近似事後分布と真の事後分布間のＫＬダイバージェンスの最小化が可能となる。実際にその最小化が実現されたとき、変分自由エネルギーとサプライズが等しくなるが、行動によってこの値をさらに減少させ最小化することが可能となる。例えば、物体により近づくことで新たな視覚情報を取得し、「おもちゃのりんご」があると推論し直すことが可能となる。また、こうして得られた新たな感覚入力を用いて学習することで生成モデルの精緻化が可能となる。その際に、前述の正確さと複雑さの関係から、得られた感覚入力をできるだけ単純に表現できるように生成モデルの学習が進むことがわかる。

このような、知覚と行動の循環過程を**能動的推論**[4]（active inference）と呼び、自己の解釈（内部状態）を変え、環境（外部状態）に対して働きかけることで変分自由エネルギーを最小化し、その結果としてサプライズの最小化が可能となる。

［4］Parr, T., Pezzulo, G., & Friston, K. J. 2022 *Active Inference: The Free Energy Principle in Mind, Brain, and Behavior.* MIT Press.（パー、ペッツーロ、フリストン／乾敏郎訳 2022『能動的推論──心、脳、行動の自由エネルギー原理』ミネルヴァ書房）

■期待自由エネルギーの最小化

変分自由エネルギーは過去から現在にかけて、実際に観測された感覚入力を元に計算されるコスト関数であるが、能動的推論を拡張し未来の感覚入力までをも考慮することで長期的な行動計画の推論も可能となる。このような、実際にはまだ観測されていない感覚入力を考慮した上で計算する変分自由エネルギーのことを**期待自由エネルギー**（expected free energy）と呼ぶ。具体的には、過去から現在にかけて実際に観測された感覚入力を元に現在の隠れ状態を推論し、現在から先の未来の時刻における行動系列の候補を方策とする[5]。現在の状態から、各方策に基づいて行動を実行した場合に生じるであろう感覚入力を生成モデルで予測し、その予測結果を用いて方策毎に期待自由エネルギーを計算する。そして、期待自由エネルギーが最小となる方策を選択することで行動計画を立てることが可能となる。

期待自由エネルギーを式変形することで、負の**内在的価値**（intrinsic value）と負の**外在的価値**（extrinsic value）の和として表すことができる。負の内在的価値の最小化は内在的価値の最大化と等価であるため、不確実性を解消するような探索行動をもたらす。また同様にして、負の外在的価値の最小化は外在的価値の最大化と等価であるため、目標志向行動や利用行動をもたらす。すなわち、従来の強化学習における探索と利用のトレードオフの問題が期待自由エネルギーから自然に導出され、その最小化によって方策の選択が可能であるということがわかる。

[5] 能動的推論における方策とは、一般的な強化学習における状態を行動に変換する関数や状態を条件とした行動に関する確率分布とは異なり、行動系列の一つ一つを表すことに注意されたい。

■予測符号化

予測符号化[6] (predictive coding) は、**ラオ** (Rajesh Rao) と**バラード** (Dana Ballard) によって1999年に提案された脳における階層的な視覚情報処理のモデルであり、自由エネルギー原理における知覚的推論と密接な関係がある。また近年では、視覚情報処理のみならず幅広い脳機能を対象とし、**予測情報処理**[7] (predictive processing) と呼ばれることも多い (Ⅲ-1「認知発達ロボティクス」を参照)。

予測符号化では、階層的に組織化された神経回路を仮定し、状態ユニットと誤差ユニットを有する各階層がトップダウンの予測プロセスとボトムアップの認識プロセスを繰り返す。トップダウンの予測プロセスでは、上位の階層が下位の階層の神経活動を予測し、特に最下層では感覚入力を予測する。一方、ボトムアップの認識プロセスでは、上位層による予測と実際の神経活動 (最下層では感覚入力) との間の差である**予測誤差** (prediction error) が計算され、その最小化を目指し、各階層で生成された予測を修正するために使用される。以上のように、予測符号化では**予測誤差最小化** (prediction error minimization) の計算原理に基づき、上位層から下位層に向かう予測信号と下位層から上位層へ向かう予測誤差信号の相互作用が行われる。

前述の自由エネルギー原理に対してラプラス (Laplace) 近似を導入し、近似事後分布をガウス分布とすることで、予測符号化を導出することが可能[8]であるため、自由エネルギー原理は予測符号化を包含するものであると位置付けられる。

[6] Rao, R. P., & Ballard, D. H. 1999 Predictive Coding in the Visual Cortex: A Functional Interpretation of Some Extra-Classical Receptive-Field Effects. *Nature Neuroscience*, *2*(1), 79–87.

[7] Clark, A. 2013 Whatever Next? Predictive Brains, Situated Agents, and the Future of Cognitive Science. *Behavioral and Brain Sciences*, *36*(3), 181–204.

[8] Friston, K., & Kiebel, S. 2009 Predictive Coding Under the Free-Energy Principle. *Philosophical Transactions of the Royal Society B: Biological Sciences*, *364*(1521), 1211–1221.

[9] 特に、自由エネルギー原理と人工知能関連分野との関係については、次の特集を参照されたい。村田真悟（編）2023「特集：『自由エネルギー原理とＡＩ』」『人工知能学会誌』38(6), 778–847.

■周辺分野との関係

ここまでは自由エネルギー原理や予測符号化の理論的側面を述べてきたが、最後に心理学や脳科学、深層学習といった周辺分野との関係をまとめる。[9]

例えば**スミス**（Ryan Smith）らは、自由エネルギー原理（能動的推論）に基づく計算論モデルを用いて、実際の被験者の行動データの解析を行っている。[10] また**磯村**らは、自由エネルギー原理によってラットの大脳皮質由来の培養神経回路の自己組織化を予測できることを示している。[11] さらに**チャオ**（Zenas Chao）らは、聴覚刺激提示中のサルの大規模皮質脳波（Electrocorticography：ＥＣｏＧ）を計測し分解することで、階層的な予測信号と予測誤差信号を同定している。[12] これらのように、部分的ではあるものの、自由エネルギー原理や予測符号化の実験データへの適用や実験データを用いた検証が行われている。

従来の自由エネルギー原理の概念実証は主に、簡易な低次元データを用いて行われてきた。近年は生成モデルや認識モデルといった各確率分布を**深層ニューラルネットワーク**（deep neural network）（Ⅲ-6「ディープラーニングと表現学習」を参照）を用いて表現することで、スケーラビリティの向上も進められている。特にこのような試みは、**深層能動的推論**[13]（deep active inference）と呼ばれている。現段階においては、仮想環境で取得した高次元データを用いた研究が多いが、深層能動的推論を実ロボットにまで展開し、実世界環境で概念実証を行うことも期待される。

〔**村田真悟**〕

[10] Smith, R., Friston, K., & Whyte, C. 2022 A Step-by-Step Tutorial on Active Inference and its Application to Empirical Data. *Journal of Mathematical Psychology, 107*, 1-60.

[11] Isomura, T., Kotani, K., Jimbo, Y., & Friston, K. 2023 Experimental Validation of the Free-Energy Principle with in Vitro Neural Networks. *Nature Communications, 14*(4547), 1-15.

[12] Chao, Z., Takaura, K., Wang, L., Fujii, N., & Dehaene, S. 2018 Large-Scale Cortical Networks for Hierarchical Prediction and Prediction Error in the Primate Brain. *Neuron, 100*(5), 1252-1266.

[13] Mazzaglia, P., Verbelen, T., Çatal, O., & Dhoedt, B. 2022 The Free Energy Principle for Perception and Action: A Deep Learning Perspective. *Entropy, 24*(2), 1-22.

好奇心と探索

――私たちはなぜ学ぼうとするのか？

■好奇心

好奇心（curiosity）とは、自身にとって新奇な情報を収集したいという欲求である。心理学者の**ジェームズ**（William James）は好奇心をより良い認知への衝動（the impulse towards better cognition）と呼び、新奇な対象への接近と探索を動機づけ、新奇な対象からの回避を動機づける不安と拮抗する役割を担う本能であると捉えた[1]。また、単なる新奇刺激への反応だけではなく、科学や哲学的な知識の差異や矛盾を解消しようとする動因としての好奇心があることも主張している。**バーライン**（Daniel Berlyne）は、好奇心を新奇な感覚刺激に対する動機付けである**知覚的好奇心**（perceptual curiosity）と、対象を理解したいというような知的活動に関する**知的好奇心**（epistemic curiosity）に分類した[2]。知覚的好奇心は生物における探索行動の主要な動機であり、成人だけではなく乳児の探索行動の原動力でもある。一方で、知的好奇心は不確実性を排除するための情報を持つ刺激を収集するだけではなく、知識を獲得するための原動力だと説明している。またバーラインは、この知的好奇心を**拡散的**

[1] James, W. 1983 *Talks to Teachers on Psychology and to Students on Some of Life's Ideals (Vol. 12)*. Harvard University Press.

[2] Berlyne, D. E. 1954 A theory of human curiosity. *British Journal of Psychology. General Section*, 45, 180-191.

好奇心（diversive curiosity）と**特殊的好奇心**（specific curiosity）に二分している[3]。拡散的好奇心は様々な知識を得ようとする新奇な情報の探索を支える動機であり、特殊的好奇心は知識に対する矛盾や整合性を解消するための特定の情報への探索を動機づける。図1に乳児が自身の好奇心に基づいて環境を探索している動画の一場面を示す[4]。動画中において、乳児は自身の周りに存在する新規物体に近づき、それらを把持したり遊んだりする様子が見てとれる。一方で同じ物体で遊び続けることはなく、ある程度遊んで知識を得た後はその他の物体に興味を移している。このように好奇心はそれまでの経験や知識に応じて常に変化していることがわかる。

■好奇心と自律性

生物や人が内的に持つ欲求である新奇な情報を収集する衝動としての好奇心により駆動される行動を、**内発的動機**（intrinsic motivation）によって動機づけられた探索行動と呼ぶ。一方で、探索行動は内発的動機付けのみならず、外界から与えられる報酬などの**外発的動機**（extrinsic motivation）によっても駆動される。内発的動機と外発的動機の正確な定義と区別は困難であるが、**デシ**（Edward L. Deci）は活動そのもの以外に何も明らかな報酬がないものを内発的に動機づけられた行動とし、活動の先にある報酬による動機付けを外発的動機と定義している[5]。例えば、

図1　好奇心によって乳児が環境を探索する様子[4]

[3] Berlyne, D. E. 1966 Curiosity and Exploration: Animals Spend Much of Their Time Seeking Stimuli Whose Significance Raises Problems for Psychology. *Science*, *153*(3731), 25-33.

スロットマシーンの当たり確率を対価を支払って知るという探索行動は、好奇心ではなく当たりを引くという外発的な動機によって引き起こされる。一方で、目の前のそれが何かはよくわからないがとにかく触ってみたい、といった行動は外界の報酬とは結びついておらず、内発的動機による探索行動だといえる。

このような外発的あるいは内発的動機によって駆動される探索行動は、生物としての自律性の基盤となる。例えば摂食や睡眠などの外発的動機によって駆動される探索行動は、生命機能の実現など身体の恒常性の維持に関わる。また金銭や賞賛などの報酬も、社会的立場の改善を通じて間接的に生命機能の維持に関わるものである。一方で、好奇心などの内発的動機に基づく探索行動は今その時点での生命機能の維持に直接的に関わることはないが、外界の情報を収集し不確実性を減少させるといった行動は、知識や技能の獲得を促すことで個体の環境適応性が向上すると考えられる。

■情報利得最大化と能動的推論による探索行動

では自律性の基盤としての探索行動は、どのような理論によって説明可能であろうか。知覚的好奇心と知的好奇心のどちらにおいても、好奇心による探索行動は外界の情報を収集する行為と捉えることができる。これはある探索行動 a_t によって観測情報 o_t が得られたとき、これまでの知覚経験や知識による外界に対する信念 $p(z)$ が変化する行動を選択する行為である。ここで観測情報 o_t による信念 $p(z)$ の変化は o_t

[4] Francis Vachon. Time lapse of a baby playing with his toys. https://www.youtube.com/watch?v=8vNxjwt2AqY

[5] Deci, E. L., & Ryan, R. M. 2013 *Intrinsic Motivation and Self Determination in Human Behavior*. Springer Science & Business Media.

を得る前後での $p(z)$ の変化として、情報理論における**情報利得**（あるいは**相互情報量**）$I(o_t;z)=H(z)-H(z|o_t)=\mathbb{E}_{p(o_t)}[D_{KL}(p(z|o_t)\|p(z))]$ で表現することができる。ここで D_{KL} はカルバック・ライブラーダイバージェンスを表す。つまり情報理論の観点において、知覚的好奇心や知的好奇心は情報利得を最大化する探索行動だと捉えることができる。

一方で、脳の情報処理を統一的に説明することを目的とした**自由エネルギー原理**[6]においては、探索行動は未来の自由エネルギー、つまり**期待自由エネルギー**を最小化する**能動的推論**とみなすことができる。ここで期待自由エネルギーは、負の内在的価値 $-\mathbb{E}_{p(o_t)}[D_{KL}(p(z|o_t)\|p(z))]$ と負の外在的価値 $-\mathbb{E}_{p(z,o_t)}[\ln p(o_t)]$ の和として表すことができ、内在的価値は特定の行動のもとで得られる情報利得に対応している。つまり、内在的価値の最大化は行動選択による情報利得最大化と等価であり、この行動は不確実性を減少させ、知覚的あるいは知的好奇心を満たす行動だと解釈することができる。他方で外在的価値の最大化に目を向けると、観測情報の確率分布 $p(o_t)$ が最も高い値を示す行動を探索することに対応している。ここで確率分布 $p(o_t)$ を**事前選好**（prior preference）と捉えると、この外在的価値の最大化は**強化学習**における効用の最大化、つまり外発的動機による行動選択を表している。

このような内在的価値と外在的価値のそれぞれの最大化に伴う行動選択は、強化学習における**探索と利用のトレードオフ**に対応する。期待自由エネルギーの最小化とい

[6] Ⅲ-2「自由エネルギー原理と予測符号化」を参照。

う一つの規範を通してそれぞれの価値の最大化を調整することで、好奇心による内発的動機のみならず、外発的動機も考慮した環境との相互作用における自律的な行動選択を表現することが可能となる。

■好奇心の計算モデルによる行動と概念の学習

認知ロボティクスにおける重要な研究課題の一つに、好奇心のモデル化、つまりロボットによる自律的な知識獲得の課題があげられる。**オーデイヤー**（Pierre-Yves Oudeyer）らは、環境から与えられる外的報酬のみならず、ロボットが自らの好奇心によって環境を探索し、その好奇心を満たすことで発生する内的な報酬を導入した強化学習モデルを提案した[7]。この研究では、自身の行動や環境のダイナミクスによる状態変化を予測する予測学習器と、予測学習器の出力と実際の環境状態変化の誤差、つまり予測学習器の学習状況を予測するメタ学習器を導入し、環境に対する知識の獲得度合いを学習している。メタ学習器は予測学習器による環境の予測誤差と自身の予測誤差の予測値を用いて、予測学習器の学習進度を推測する。そしてロボットは、**メタ学習器**によって学習進度が低いと判断された予測学習器を学習するための環境の状態を得るための行動を選択し、実際に学習進度が向上した場合に、その向上度合いに応じた内的報酬を好奇心の充足結果として受け取る。実験では、頭を回転させる、物体をたたく、物体に噛みつくの三つの行動プリミティブを持つＡＩＢＯを様々なおもち

[7] Oudeyer, P. Y., Kaplan, F., & Hafner, V. V. 2007 Intrinsic Motivation Systems for Autonomous Mental Development. *IEEE transactions on evolutionary computation, 11* (2), 265-286.

ゃがおかれた環境に設置し、どのような行動が発現するかが検証された。ＡＩＢＯは環境を見る、物体に噛みつく、物体をたたくの順番で次第に複雑な行動を表出し、環境から情報を集めることが示された。この結果は、内発的動機付けとしての好奇心によってロボットが自律的に構造化された知識や行動を獲得できることを示している。

谷口らは、ロボットによる場所に関する概念の形成課題で、効率的に環境を探索するための手法を自由エネルギー原理における能動的推論に基づいて提案している。[8] ここでは観測情報に対する事前選好 $p(o_t)$ を一様分布であると仮定し、環境中のロボットの移動先に対する情報利得つまり内在的価値を最大化する行動をロボットの行動として選択する。家庭環境を模したシミュレーション空間において、提案手法である情報利得最大化による探索と情報利得最大化に加えてロボットの移動コストを考慮した手法、一様探索手法を比較したところ、移動コストを考慮した情報利得最大化手法が短い移動距離で効果的な探索性能を示した。

また柳田らは、好奇心の充足による内的報酬と外的報酬を用いてロボットの行動と物体知識を同時に学習する相補学習モデルを提案している。[9] ロボット実験により、物体把持によって与えられる外的報酬のみを利用した場合には最大の把持力で物体をつかむ行動のみ獲得したが、内的な報酬を加えた場合には物体予測に効果的な感覚情報の不確実性を減少させるような把持動作を獲得できることが示されている。

〔**堀井隆斗**〕

[8] Taniguchi, A., Tabuchi, Y., Ishikawa, T., El Hafi, L., Hagiwara, Y., & Taniguchi, T. 2023 Active Exploration Based on Information Gain by Particle Filter for Efficient Spatial Concept Formation. *Advanced Robotics*, 37(13), 840-870.

[9] 柳田栞吾・堀井隆斗 2023「ロボットの行動獲得と概念形成の相補的学習」『人工知能学会全国大会論文集』37, 2O4GS805-2O4GS805.

感情と予測的処理

――感情はどのように生まれるのか？

■感情の起源

怒りや悲しみ、喜びなど、人の気分や意識に関わる心的状態を**感情**あるいは**情動**（emotion）と呼ぶ。感情や情動は日常生活における人の価値判断や意思決定に深く関わると共に、他者とのコミュニケーションにも利用されている。感情や情動には研究領域に応じた様々な定義が存在するが、近年の生理学や神経科学、心理学研究では、情動を身体の反応や活動そのもの、感情をその情動が脳によって認知された状態と捉えることが多い。

感情の発生と身体性の関係への注目は、進化生物学者である**ダーウィン**（Charles Robert Darwin）の研究にまで遡る。彼は人と動物の表情の類似性から、進化的な連続性の存在を主張した。また19世紀後半にジェームズ（William James）は、外界からの刺激が脳によって感情とは無関係に知覚され、その結果生じる身体、特に内臓や筋骨格系の変化によって次いで知覚されたものが主観的な情動経験であるとする**感情の末梢起源説**[1]を提案した。この説は「悲しいから泣くのではない、泣くから悲しいの

[1] James, W. 1884 What is an Emotion?. *Mind, os-IX*(34), 188-205.

だ」の言葉で有名である。

一方で生理学者の**キャノン**（Walter Bradford Cannon）は、自身の実験や臨床研究の結果をもとに身体反応を基盤とするジェームズの末梢起源説を批判し、脳の情報処理を情動発生の中心と考える**感情の中枢起源説**[2]を提案した。中枢起源説では、外界からの刺激の感情的性質を脳の視床が判断し、その性質に基づいて身体反応が生じるとされている。つまり感情の経験は身体反応とは独立していると考えた。

身体反応と脳での情報処理の両側面に注目した仮説として、**シャクター**（Stanley Schachter）と**シンガー**（Jerome E. Singer）は外界からの刺激による身体反応とその原因を帰属する認知過程に注目した**感情の二要因説**[3]を提案した。また神経科学者である**ダマシオ**（Antonio Damasio）は、身体と脳の双方向的な関係性に着目した**ソマティック・マーカー仮説**[4]を提案している。外界からの感情に関わる刺激は扁桃体と呼ばれる脳領域で検出され、腹内側前頭前野での処理を経て感情を起動し、感情に関わる身体反応が引き起こされる。そしてこの身体反応が体性感覚皮質や島皮質と呼ばれる脳部位に知覚されることで、感情経験が生じると考えられている。またダマシオは、身体反応やその評価が前頭前野に伝えられることで、感情が意思決定に影響を及ぼすと考えている。

■感情についての理論と研究

[2] Cannon, W. B. 1927 The James-Lange Theory of Emotions: A Critical Examination and an Alternative Theory. *The American Journal of Psychology, 39*(1/4), 106-124.

[3] Schachter, S. & Singer, J. 1962 Cognitive, Social, and Physiological Determinants of Emotional State. *Psychological Review, 69*(5), 379.

[4] Damasio, A. R. 1994 *Descartes' error: Emotion, Reason, and the Human Brain.* Quill Publishing. 訳本としては以下がある。ダマシオ／田中三彦訳 2010『デカルトの誤り――情動、理性、人間の脳』ちくま学芸文庫

感情の種類や構造についても様々な理論が提案されている。**エクマン**（Paul Ekman）は、特定の人種の感情表情が様々な地域や文化の被験者においても認識が可能である事実や顔の表情と生理学的反応の固有の関係性から、**基本感情理論**[5]において文化普遍的な基本感情とその反応様式が生得的に存在すると主張している。一方で**ラッセル**（James Russell）は、我々が感情と呼ぶ主観的経験は快－不快と覚醒－睡眠の二次元に還元できるとする**感情の次元説**[6]を提案している。またラッセルと**バレット**（Lisa Feldman Barrett）は、この二次元で定義できる身体状態を**コア・アフェクト**[7]（core affect）と呼び感情現象の核心と捉えている。

感情に関わる身体反応や表出、基本感情や感情の次元説などの考え方は、感情に注目したロボティクスや**アフェクティブ・コンピューティング**（affective computing）研究においても利用されている。例えば、**ブリジール**[8]（Cynthia Breazeal）によって開発されたコミュニケーションロボットの**キズメット**（Kismet）は身体内部の状態を制御する欲求と感情を持ち、感情は次元説に従い快－不快と覚醒度、態度という三次元のパラメータで表現されている。感情の三次元空間は特定の領域が基本感情のようなカテゴリに分割されており、対応する感情固有の表情表出パターンを有している。外界からの刺激に応じて変化する欲求と感情によって、キズメットは行動や表情を生成する。また近年では、深層学習技術の進展により、顔画像やジェスチャー、音声から人の基本感情の識別や感情の二次元パラメータの推定が実現されている。

[5] Ekman, P. 1999 Basic Emotions. In T. Dalgleish & M. J. Power（Eds.）, *Handbook of Cognition and Emotion.*（pp. 45–60）. John Wiley & Sons.

[6] Russell, J. A. 1980 A Circumplex Model of Affect. *Journal of Personality and Social Psychology, 39*(6), 1161.

[7] Russell, J. A., & Barrett, L. F. 1999 Core Affect, Prototypical Emotional Episodes, and Other Things Called Emotion: Dissecting the Elephant. *Journal of Personality and Social Psychology, 76*(5), 805.

[8] Breazeal, C. 2004 *Designing Sociable Robots.* MIT Press.

■社会や文化の中で生まれる感情と構成主義的情動理論

ここまで感情の起源やその構造として、固有の身体反応や基本感情など、個々人が持つ感情に注目した理論や研究を紹介した。一方で我々は、他者との社会的相互作用の中で感じる感情や、異なる社会や文化に依存した感情があることを理解している。

例えば嫉妬や哀れみ、恥ずかしさなどは**社会的感情**と呼ばれ、対人的あるいは社会的相互作用を基盤として知覚される感情である。社会的感情の理解には、身体反応などの個人の身体に紐付いた情報に閉じることなく、他者の心的状態や因果関係の理解、未来の予測など様々な認知能力が必要となる。

また、シャーデンフロイデやありがた迷惑など社会や文化に依存した感情語があることから、感情は個々人の身体に閉じず社会的相互作用に基づいて構成されると考えられる。このような社会的相互作用を通じて知覚される感情やその概念（あるいは感情語）の存在は、感情が記号的相互作用に基づく**創発的記号システム**[9]としての側面を有することを示している。

バレットは感情の生得性や本質主義を批判し、感情のインスタンスとしての身体反応と人が持つ概念形成能力に注目した、**構成主義的情動理論**[10]（theory of constructed emotion）を展開している。この理論では、これまでの多くの感情と身体反応に注目した感情論とは異なり、人は各感情（例えば怒りや悲しみなど）に固有の普遍的な身体反応を持たず、身体内外の感覚情報の身体的相互作用と言語などによる他者との社

[9] Ⅰ-1「記号創発システム」を参照。

[10] Barrett, L. F. 2017 The Theory of Constructed Emotion: An Active Inference Account of Interoception and Categorization. *Social Cognitive and Affective Neuroscience*, 12(1), 1-23.

一般的には情動（emotion）は身体反応、感情（affection）は認知状態として定義されることが多い。しかしバレットは情動（emotion）を概念として、感情（affect）を身体反応としての状態（コア・アフェクト）として定義している。

会的相互作用によって、自己の感情経験や他者感情の知覚を可能にする**感情概念**（emotion concept）を形成すると考える。つまり構成主義的情動理論において我々が普遍的に感情を共有するその背景には、人が持つ感覚刺激の予測的処理と身体的・記号的相互作用を通じた概念形成の能力が深く関わっていると考える。これはまさに、感情概念を記号創発システム論における記号と捉えることであり、身体性と社会性のミクロ・マクロ・ループの構造が感情概念を創発する基盤となっている。

■感情の源泉としての内受容感覚

我々が経験する怒りや喜びなどの感情は、自身が晒されている外界の状況だけではなく、心臓の鼓動や痛み、空腹感などの身体内部の状態に強く結びついている。人は身体外部の情報を視覚や聴覚などの**外受容感覚**（exteroception）によって知覚するように、身体内部の情報を**内受容感覚**（interoception）により知覚する。ここで内受容感覚とは、内臓をはじめとする自律神経による血管系や体液循環系を含む身体内部の状態についての感覚である。人が生存するためには、自身の望ましい身体状態を予測し、その状態を維持するための予測モデルを獲得する必要がある。**フリストン**（Karl John Friston）は生物が恒常性を維持するための原理として**自由エネルギー原理**[11]を提案している。その中では、内受容感覚も外受容感覚と同様に推論過程の結果としての知覚と捉えられている。脳は外環境に対する生成モデルの構築と同様に、身体内部か

[11] Friston, K. J. 2017 Self-Evidencing Babies: Commentary on "Mentalizing Homeostasis: The Social Origins of Interoceptive Inference" by Fotopoulou & Tsakiris. *Neuropsychoanalysis*, *19*(1), 43-47.

らの感覚入力によって内環境の生成モデルを構築し、現在の身体情報とモデルの予測との誤差にもとづいて血圧や体温、血糖値などの身体状態を制御する。例えば、外界の温度上昇に伴って自身の体温が上昇した場合には、身体情報とモデルの予測誤差から身体反応としての発汗を促し、自身の体温を低下させる。このように、外環境の変化によらず身体状態を一定に保つ働きを**ホメオスタシス**（homeostasis）と呼ぶ。一方で、外環境の影響によって身体状態に大きな変化が予測される場合に、事前にその身体状態を変化させ、ホメオスタシスを維持する働きを**アロスタシス**（allostasis）と呼ぶ。つまり内受容感覚は身体内部の状態の無意識的推論のみならず、外界の予測を通じた能動的推論の結果であるともいえる。予測的処理を通じた身体状態の恒常性維持は、体温調整や空腹度の解消など身体内の資源（エネルギー）管理に関連している。バレットはこれを身体予算の管理と名付け、このような内受容感覚の働きを、構成主義的情動理論における感情の源泉と捉えている。つまり、恒常性を保つために身体状態が改善する方向への身体反応の変化を快の情動、それとは異なる変化または恒常性が乱れる方向への身体反応の変化を不快の情動として経験すると考えられる。なお、内受容感覚に関わる神経基盤については大平や乾の解説[12]を参照されたし。

■内受容感覚と感情の計算論モデル

このような身体内部の感覚情報とその予測的処理から感情を理解する試みは、神経

[12] 横澤一彦（編）2022『認知科学講座4　心をとらえるフレームワークの展開』東京大学出版会

科学や心理学をはじめ様々な領域で注目を集めている。ここでは特に、感情を構成論的に理解することを目的とした内受容感覚や感情の計算論モデルを紹介する。

ケラマティ（Mehdi Keramati）[13]らは、内受容感覚が持つホメオスタシスの働きを強化学習の観点からモデル化した。このモデルでは、血糖値と体温の二つの身体状態が与えられたときにそれぞれの目標状態と現在状態の差を動因として定義し、行動による動因の変化量を報酬とした強化学習によって、身体状態を一定に保つ働きを表現している。またステファン（Klaas E. Stephan）[14]らは、微分方程式を用いた内臓感覚の表現とベイズ学習によって内受容感覚の予測的処理を時系列モデルとして再現した。**大平**[15]はこれらのモデルを統合、発展させることで、内臓感覚の予測的処理による内受容感覚の表現と強化学習による意思決定の相互作用モデルを提案している。このモデルは、行動による報酬と報酬の予測誤差が内臓感覚である血圧の予測モデルに影響を与える階層構造により、意思決定による報酬予測誤差が身体状態の目標値を能動的に変更するアロスタシスの働きを表現している。実験では、ギャンブル課題においてモデルが学習不可能なために発生する報酬の予測誤差によって、血圧の目標値が高い状態に維持されるアロスタシス負荷の現象が再現された。この結果は、人による実験結果と類似しており、意思決定課題における内受容感覚の反応を説明する有力なモデルとなり得る。

感情概念の獲得に注目した研究としては、**堀井**[16]らや**日永田**[17]らの親子間相互作用を通

[13] Keramati, M., & Gutkin, B. 2014 Homeostatic Reinforcement Learning for Integrating Reward Collection and Physiological Stability. *Elife*, 3, e04811.

[14] Stephan, K. E., Manjaly, Z. M., Mathys, C. D., Weber, L. A., Paliwal, S., Gard, T., ... & Petzschner, F. H. 2016 Allostatic Self-efficacy: A Metacognitive Theory of Dyshomeostasis-Induced Fatigue and Depression. *Frontiers in Human Neuroscience*, 10, 550.

[15] 大平英樹 2019「脳と身体の予測的符号化とその不全」『心理学評論』62(1), 132-141.

じた感情の発達モデルがある。堀井らのモデルでは、視聴触覚の外受容感覚情報と触覚が持つC線維による内受容感覚情報を予測的処理によって統合することで、感情概念が発達的に構造化されることを示している。また、比較として触覚のC線維がないモデルを用いた感覚情報統合では、基本感情のような人が持つ感情概念とは異なる構造が形成されることも示している。これは、感情概念の獲得に人の持つ身体性が影響することを支持する結果である。また平井ら[18]は前述の大平のモデルを拡張し、予測的処理によって外受容感覚と固有感覚、内受容感覚を統合するモデルを提案している。このモデルでは、ロボットが様々な物体の操作を繰り返すことで、次第にそれぞれの物体に対応した各感覚の概念と統合概念が形成されることを示している。

大平[19]は2者間における**感情の共構成**の過程を概念モデルとして提案しているが、社会的あるいは文化的な相互作用の中で感情概念がどのように形成、共有されるかを明らかにする計算モデル研究はまだ少ない。言語的相互作用を通じた概念構造の収斂（予測的処理におけるモデル精度の向上）や個人間での概念の共有過程は、Ⅱ-5「マルチモーダル物体概念形成」やⅥ-3「集合的予測符号化仮説」で紹介されているロボットによるマルチモーダル概念形成や集合的予測符号化仮説によってモデル化が可能だと考えられる。社会的に共有可能な感情概念がいかに形成されるかについて、記号創発システムの観点から構成的に理解することが今後の重要な課題となる。

〔**堀井隆斗**〕

[16] Horii, T., Nagai, Y., & Asada, M. 2018 Modeling Development of Multimodal Emotion Perception Guided by Tactile Dominance and Perceptual Improvement. *IEEE Transactions on Cognitive and Developmental Systems*, *10*(3), 762-775.

[17] 日永田智絵 2021「Deep Emotion ── 感情理解へ向けた深層感情モデルの開発」『人工知能』*36*(1), 43-50.

[18] 平井優芽・堀井隆斗・長井隆行 2021「予測的符号化を用いた内受容感覚・外受容感覚・固有感覚の統合モデル」『人工知能学会全国大会論文集』35, 4D3OS4b03-4D3OS4b03.

[19] 大平英樹 2020「文化と歴史における感情の共構成」『エモーション・スタディーズ』*5*(1), 4-15.

Ⅲ－5

ニューロロボティクス

――神経システムでロボットを制御する

■ニューロロボティクス

ニューロロボティクス（neurorobotics）は、生物学的な実際の神経システムやそれを模した人工的な**神経システム**（計算モデル）によってロボットを制御するような研究分野を幅広く指す。前者の例として、例えば、人やサルの脳と機械を接続する**ブレイン・マシン・インタフェース**[1]（**Brain Machine Interface：BMI**）がある。このような研究は、実際の神経システムを工学的に応用することを目指したものであると位置付けられる。後者の例として、脳の機能を模した強化学習モデルや制御モデルを用いた研究[2]から、神経ネットワーク自体を模した**ニューラルネットワーク**を用いたものがある。また、ニューラルネットワークの中には、実際の神経細胞のふるまいに近い**スパイキングニューラルネットワーク**（Spiking Neural Network：SNN）を用いたものや抽象度の高い**リカレントニューラルネットワーク**（**Recurrent Neural Network：RNN**）を用いたものがある。前者の工学的応用を目指した研究に対して、これらの研究は構成論的に人の脳や神経システムのメカニズムを理解することを目指

[1] Chen, G., Fitzsimmons, N., Morimoto, J., & Lebedev, M. 2007 Bipedal Locomotion with a Humanoid Robot Controlled by Cortical Ensemble Activity. *Society for Neuroscience 37th Annual Meeting (Neuroscience 2007)*.

[2] Kawato, M. 2008 From 'Understanding the Brain by Creating the Brain' towards Manipulative Neuroscience. *Philosophical Transactions of the Royal Society B: Biological Sciences*, *363*, 2201-2214.

した研究として位置づけられ、記号創発ロボティクス（Ⅱ－1を参照）や認知発達ロボティクス（Ⅲ－1を参照）とモチベーションが近い。本項目では特に、ＲＮＮに基づくアプローチを用いて、他者との相互作用や言語と行動の統合、物体操作といった高次認知機能の学習による獲得を扱った研究例について紹介する[3]。

■リカレントニューラルネットワークとロボットの融合

谷らのグループはこれまでに様々なＲＮＮとロボットを用い、**認知主体**（ロボット）の意図に基づく予測・行動生成と他者を含む環境変化に基づく意図の修正といった、トップダウンとボトムアップなプロセスの相互作用を意識した研究を多数行ってきた[4]。ＲＮＮとは入力層・隠れ層・出力層からなるニューラルネットワークの一種で、隠れ層が有するフィードバックループを特徴とし、単語系列の予測学習やロボットの感覚運動情報の時系列データの予測学習に用いられてきた。例えば時系列データの予測学習においては、入力層が現時刻の情報を受け取り、隠れ層がこの情報と合わせて前時刻の隠れ層からの情報も受け取る。そして出力層が現時刻の隠れ層からの情報を受け取ることで次時刻の予測を生成する。このように隠れ層が前時刻からのフィードバックループを有することで、時系列データにおける過去の履歴を考慮することが可能となり、文脈依存の学習が可能となる。具体例として、現時刻の情報としてロボットの感覚運動情報を用い、出力層の予測対象として次時刻の感覚運動情報を用いる場

[3] ＳＮＮに基づくアプローチについては、例えばクリッチマー（Jeff Krichmar）らによる以下の文献を参照されたい。
Krichmar, J. L. 2018 Neurorobotics—A Thriving Community and a Promising Pathway Toward Intelligent Cognitive Robots. *Frontiers in Neurorobotics, 12*, 42.
Hwu, T. J., & Krichmar, J. L. 2022 *Neurorobotics: Connecting the Brain, Body, and Environment*. MIT Press.

[4] Tani, J. 2016 *Exploring Robotic Minds: Actions, Symbols, and Consciousness as Self-Organizing Dynamic Phenomena*. Oxford University Press.（谷淳著／山形浩生訳協力 2022『ロボットに心は生まれるか――自己組織化する動的現象としての行動・シンボル・意識』福村出版）

合について考える。この場合、まず事前に感覚運動情報の時系列データを取得し、RNNを用いて現時刻の感覚運動情報から次時刻の感覚運動情報を予測生成する学習を行う。そして、学習後のRNNをロボットに搭載することで状況に応じたロボットの行動生成が可能となる。

■複数の時系列データを学習可能なRNNPB

通常のRNNは隠れ層のフィードバックループを利用することで文脈を考慮した予測学習が可能となるが、複数の時系列情報の区別をすることはできない。そこで谷らは、**パラメトリックバイアス（Parametric Bias：PB）**と呼ばれるバイアス入力を備えた**PB付きRNN**[5]**（RNN with PB：RNNPB）**を提案している。RNNを含む一般的なニューラルネットワークは学習対象のパラメータとして、各ニューロン間のシナプス結合と各ニューロンのバイアスがある。RNNPBはこれらに加えて、各時系列データに固有のPBも学習対象のパラメータとして扱う。すなわち、全ての時系列データに共通して必要な情報はシナプス結合やバイアスに符号化され、各時系列データに固有の情報はPBに符号化される。その結果、学習後に特定のPBを設定することで、そのPBに符号化されている特定の感覚運動情報の予測生成が可能となる。さらに、ランダムに初期化されたPBを用いて一旦予測生成を行い、実際の時系列データとの比較により予測誤差を算出し、その予測誤差が最小化するようにPBを最適化

[5] Tani, J., & Ito, M. 2003 Self-Organization of Behavioral Primitives as Multiple Attractor Dynamics: A Robot Experiment. *IEEE Transactions on Systems, Man, and Cybernetics-Part A: Systems and Humans*, *33*(4), 481-438.

することで、時系列データの認識も可能となる。このPBを起点としたトップダウンの予測プロセスと、予測誤差を起点としたボトムアップの認識プロセスの相互作用は予測符号化（Ⅲ－2「自由エネルギー原理と予測符号化」を参照）そのものである。

■RNNPBによるロボットの学習

RNNPBを用いて、伊藤らが人とロボットの模倣相互作用実験[6]を、杉田らがロボットによる言語と行動の統合学習実験[7]を行っている。模倣相互作用実験ではまず初めに、実験者とロボットが対面し、実験者の上腕の動き方とロボットの上腕の動き方のパターンのペアを表す感覚運動情報の時系列データをRNNPBで学習する。このとき、複数の異なる周期的なパターンを学習させることで、そのパターンを表現するPBが自己組織的に学習される。学習後、実験者とロボットが対面し、実験者によって提示された動きとRNNPBによって予測された動きを比較し予測誤差を算出し、その予測誤差を最小化するようにPBを最適化しながらロボットに自身の行動を生成させた。その結果、実験者が突然あるパターンから別のパターンに動きを切り替えた際、PBがステップ状に変化し、それに伴い感覚運動予測も切り替わるということが確認された。さらに、ロボットの学習済みパターンを事前に知らない実験参加者を連れて模倣相互作用を行ったところ、参加者とロボットの動きが同期するフェーズとお互いに探索をし合うような非同期のフェーズが動的に遷移することが確認された。

[6] Ito, M., Noda, K., Hoshino, Y., & Tani, J. 2006 Dynamic and Interactive Generation of Object Handling Behaviors by a Small Humanoid Robot Using a Dynamic Neural Network Model. *Neural Networks, 19*(3), 323-337.

[7] Sugita, Y., & Tani, J. 2005 Learning Semantic Combinatoriality from the Interaction Between Linguistic and Behavioral Processes. *Adaptive Behavior, 13*(1), 33-52.

言語と行動の統合学習実験では、動詞と名詞で表される簡単な文の予測学習を行う言語RNNPBとロボットの感覚運動情報の予測学習を行う行動RNNPBの二つが用意され、PB空間が共有された。このPB空間は、言語RNNPBの予測誤差と行動RNNPBの予測誤差の両者が最小化するような拘束をかけながら最適化された。学習後にある文が与えられた際、はじめにその文を生成可能なPBを最適化計算によって求め、次に求めたPBを行動RNNPBに設定することで、与えられた文に対応する行動生成が可能であることが確認された。また、学習によって獲得されたPB空間が文法構造と感覚運動情報の意味空間を保持する形で自己組織化されていることがわかった。それによって、学習済みの単語の組み合わせからなる未学習文が与えられた際も、最適化計算によって求めたPBを用いることで対応する行動生成が可能となる**汎化**（generalization）が確認された。

■MTRNNによるロボットの学習

山下らは**連続時間RNN**[8]（Continuous-Time RNN：CTRNN）に対して、複数の時定数を導入することで時間的階層性を導入した**多時間スケールRNN**[9]（Multiple Timescale RNN：MTRNN）を提案している。MTRNNは、大きな時定数を有することでゆっくりとした神経活動の時間発展を伴う上位層[10]と、小さな時定数を有することで速い神経活動の時間発展を伴う下位層から構成される。一般に隣接する階層間

[8] 隠れ層の神経活動の時間発展が、ある時定数に従って指数関数的に減衰するような漏れ積分(leaky integrator)方程式で表されるRNNのこと。このような特性をもつCTRNNに対して、RNNPBで用いられている従来のRNNを離散時間RNNと呼ぶこともできる。

[9] Yamashita, Y., & Tani, J. 2008 Emergence of Functional Hierarchy in a Multiple Timescale Neural Network Model: A Humanoid Robot Experiment. *PLoS Computational Biology*, 4(11), e1000220.

[10] この上位層の時定数を無限大とした場合、そのふるまいは前述のPBと一致する。

にシナプス結合を有し、感覚運動情報の入力及び予測生成の役割は最下層のみが担う。例えば物体操作等において一連の複雑な行動系列は、物体に手を伸ばす・物体をつかむ・物体を移動させる、といったシンプルな行動単位に分割することができ、その逆も可能となる。このような階層関係は**機能的階層性**（functional hierarchy）と呼ばれる。山下らはＭＴＲＮＮを利用したロボット実験を通じて、このような機能的階層性が自己組織的に獲得可能であることを示し、特に行動単位は時定数の小さな下位層に獲得され、その組み合わせ表現は時定数の大きな上位層に獲得されることを示した。

■ロボット学習及び計算論的精神医学への展開

尾形らは前述のＭＴＲＮＮに**畳み込みニューラルネットワーク（Convolutional Neural Network：CNN）**を付与し、工業用ロボットの行動生成に応用することで柔軟物体操作を実現している[11]。一般に柔軟物体はその物理特性からモデル化が困難であり、操作は難しいタスクであるとされている。そのような明示的なモデル化を間に挟むことなく、ロボットの行動に関するデモンストレーションデータを収集し学習を行うことで、物体操作に必要な画像特徴量の**表現学習（representation learning）**（Ⅲ－6「ディープラーニングと表現学習」を参照）や、外乱に対してロバストな実時間の行動生成が可能であることを示している。

山下らはＰＢを備えたＭＴＲＮＮの階層間のシナプス結合に微小なノイズを加える

[11] Suzuki, K., Mori, H., & Ogata, T. 2018 Motion Switching with Sensory and Instruction Signals by Designing Dynamical Systems Using Deep Neural Network. *IEEE Robotics and Automation Letters*, 3(4), 3481-3488.

ことで、機能的断裂をシミュレートし、**統合失調症**の病態メカニズムについて議論している[12]。この断裂によるモデルの障害によって階層間の情報のやり取りが阻害され、現実世界においては予測誤差が生じていないのにもかかわらず内的に予測誤差が生じ、それを最小化すべくＰＢが切り替わろうとする。その際、断裂が軽微な場合はＰＢが変動する程度で済むものの、現実世界で予測誤差が生じた場合との区別がつかない。この内的に生じる予測誤差を最小化しようとするプロセスが、統合失調症患者が感じるような「何かがおかしい」という違和感をもたらすと説明可能できる。さらにその断裂が重篤になると、もはやロボットの行動は解体し、行動停止や常同行動のような異常行動が現れることが示されている。

〔**村田真悟**〕

[12] Yamashita, Y., & Tani, J. 2012 Spontaneous Prediction Error Generation in Schizophrenia. *PLoS One*, 7(5). e37843.

Ⅲ－6

ディープラーニングと表現学習
――現代の人工知能をささえる基礎理論

■深層学習とは

今日の人工知能研究が**第三次ブーム**[1]と呼ばれるようになって久しいが、このブームを牽引してきたのが**深層学習**（**ディープラーニング**：deep learning）である。深層学習という用語自体は、ここ十数年でリブランディングされた際に付けられたものであり[2]、以前は**人工ニューラルネットワーク**（artificial neural network）、あるいは**コネクショニズム**などと呼ばれていた[3]。

人工ニューラルネットワークは、元々人間などの生物学的脳から着想を得た計算論的モデルであり、1940年代から数多くの研究が進められた。しかし、次第に工学的な実現を優先し、機械学習としてより効率的に学習できるようなモデルやアルゴリズムが提案されるようになった。ニューラルネットワークの研究は、何度か浮き沈みがありながらも、2010年前後から深層学習として人工知能研究の中で大躍進を遂げ、今日に至っている。

深層学習の「深層（deep）」とは、ニューラルネットワークの層が多層であるとい

[1] 日本では、人工知能の歴史の流れを説明する際に「第一次ブーム」や「第三次ブーム」という用語が頻繁に使われるが、日本以外ではそのブームの間を表す「人工知能の冬の時代（AI winter）」という用語の方が使われる。

[2]「Deep Learning」という用語は1980年代から使われていたようだが（Dechter, R. 1986 Learning while searching in constraint-satisfaction problems. *AAAI*, *86*, 178-185.）、多層のニューラルネットワークを用いた学習という意味で広く使われるようになったのは、ヒントン（Geoffrey Hinton）らによる2006年の研究以降とされている。なお日本語訳の「深層学習」は、人工知能学会の『人工知能』誌で2013年から2014年にかけて連載された解説記事の題名「Deep Learning（深層学習）」が由来であり、層が多層であるという技術的な側面と、深層にある表現という内容的な側面の両方の意味を込

うことを意味する。このような多層構造のニューラルネットワークは、**深層ニューラルネットワーク**（deep neural network）と呼ばれる。現代のニューラルネットワークの学習の多くは誤差逆伝播法[4]（backpropagation）で求めたパラメータ（重みとよばれる）の勾配に基づいている。しかし深層ニューラルネットワークでは、誤差逆伝播法を用いる際に、層を跨いで勾配が消失するという問題などが指摘され、三層以上の場合に学習が困難とされていた。しかし、ニューラルネットワークの初期化手法や活性化関数、正則化手法、最適化手法、ネットワークの構造などの改善、そしてインターネットの発展に伴う学習用データ量の向上や、Graphics Processing Unit（ＧＰＵ）を用いた計算機能力の向上など、多岐にわたる技術的進展により、こうした課題は克服されてきた。

■旧来の人工知能研究の課題

では、なぜニューラルネットワークが多層である必要があるのだろうか。それは、世界の良い**表現**（representation）を経験（データ）から獲得（学習）する上で、階層性が重要となるからである。この点をより理解するために、旧来の人工知能における課題について簡単に説明する。

人工知能研究の最初期（いわゆる第一次ブーム）は、実世界と比べると非常に単純で定式化された環境を想定していた。そうした限定された環境ならば、人間側で全て

めて付けられた（詳細は次の連載解説を参照：https://jsai-deeplearning.github.io/support/dlspecial.html）。

[3] Ian Goodfellow・Yoshua Bengio・Aaron Courville／岩澤有祐他監訳 2018『深層学習』KADOKAWA.

[4] 誤差逆伝播法は、多層ニューラルネットワークの出力層で生じた誤差を用いて、微分の連鎖則を適用しながら、各層の重みを出力層から入力層に向かって逆方向に伝播させることで、各層の重みの勾配を求めるアルゴリズムである。この勾配情報を用いて、確率的勾配降下法（stochastic gradient decent）などの最適化アルゴリズムにより、ネットワークの重みを更新し学習を行う。誤差逆伝播法に基づく学習アルゴリズムは異なる文脈で何度も「再発見」されており、１９８０年代にRumelhartらによって多層ニューラルネットワークの学習で用いら

の状況や知識のパターンを記述できるため、探索や推論において高い性能となる人工知能を作ることができた。

しかし、こうした人工知能を現実世界で人間と同様に振る舞うようにするためには、世界の膨大な情報を、人工知能が推論しやすいように簡潔に表現する必要がある。もちろん、これを人手で全て行うことは作業量的に不可能である。しかしそれ以前に、どのように世界の情報を表現すべきか、という大きな課題がある。例えば、我々は犬や猫の写真をみて、それらが犬や猫であることを瞬時に判断できるが、その判断している根拠となる**特徴**（feature）を説明するのは難しい[5]。

第二次ブームの際には、**形式言語**を使って世界の知識を記述し、その上で**論理的推論**を実行する**知識ベース**（knowledge base）が盛んに研究されたが、結局世界を矛盾なく正確に記述し切ることはできていない。その後**機械学習**の研究が進み、判断や推論の部分についてはデータ集合から学習によって獲得できるようになった。しかし、その学習のためのデータの表現自体は、やはり人間側で設計する必要があった。つまり、犬と猫を機械学習で分類するためには、人手で犬と猫の特徴を記述し切る必要があるし、その特徴の表し方によって分類性能が大きく変わるという状況は変わらなかった。なお、画像認識や音声認識などの研究では、画像や音声から機械学習が分類しやすいような特徴表現を抽出する研究が盛んに行われたが、特徴抽出する部分を人手で設計しなければならないという意味では同じであった。

れたことにより誤差逆伝播法は広く知られるようになった（Rumelhart, D. E., Hinton, G. E., & Williams, R. J. 1985 *Learning Internal Representations by Error Propagation*（Report No. 8506）. California University San Diego La Jolla Institute for Cognitive Science.）。しかし、１９６０年代には既に甘利によって確率的勾配降下法に基づく多層ニューラルネットワークの学習方法が提案されている（Amari, S. 1967 A theory of adaptive pattern classifier. *IEEE Transactions on Electronic Computers, EC-16*(3), 299-307.）。

[5] もちろん、時間をかけて考えれば、いくつかの特徴を挙げられるだろう（例えば猫の耳は殆ど立っているが、犬の耳は垂れているものもある）。しかし、実際には我々は犬と猫の区別を直感的に行っていることから、こうした後から意識的に考えた特徴を根拠にしていない可能性が高い。

■表現学習と階層性

こうした問題を解決するために、画像などの入力から特徴表現を獲得する方法自体も学習によって獲得するというアプローチが考えられるようになった。これが**表現学習**（representation learning）である。表現学習として、これまで様々な手法が提案されているが、深層学習では世界が本質的に階層的であるという仮定に基づき、階層的なネットワークを用いることで表現を獲得することを目指している。

犬や猫の画像を例にして説明する。まず、この画像の表現を表そうとした場合、一番単純なのは、画像が犬と猫のどちらか、ということだろう。そして、より具体的には犬や猫が画像の中のどこにいて、全身や顔がどのような形をしているのか、さらに具体的には、鼻や耳がどのような形で顔のどこにあるのか、といったことが考えられる。さらに細かく言えば、鼻や耳などの画像は様々なエッジの組み合わせとして表現することができる。このように、犬や猫の画像というのは抽象的なレベルから具体的なレベルまで様々な表現が階層的になったものとして考えることができる。したがって、ある画像から犬や猫を表す表現を獲得したい場合は、まず画像を全部バラバラにしてエッジや輪郭を構成し、そのあと耳や鼻や顔、全身のシルエット、画像の中の位置、といった形で具体から抽象へ段階的に辿ればいい。このアプローチの重要な点は、画像からいきなり犬や猫という表現

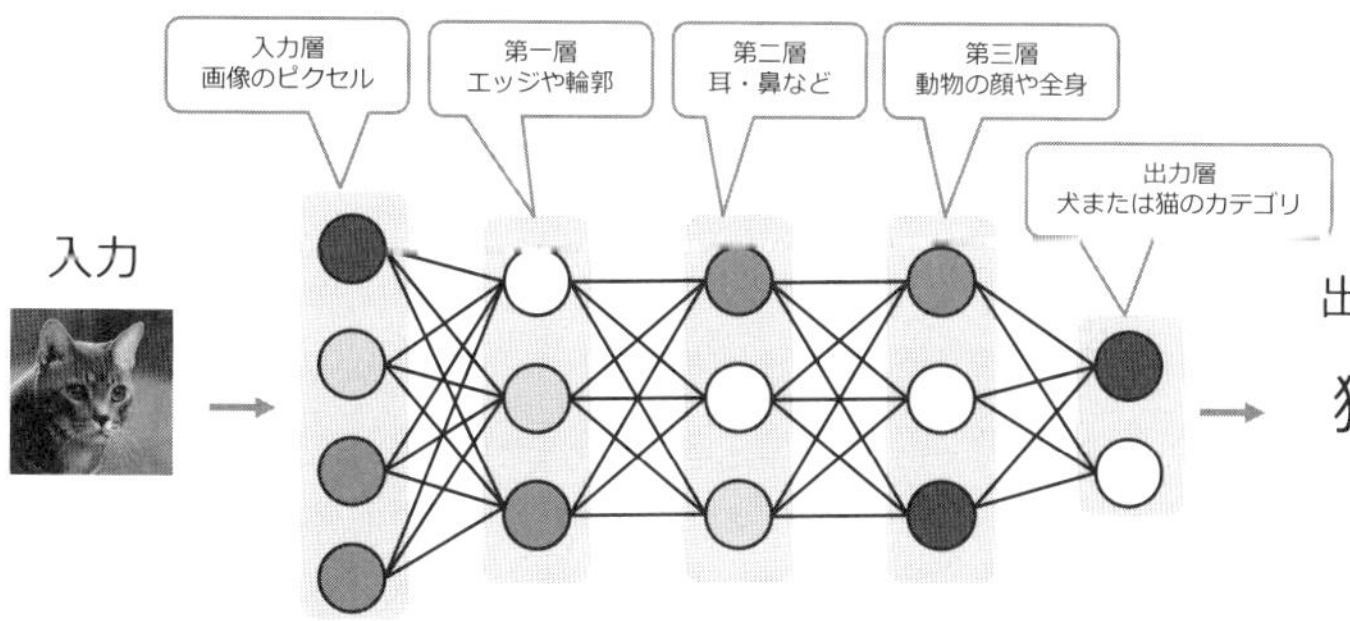

図1　深層ニューラルネットワークの階層性と各層での表現学習

を抽出することは難しくても、各段階の具体から抽象（例えばエッジから耳を構成する）は比較的単純になるということである。深層ニューラルネットワークを利用する目的は、まさにこの「段階的に辿る」ことを構造的に仮定して学習することにある。図1は、ここで説明した深層ニューラルネットワークにおける各層での表現学習についてのイメージである。丸がユニット（ニューロン）を表し、丸の外側の四角が層を表している。入力層に画像のピクセル情報を入れると、各層間の結合（図では線で描画）を通じて情報が第一層から順番に伝播し、最終的に出力層で犬か猫かのカテゴリの予測が行われる。層間の結合の強さ（重み）は学習可能なパラメータであり、データ集合からの学習を通じて調整される。各層における「表現」とは、入力層から順伝播したときの各ユニットが取る値（活性値）を意味する。図の中では丸の色の濃淡で示されており、その表現が抽出する内容は上の吹き出しで説明されている。

　人間の脳も、深層ニューラルネットワークと同じように階層的な情報処理によって外界からの認識を行っているとされている。脳の**大脳皮質**の**視覚野**（腹側経路）は、一次視覚野（V1）からV2、V4…と階層的な構造となっており、エッジ（物体の輪郭や境界を表す線的な特徴）の認識（方位選択性と呼ばれる）からより抽象的な概念を各層で階層的に獲得している。[6]

　深層学習の最初期の研究では、教師なしで表現学習を行ったあとに、分類などの教師ありタスクを学習するという方法が取られていた。[7] しかし、その後は特徴抽出部分

[6] このような階層構造は、視覚野だけでなく、聴覚野や運動野などにも見られる。しかしながら、これらの階層構造が四～六層であるのに対して、近年の深層ニューラルネットワークの層数はこれより遥かに多い。

[7] Bengio, Y., et al. 2006 Greedy Layer-Wise Training of Deep Networks. *Advances in Neural Information Processing Systems, 19*, 153-160.

[8] エンドツーエンドとは、入力データから直接的に分類など目的のタスクを学習することを指す。つまり、特徴抽出と分類を同時に学習し、入力から出力までを一気通貫で最適化する方法を意味する。

[9] マルチモーダルな物体認識や空間認知についてはⅡ-5「マルチモーダル物体概念形成」やⅡ-6「マルチモーダル場所概念形成」を参照されたい。

も含めて**エンドツーエンド**[8]（end-to-end）で教師あり学習をする方法が主流となった。

さらに現在では、大規模なモデルを学習する際に、自分自身の一部を予測対象とするように学習する**自己教師あり学習**（self-supervised learning）が広く用いられている。

■深層学習のもたらした変化

深層学習によって、これまで特徴抽出を事前に行う必要があった画像や音声、文書といった様々な種類（データの種類を指す言葉として**モダリティ**（modality）が用いられる）のデータを直接扱って学習できるようになった。これによって深層学習以前の手法と比べて大幅に性能が向上したことは重要であるが、これまで別々のアプローチで研究されていた画像認識や音声認識、自然言語処理などが、深層学習という共通のアーキテクチャや学習方法で実現できるようになったことも、大きな変化である。これによって、異なるモダリティの組み合わせによる**マルチモーダル学習**[9]や、複数のタスクを同時に学習する**マルチタスク学習**なども容易になった。

深層学習は、ここ数年で新しい段階を迎えつつある。これまでは、それぞれのタスクに特化したモデルを設計して学習するというアプローチが主流であったが、最近は**Transformer**[10]を基盤とする大規模なモデルが注目されている。これらのモデルは、膨大なデータ集合から学習され、入力を変えることで様々なタスクやモダリティで共通して利用できるようになった。こうしたモデルは**基盤モデル**（foundation model）と

［10］Transformerは、自己注意機構（self-attention mechanism）を利用して、入力データの異なる部分間の関連性を効果的に捉えることができるアーキテクチャである。自己注意機構は、入力系列の各要素に対して、その要素と他の全ての要素との関連性を計算し、それらの重み付け平均を取ることで、文脈を考慮した特徴表現を得ることができる。これにより、系列データ内の長期依存関係を効果的に捉えることが可能となる。また、従来の系列モデリングアーキテクチャ、例えばリカレントニューラルネットワーク（recurrent neural network）は、データを順序依存で逐次的に処理するが、Transformerは入力系列の全要素を同時に処理するため、高速な並列計算が可能となる。さらに、Transformerは大量のデータ集合や計算資源を利用することで性能がスケールすることが確認されている。

呼ばれる。近年では、特に自然言語処理タスクにおける基盤モデルである**大規模言語モデル**（large language model）の研究が目覚ましい進展を遂げており、深層学習の研究アプローチに大きな変化をもたらしている[11]。また ChatGPT などの大規模言語モデルを用いたサービスの登場によって、社会全体にも人工知能が広く浸透し「第四次ブーム」と形容されるほどの波及効果を見せている。このような研究の進展から、近いうちに人間に匹敵する**汎用人工知能**が実現できると考えている研究者も多い。その一方で、現実世界で人間と同様に行動するロボットなどを実現するにはまだ多くの課題が残されているという意見も根強い[12]。いずれにしろ、深層学習は今日の人工知能研究において不可欠な技術であり、その技術のさらなる進展は人工知能全体の発展を牽引し、社会や産業へのインパクトをさらに大きくすることは間違いないだろう。

〔**鈴木雅大**〕

[11] 詳細はV-3「大規模言語モデルと分布意味論」を参照されたい。

[12] 現在の深層学習の課題や自由エネルギー原理（詳細はⅢ-2「自由エネルギー原理と予測符号化」を参照）との関係については、次の記事を参照されたい。鈴木雅大 2023「自由エネルギー原理と深層学習――世界モデルを軸として」『人工知能』38(6), 796-804.

Ⅲ－7

世界モデル

──主観的な経験から世界を学ぶエージェント

■世界モデルとは

我々人間は、周囲の環境から絶えず多様な情報を観測して捉えている。そして、これまでの経験から得た環境情報を基に、我々は脳内で世界に関するモデルを形成している。ここでのモデルとは、対象となる世界の事物や現象を簡略化し、抽象化したある種の模型のことを指す。このモデルを用いると、不完全な観測から環境の内部表現を推論したり、ある時点での観測から将来の環境変化を予測する（シミュレートする）ことが可能となる。このモデルのことを近年では**世界モデル**（world model）と呼んでいる[1]。

我々は世界モデルを用いた推論や予測に基づき、迅速な意思決定や行動を行っている。例として、バットを振り、ボールを打つ場面を想像してほしい。これを実現するためには、ボールの位置が視覚情報として目から脳に伝わり、バットを振るか否かの意思決定を経て、腕や筋肉を動かすという一連の流れが必要である。しかし、意思決定が瞬時であったと仮定しても、この一連の流れには０・２５～０・３５秒程度の時

[1] 世界モデルに関する網羅的なサーベイは次の論文を参照されたい。Taniguchi, T., Murata, S., Suzuki, M., Ognibene, D., Lanillos, P., Ugur, E., Jamone, L., Nakamura, T., Ciria, A., Lara, B., & Pezzulo, G. 2023 World Models and Predictive Coding for Cognitive and Developmental Robotics: Frontiers and Challenges. *Advanced Robotics*, *37*(13), 1-27.

[2] ゴー・ノーゴー反応時間タスク（ゴーの刺激の際に反応し、ノーゴーの刺激のときに反応を抑制する）の場合は、０・２５～０・３５秒程度かかるとされている。Eida, N., Oda, S., & Matsumura, M. 2005 Intensive Baseball Practice Improves the Go/Nogo Reaction Time, but not the Simple Reaction Time. *Cognitive Brain Research*, *22*(2), 257-264.

[3] ピッチャープレートからホームベースまでの距離は18.44(m)なので（公認野球規則より）、球速が140(km/h)＝38.9(m/s)

間がかかるとされる。[2] 一方、球速が140km／hのボールがピッチャーからキャッチャーにまで飛ぶ時間は、約0・47秒である。[3] したがって、ボールが投げられた瞬間にバットを振る判断をしなければ間に合わない。では、プロの野球選手はどのようにして、さらに速い速度で様々な場所に飛ぶボールに反応し、バットを合わせるのであろうか。それは、彼らがこれまでの経験からボールの軌道に関する世界モデルを獲得しているためであると考えられる。彼らは自身の世界モデルを用い、ボールが到達するタイミングや位置を無意識に予測し、その予測に基づきバットを振っているのである。

世界モデルという考え方自体は新しいものではない。認知科学や神経科学においては、人間や動物が環境や自らの動作に関する**内部モデル**（internal model）を持ち、それを用いて新しい環境に適応していると考えられてきた。[4] 特に小脳は、内部モデルを基に運動制御を行っているとされ、広く認知されている。[5] また、制御理論の領域でも古くから内部モデルの重要性は認識されており、外部の不確実性に対応するためには、システム内に環境や制御対象に関するモデルを持つことが必要であるとされている。

こうした従来の内部モデルと異なる特徴として、世界モデルは環境の観測に基づき、学習によって獲得される点が挙げられる。つまり、外部の設計者が最初から詳細に設計するのではなく、エージェントが環境との相互作用を通じて得た自身の経験を基に

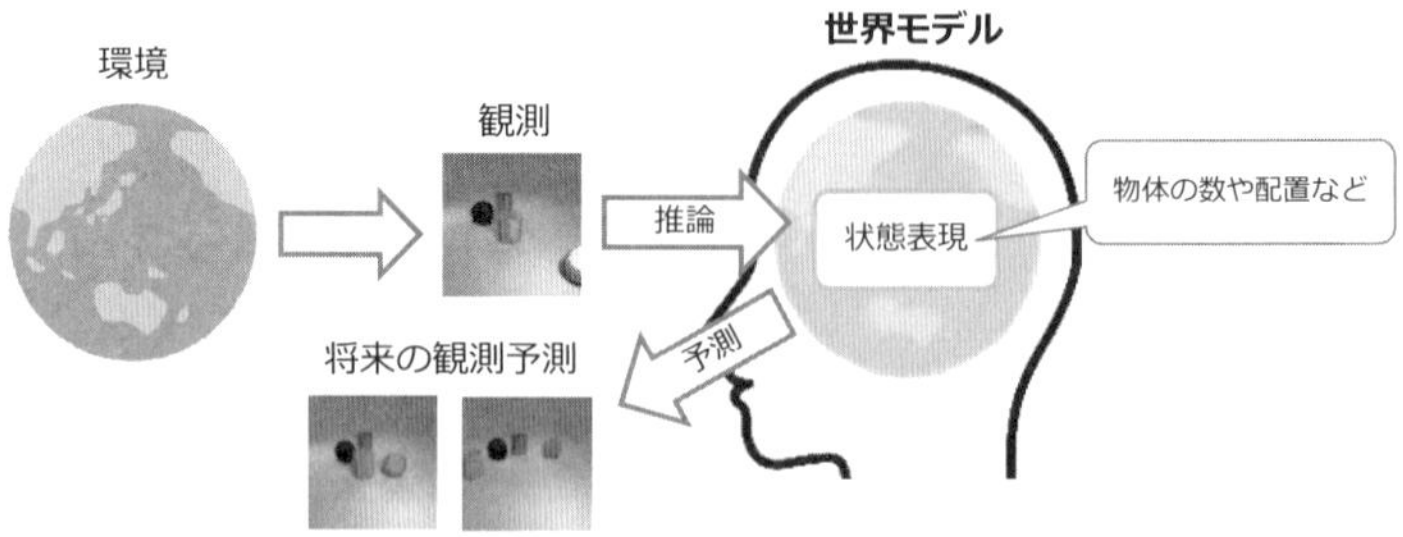

図1　世界モデルによる推論と予測の概要図

自律的に形成されるということである。図1は、外部の環境の観測から学習した世界モデルによって、推論や予測を行うことを表した図である。ここでは複数の異なる物体が動いている観測を考えており、一部の物体は画像から見切れているような不完全な観測となっている。世界モデルはこうした不完全な観測から環境の内部表現を推論することができる。この内部表現のことを状態表現（state representation）と呼び、ここでは観測における物体の数や配置などが含まれることを想定している。また推論した状態表現から、将来どのように観測が変化するかを予測（シミュレーション）することができる[6]。

■深層学習と世界モデル

ニューラルネットワークなどを学習することで世界モデルを獲得するという試みの歴史は長いが、現在の人工知能における世界モデルの基盤となったのは1990年前後の**シュミッドフーバー**（Jürgen Schmidhuber）による研究であると考えられる。シュミッドフーバーは、初期の研究で**リカレントニューラルネットワーク**（recurrent neural network）を用いて環境のダイナミクスを学習し、その上でエージェントが制御を学習することを提案している[7]。これは、エージェントの制御を報酬に基づき学習する強化学習（reinforcement learning）においては、**モデルベース強化学習**（model-based reinforcement learning）として知られている[8]。

の場合、到達時間は18.44(m)/38.9(m/s)＝0.47(s)となる。

[4] 内部モデルに基づき、環境の入力からその要因を常に推論することで環境を知覚しているという考え方は、ヘルムホルツによる「無意識推論」まで遡ることができると思われる。Helmholtz, H. v. 1866 Concerning the Perceptions in General. *Treatise on Physiological Optics*.

また、エージェント自身の主観として世界のモデルを構成するという意味では、ユクスキュルによって提案された環世界とも関連している。環世界についてはI-4「ユクスキュルの環世界論」を参照されたい。

[5] Kawato, M. 1999 Internal Models for Motor Control and Trajectory Planning. *Current Opinion in Neurobiology*, 9(6), 718-727.

[6] 物体の観測画像はCLEVRデータセットから抜粋。Johnson, J. et al. 2017 CLEVR: A Diagnostic Dataset for Compositional

世界モデルの学習にはいくつかの課題が存在する。まず、環境のモデルを学習するためには、大規模な機械学習モデルが必要である。一方で、環境を完全にモデル化することは不可能であり、環境をある程度抽象化する工夫が求められる。実際、我々の脳における世界モデルは、時空間的に抽象化された内部表現を持ち、その表現に基づいて意思決定が行われている。また、環境から得られる観測は、環境の一部の情報（部分観測）に過ぎないため、そこからどのように全体の表現を獲得するかが重要となる。さらに、環境の変動に伴う不確実性を適切にモデル化することも必要である。

深層学習の出現により、これらの課題への取り組みが急速に進んだ。深層学習の初期段階では、教師あり学習が中心であったが、後に深層生成モデルや自己教師あり学習の進展が見られ、入力の表現を**教師なしで学習**できるようになった[9]。また計算能力の向上によって、大量のデータから大規模なモデルの学習も実現できるようになった。これらの技術的進歩を背景に、２０１８年頃より、観測データを基にした環境モデルの学習とそれを活用した強化学習の研究が盛んに行われるようになった。

■世界モデルの利点

人工知能研究において世界モデルを用いる最も大きな利点は、環境の大規模なシミュレーションを獲得できることである。従来のシミュレータは人間側で設計する必要があったが、前述のとおり、世界モデルは学習によって自律的に獲得することができ

Language and Elementary Visual Reasoning. *In Proceedings of the IEEE Conference on Computer Vision and Pattern Recognition.*

［7］Schmidhuber, J. 1990 Making the World Differentiable: On Using Self Supervised Fully Recurrent Neural Networks for Dynamic Reinforcement Learning and Planning in Non-Stationary Environments. Forschungsberichte. *TU Munich, FKI 126 90*, 1-26.

［8］Sutton, R. S. & Barto, A. G.／奥村エルネスト純・鈴木雅大・松尾豊・三上貞芳・山川宏監訳 2022『強化学習（第２版）』森北出版

［9］Ⅲ-6「ディープラーニングと表現学習」を参照。

［10］このようにして学習された方策や計画が、実際の環境でも適切に動作するかどうかは、世界モデルがどれだけ世界を適切にモデル化しているかに依存している。現代の世界モデル研究では、世界モデルの学習と世界モデル上での方

るので、人間側の負担を低減させる形でより大規模なシミュレータを手にいれることができる。このようなシミュレータを使うことによって、エージェントの行動がどのように環境に反映されるかがわかるので、現実の環境で相互作用しなくても、世界モデル上のシミュレーション結果に基づいて行動選択（方策）や将来の計画（プランニング）を学習することができる。これは、我々人間におけるイメージトレーニングに近い[10]。

また、世界モデルを利用することで、観測から世界の**状態表現**（state representation）を推論することが可能である。この状態表現は観測に比べて低次元であること、観測の角度や向きに依存しない特性、そして将来の予測を容易にする性質を持つことが望ましいとされている[11]。このような状態表現が獲得できれば、その表現上で方策を学習することで、より高効率で高い性能を得ることができる可能性がある。

また、世界モデルの学習に深層ニューラルネットワークを適用することで、微分可能な世界モデルを構築することが可能である。通常、環境はブラックボックスとして扱われるため、環境の将来の方策や価値関数などをエンドツーエンドで学習することはできない。しかし、微分可能な世界モデルを持つことで、世界モデルによって想像した将来の状態における方策、価値関数、報酬予測モデルを、現在の情報に基づき同時に学習することができる[12]。このアプローチは、強化学習の効率性や性能向上に寄与

策の学習を交互に行うことが多い。

[11] このような（状態）表現を学習する枠組みを状態表現学習（state representation learning）という。

Lesort, T., et al. 2018 State Representation Learning for Control: An Overview. *Neural Networks*, 108, 379–392.

[12] 「微分可能な世界モデル」という言葉のイメージを掴むのは難しいかもしれないので、より単純化した説明をする。世界モデルは簡単にいうと「現在このように行動したら、将来はどう変化するか」を予測するモデルである。そして「微分可能」というのは、どのような行動の変化に対しても、それに対応する予測の変化が得られるということである。それによって、逆に予測と実際の結果にずれがあった場合に、そのずれを小さくするために行動をどのように修正すればよいかを計算することができる。つまり「この行動を少し変えれば、もっと良い予測結果が得られる」ということを数学的

すると考えられる。[13]

■世界モデル研究の進展

深層学習を用いた世界モデルの研究における先駆的なものとして、**ハー**（David Ha）らの「world models」が知られている。[14] この研究は、シュミッドフーバーの過去の研究を基にしており、深層学習を用いて環境のモデルを効果的に学習できることを示したものである。しかしながら、この際、観測からの抽象的な状態表現の推論と、現在の状態表現と行動から次の状態表現の予測は別々に学習されていた。その後も多くの世界モデルが提案され、**ハフナー**（Danijar Hafner）らの「**Dreamer**」では、観測空間からの状態表現の推論と、状態表現上での長期的な未来予測をエンドツーエンドで学習できること、さらに世界モデルによる長期予測に基づいて方策や価値関数、報酬予測モデルが学習できることが示された。[15]「Dreamer」はアップデートを重ねて、大規模で長期的なタスクに対しても高い性能を発揮することが確認されている。[16] また、実際のロボット環境への応用[17]や、言語情報の統合[18]といった研究も進展している。

現実の環境には、多数の物体が存在し、それらの間の相互作用により将来の状態が変わることがある。それゆえ、物体ごとに表現を獲得し、それらの相互作用を学習することで、未来予測の精度を向上させることが期待される。このような物体ごとの表現獲得を行う世界モデルを**物体中心世界モデル**（object-centric world model）といい、

に導き出せるのである。さらに、微分可能な世界モデルを他の微分可能なモデル、例えば将来もらえる報酬を予測するモデル、と組み合わせることで「報酬を多くもらうためにはどう行動するべきか」を求めることも可能となる。

[13] なお、最近の世界モデルでは離散の状態表現を用いることが多く、微分可能な世界モデルという利点が得られないという課題がある。

[14] Ha, D. & Schmidhuber, J. 2018 Recurrent World Models Facilitate Policy Evolution. *Advances in Neural Information Processing Systems, 31.*

[15] Hafner, D., et al. 2019 Dream to Control: Learning Behaviors by Latent Imagination. *arXiv preprint arXiv:1912.01603.*

[16] Hafner, D., et al. 2023 Mastering Diverse Domains Through World Models. *arXiv preprint arXiv:2301.04104.*

[17] Wu, P., et al. 2023

教師なしで物体表現を獲得する様々な手法が提案されている[19]。

■世界モデル研究の今後の課題

世界モデルの研究は急速に進んでおり、大規模かつ長期の予測モデルを学習できるようになっている。しかしながら、現実の複雑な環境に適用するまでは至っていない。課題の一つとして、現在の世界モデルの多くが画像情報のみを用いていることが挙げられる。我々人間は五感を通じて、多様な情報を環境から受け取っており、それに基づき環境に関する確実な表現を形成している。世界モデルにおいても、このような複数の種類の情報に基づき学習するマルチモーダル学習の採用が必要と考えられる[20]。さらに、世界モデルは観測の表現学習に注力しているものの、行動に関する抽象表現の学習は取り組まれていない。我々が日常的に計画する行動は、時間や空間において抽象化されたものである。このような行動空間の獲得方法は、今後の大きな研究課題である。またロボットにおける予測符号化などの研究では、観測（知覚）と行動は分離できないものとして扱い、それらを入力として階層的な表現学習を行っている[21]。こうした研究と世界モデルとの関連についても今後検討するべきである。加えて、近年の大規模言語モデルと世界モデルの組み合わせに関する研究も、今後重要となるであろう。

〔**鈴木雅大**〕

Daydreamer: World Models for Physical Robot Learning. *Conference on Robot Learning (PMLR)*, 2226–2240.

[18] Lin, J. et al. 2023 Learning to Model the World With Language. *arXiv preprint arXiv:2308.01399*.

[19] Lin, Z. et al. 2020 Improving Generative Imagination in Object-centric World Models. *International Conference on Machine Learning (PMLR)*.

[20] マルチモーダル情報を利用して実世界を理解する研究領域についてはII－5「マルチモーダル物体概念形成」およびII－6「マルチモーダル場所概念形成」を参照。

[21] 次の文献などを参照。谷淳／山形浩生訳協力 2022『ロボットに心は生まれるか――自己組織化する動的現象としての行動・シンボル・意識』福村出版。また、行動は知覚と連続的であるという考え方についてはIII－2「自由エネルギー原理と予測符号化」を参照されたい。

ブックガイドⅢ

①谷淳『ロボットに心は生まれるか ── 自己組織化する動的現象としての行動・シンボル・意識』山形浩生訳協力、福村出版、2022年
ニューロロボティクスの第一人者である著者が自身の20年にわたる研究を解説した専門書。現象学・非線形力学・深層学習といった多様な学問分野とロボティクスを融合した構成論的手法によって心の理解に迫る。

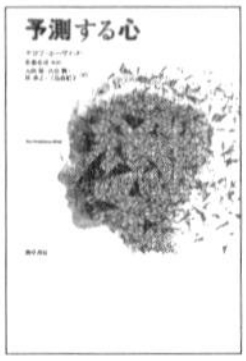

②ヤコブ・ホーヴィ『予測する心』佐藤亮司監訳、勁草書房、2021年
脳とは受動的な存在ではなく、予測する存在である。心はそこから生じる。自由エネルギー原理につながる予測符号化に基づく心の哲学。Ⅳ－3「集合的予測符号化仮説」の議論の礎にもなる。

③アンジェロ・カンジェロシ，マシュー・シュレシンジャー『発達ロボティクスハンドブック ── ロボットで探る認知発達の仕組み』岡田浩之・谷口忠大監訳、福村出版、2019年：2000年頃から始まった発達知能への構成論的アプローチである（認知）発達ロボティクスに関して書かれた網羅的な解説書。人間とロボットの発達を同時に考える構成論の視点。

④乾敏郎・阪口豊『脳の大統一理論 ── 自由エネルギー原理とはなにか』岩波書店、2020年：自由エネルギー原理について数式抜きで解説する一般書。知覚・注意・運動といった脳機能がいかにして自由エネルギー原理によって説明されるかを紹介しており、同原理の概要を把握するのに役立つ。

⑤トーマス・パー，ジョバンニ・ペッツーロ，カール・フリストン『能動的推論 ── 心、脳、行動の自由エネルギー原理』乾敏郎訳、ミネルヴァ書房、2022年：自由エネルギー原理と能動的推論について提唱者らが解説を行う。基本的なアイデアから数理、モデルの組み立て方、データ分析への適用法までを網羅している。

⑥阿部慶賀『創造性はどこからくるか ── 潜在処理，外的資源，身体性から考える』共立出版、2019年：人の持つ創造性についてその原動力や創造性が生み出される過程を解説している専門書。著者のこれまでの研究を中心に、心理学や認知科学的視点と身体性や脳情報処理などの観点から網羅的に解説されている。

⑦リサ・フェルドマン・バレット『情動はこうしてつくられる ── 脳の隠れた働きと構成主義的情動理論』高橋洋訳、紀伊國屋書店、2019年：構成主義的情動理論の提唱者による解説書。多くの研究事例を用いた説明によって、情動とは何かを明らかにする。自由エネルギー原理や予測符号化の概要を知った上で読むと理解が深まる。

⑧乾敏郎『感情とはそもそも何なのか ── 現代科学で読み解く感情のしくみと障害』ミネルヴァ書房、2018年：感情を自由エネルギー原理を基盤とする身体内外の情報処理から説明する一般書。著者のこれまでの心理学、脳科学に関する研究の知見から感情とは何であるかをわかりやすく解説している。

⑨Ian Goodfellow, Yoshua Bengio, Aaron Courville『深層学習』岩澤有祐他監訳、KADOKAWA、2018年：深層学習の基礎から応用、深層生成モデルに至るまで深く学ぶことのできる教科書。初学者にとっては内容が難しく感じるかもしれないが、特に第1章の人工知能や深層学習の歴史については是非読んでほしい。

⑩岡谷貴之『深層学習　改訂第2版』講談社、2022年：深層学習が登場した初期の頃から読み続けられている初学者におすすめの教科書。簡潔な説明ながら数式をしっかり追えるように書かれている。第2版で最新の話題を盛り込まれ、より内容が充実した。

第Ⅳ部

Embodiment, Mind and Consciousness

身体性と知能の創発

——身体性認知科学からソフトロボットまで

■身体性と参照フレーム問題

身体性認知科学分野において，（人工的，あるいは生物）エージェントの知的な振る舞いを外部から観測しているときに，観測される振る舞い（behavior）（外部から観測されるエージェントの動き）と，エージェントの内的表象は必ずしも一致しないことを，**参照フレーム問題**という。**ファイファー**（Rolf Pfeifer）らの著書『知能の原理』[1]では，スイスロボットの例題で説明されている。スイスロボットは，先端に二つの赤外線センサをつけた**ブライテンベルグビークル**（Braitenberg vehicle）で，その内部に埋め込まれているのは，赤外線センサとモータの直結による障害物回避ネットワークである。にもかかわらず，巧妙に設計されたロボットの形と赤外線センサの配置によって，あるいはうまく設定された環境条件によって，スタイロフォームのキューブを「片付けて」いるように振る舞う。この片付け行動は，エージェント身体の設計，特に赤外線センサの配置と，環境の構造との相互作用から生み出されている。エージェントの身体性と環境の相互作用で，片付け行動が創発される，といってもよい。

[1] Pfeifer, R., & Bongard, J. 2006 *How the Body Shapes the Way We Think.* MIT Press.（ファイファー，ボンガード／細田耕・石黒章夫訳 2010『知能の原理——身体性に基づく構成論的アプローチ』共立出版）

同様の問題は、思考実験「サイモンのアリ」でも指摘されている。[2] えさを求め、海辺を徘徊しては巣に戻るアリのトレールを、外部観測者の立場からモデル化する際、その振る舞いのモデルの複雑性と、実際にアリ内部に存在するであろうネットワークの複雑性の間には大きな隔たりがある。アリが表出する振る舞いの複雑さは、アリ内部の、たかだか数百万個のニューロンのネットワークの複雑さとはくらべものにならない。アリは、それ自身のセンサで観測した結果をネットワークで処理し、環境に働きかけ、それに応じて環境はそれ自身のダイナミクスで変化し、アリのセンサに対して刺激を与えるという相互作用の結果、振る舞いの複雑さは、ネットワークと、それによって駆動される身体、環境のすべての複雑性を含むことになるからである。

このように、参照フレーム問題は、「脳」の計算資源や複雑さの有限性がありながらも、より複雑な振る舞いを生み出すことができる知的エージェントの、適応性に関する原理を説明している。身体と環境の相互作用を通してより複雑な（そしてより適応的な）振る舞いを生み出すことができる、というのがこの問題の指摘するところであり、それを可能としているのが、エージェントの**身体性**である。エージェントは身体を持つことで、環境と相互作用し、内的表象（内部表現）の複雑さと、身体、環境の複雑さを取り入れることで、より複雑で適応的な振る舞いを表出することができる。

[2] Simon, H. 1996 *The Sciences of the Artificial*. MIT Press.

■サブサンプションアーキテクチャ

ブルックス（Rodney Brooks）は、身体と環境の相互作用を利用して、知的な運動を生み出すための枠組みとして、**サブサンプションアーキテクチャ**[3]（subsumption architecture）を提案している。あらかじめ環境のモデルを持ち、センサによって環境を観測し、環境モデルによって計画を立て、それを遂行するためのモータコマンドを生成するという、いわゆる**SMPA**（Sense-Model-Plan-Act）**サイクル**が、環境変化に弱く、生物のように適応的な振る舞いを生み出すことが難しいと考えたブルックスは、「表象なき知能」つまり、振る舞いの表象がアーキテクチャ内に直接表現されれないような枠組みを考えた。ここで言う表象とは記号的人工知能における「記号」のことである。振る舞いがアーキテクチャ内に表象される、つまり、振る舞いそのものがその写し絵としてプログラムされるとすると、その複雑さはアーキテクチャ（つまり脳）の複雑さを超えることができない。サブサンプションアーキテクチャは、振る舞いの複雑さを、環境との相互作用に依存しているので、アーキテクチャ自体の複雑さを超える振る舞いを生み出すことは容易である。つまり振る舞いは脳・身体・環境の相互作用を経て、内的表象の表現を超えて創発するのである。

サブサンプションアーキテクチャでは、いくつかの振る舞いを引き起こすレイヤーが多層的になっており、上位のレイヤーが活性化、つまり出力を出すと、それよりも下位のレイヤーの出力を抑制、**包摂**（subsume）する。この構造が、アーキテクチャ

[3] Brooks, R. 1983 A Robust Layered Control System for a Mobile Robot. *IEEE Journal on Robotics and Automation*, *2*(1), 14-23.

の複雑性と、生み出される振る舞いのそれとの間にギャップを生む。もしも、一般的な階層制御のように、振る舞い間の調停をする機構が存在すると、この調停器の複雑性が振る舞いの変化の複雑性そのものとなる。これでは、内部構造の複雑さ以上の振る舞いの系列を生み出すことはできない。サブサンプションアーキテクチャの巧妙なところは、調停を決められた包摂関係とし、それぞれのレイヤーが活性化するかどうかは環境が決めるとしたところにある。その結果、環境の複雑さに応じて、振る舞いは切り替わるため、ロボット内に表現されたプログラム、もしくはアーキテクチャの複雑さよりも複雑な振る舞いの系列を生み出すことになる。

サブサンプションアーキテクチャがもたらす創発性は、包摂関係によるものだけではない。各レイヤーは、比較的単純なセンサ・モータ結合であり、その結果、環境との相互作用を通して振る舞いを生み出す構造になっていることも重要である。置かれた環境を自らのセンサで観測し、また自らの行動によって環境に働きかけることを、エージェントの**立脚性**[1]（situatedness）という。立脚性に基づくセンサ・モータ結合が単純であれば、環境変化に即応するレイヤーを設計することができ、その結果、たとえあるレイヤーが機能しなくても、アーキテクチャ自身が持つ高い並列性によって動き続けることができる。振る舞いが直接各レイヤーに書かれているのではなく、身体の形態とその行動と、環境との相互作用によって創発することには注意すべきである。このようなセンサ・モータ結合と包摂関係の組み合わせで、アーキテクチャはより複雑な振る舞いを明示的に表現する内的表象（もしくはプログラム）なしに生み出すことになる。

■振る舞いの表象とソフトロボティクス

産業用ロボットに代表されるようなこれまでのロボットでは、目的となる作業を遂行するための振る舞いが、効果器の軌道として外部から与えられ、その軌道を精度よく再現することで、効率よく作業を実現する。精度を保証するために、ロボットの構造はできるだけ変形しないように硬く、また制御則も与えられた軌道に追従するために高いフィードバックゲインが適用されるため、ロボット全体として硬くなる傾向にある。その結果、生物に見られるような環境変化に対する適応性が極めて低くなる。また、外部から見たロボットの動きをプログラムすることになるので、ほとんどの場合には動きが定形的となり、環境変化に柔軟に対応して動きを変更することは難しいので、設計の意味でも柔軟性を失うことになる。

ソフトロボティクスでは、生物のような適応性をロボットに持たせるために、柔らかい身体や制御を作ることを志向している。ソフトロボットは、身体や制御が柔らかいために、その振る舞いを軌道で与え、その軌道に対する追従を保証するという従来の硬いロボットのための制御を適用しづらい。ソフトロボットの振る舞いは、内的表象と、柔らかい身体、そして環境との相互作用から決まる。

ソフトロボットについての設計論、制御論はまだ確立されていない。外部から目標値を与え、その目標値に追従することで作業をするような、従来の硬いロボットの枠組みが使えないからである。もともとソフトロボットは、生物の適応性を志向していたので、生物模倣や生物規範を、設計論や制御論の基本に据えることが多い。この事実を逆手にとって、構成論的な手法をとることで、生物知能の説明モデルに使われることも多いが、設計論があいまいなことは、ソフトロボットの弱みである。

■記号創発の身体性依存性

記号創発は、記号（言語）がもともと存在していて、現実世界に接地するのではなく、個々のエージェントが、主観的空間で創発的に形作るという考えに基づいているので、エージェントの立脚性（situatedness）は必要条件となる。エージェントが、自らのセンサやアクチュエータの空間で、振る舞いや、環境に関する情報を分類し、主観的空間内で自己組織的に内的表象を作ることが[4]、記号創発の基礎となる。主観的空間で構成された内的表象は、その空間内での各種の演算、例えば推論や演繹など、を可能とし、記号としての役割を果たすことができると考えられる一方、完全に主観的であるがゆえに、そのまま、他者とのコミュニケーションのためのシンボルにはなり得ない。コミュニケーションにも使えるためには、立脚性に基づいて構成された内的表象に基づいて発話され、他者に受け取られる記号が、他者とどの程度共通である

［4］Pfeifer, R., & Scheier, C. 1999 *Understanding Intelligence.* Bradford Books.（ファイファー，シャイヤー／石黒章夫・小林宏・細田耕監訳 2001『知の創成——身体性認知科学への招待』共立出版）

かが重要である。それには、コミュニケーション主体間のセンサやモータ、身体性に関する共通点が存在しなければならないし、文化的に同じコミュニティに存在するエージェント間で、トップダウンの情報集約があるかもしれない。そして、これこそがまさに記号創発システムが本来持つダイナミクスなのである。サブサンプションアーキテクチャやソフトロボットに存在する参照フレーム問題を超えて、コミュニケーションとしての記号になるための条件を明らかにすることが、記号創発の身体性依存性を明らかにするカギとなるだろう。

〔細田耕〕

Ⅳ－2

エナクティヴィズム

――表象なしの身体的行為としての認知

エナクティヴィズムは、神経生物学者**ヴァレラ**（Francisco Varela）らによる1991年の著作『身体化された心』[1]で定式化された認知に関する哲学的立場である。本項目では、その核心をなすキーコンセプトにそくして概要を解説する。

■認知科学における表象主義

現代の認知科学における重要な構成概念として「**内部表象**（inner representation）」あるいは「**心的表象**（mental representation）」というものがある。認知科学の歴史は、20世紀初頭の行動主義心理学が心や認知をブラックボックスとして扱ったのに対して、一部の研究者がこのブラックボックスの中身の解明に乗り出したことで始まったと言われることがある。[2]内部表象／心的表象の概念は、この直接には観察できない認知過程の仕組みを説明するときに中心的な役割を果たす。例えば、認知科学の中核をなす諸分野（認知心理学、認知神経科学、人工知能など）では、物体の形や大きさに関する視覚表象、環境の空間的配置に関する認知地図、過去の経験に関するエピソード記

[1] Varela, F., Thompson, E., & Rosch, E. 1991 *The Embodied Mind: Cognitive Science and Human Experience*. MIT Press.（ヴァレラ、トンプソン、ロッシュ／田中靖夫訳 2001『身体化された心――仏教思想からのエナクティブ・アプローチ』工作舎）

[2] ただし、これは行動主義に対する評価として必ずしも正確ではない。たとえば、行動主義を代表する心理学者トールマン（Edward C. Tolman）は、ゲシュタルト心理学の影響を受けて、学習における内的な認知過程の役割を重視していた。大芦治 2016『心理学史』ナカニシヤ出版、第4章、第6章。

憶、あるタイプの場面における一般的な行動の系列に関するスクリプトといった概念を用いて、様々な認知過程に関する説明が行われる。これらの概念が指示するものは、それぞれ全く違った内容の情報を運び、それぞれの領域で独自の役割を果たすが、どれも一定の内容を持った内部状態である点では共通している。認知科学では、一般に、こうした内部状態こそが認知過程の構成要素なのだという想定のもとで研究が進み、それらが「内部表象」「心的表象」と呼ばれる。

しかし、認知科学や哲学では、内部表象／心的表象の概念をめぐって、様々な問題が議論されてきた。その一つが認知科学における**表象主義**そのものの妥当性をめぐる問題である[3]。ここでの「表象主義」は、認知科学の中核に内部表象／心的表象という構成概念をおく考え方を意味する[4]。現代の認知科学では、表象主義の妥当性は自明視されることが多いが、本当に心や認知は内部表象／心的表象の観点から説明すべき現象なのだろうか。この問いをめぐって、表象主義に批判的な**反表象主義**の陣営の急先鋒をなしたのがエナクティヴィズムであった。

■エナクティヴィズムにおける反表象主義

どうしてエナクティヴィズムは表象主義に反対するのだろうか。ヴァレラらによると、表象主義には認知と世界の関係に関する一つの見方が含まれる。世界のあり方は認知のあり方とは独立にあらかじめ決まっており、認知とはその世界の状況を心の内

[3] 心の哲学では、このほかに「表象の自然化」をめぐって大きな論争が展開した。そこで問われたのは、いかにして内部状態は一定の意味内容をもつのかという問題である。

[4] これは意識の哲学における「表象主義」（意識の現象的内容はその表象内容によって決定されるとする立場）とは異なる考え方である。認知科学における表象主義は、意識の現象的内容に関する表象主義と矛盾はしないが、それを含意するものではない。

部に再現・復元する働きだという見方である。例えば、認知神経科学では、視覚とは網膜に与えられた二次元の感覚刺激から、その感覚刺激を引き起こす原因となった三次元的な環境を推定する働きだと理解されることがある。その場合、脳内の視覚システムは、二次元の感覚情報から三次元の空間情報を復元する装置であることになる。

しかし、エナクティヴィズムでは、この見方は視覚システムに関する科学的説明として不適切だと考える。というのも、二次元の感覚情報から三次元の世界を復元するという目標は、あくまでも世界の状況を事前に把握できている観察者の視点から得られるものでしかないからである[5]。

エナクティヴィズムによると、表象主義は認知システムの本性を決定的に見誤っている。例えば、**神経システム**は、その物質的な構造のレベルでいうと、シナプスを通じて相互作用する神経細胞のネットワークにほかならない。この構造のために、一部の神経細胞の活動が変化すると、その変化は他の神経細胞の活動に影響し、やがてネットワーク上の広範囲に活動の変化が伝播する。このネットワークには感覚器官を通じて環境からの影響を直接に受ける感覚表面、及び、身体運動に直接影響する運動表面が含まれる。感覚表面の活動が環境からの刺激に撹乱されると、その影響は神経システムに広く伝播し、やがて運動表面の活動まで変化させると、動物は環境のなかで一定の身体的な行動をとることになる。この行動はまた動物と環境の関係に変化を起こす。すると感覚表面の活動にも変化が生じ、それがまた神経システム全体の活動に

[5] ここで紹介するのはヴァレラやトンプソンによる反表象主義の議論である。ハットらによるラディカル・エナクティヴィズムでは「内容のハードプロブレム (Hard Problem of Contents)」と呼ばれるさらなる問題も指摘されている。Hutto, D. & Myin, E. 2013 *Radicalizing Enactivism: Basic Minds without Content*. MIT Press.

変化を及ぼす。つまり、全体として眺めると、神経システムは、一定の入力に対して一定の出力を生成する計算システムではなく、ある活動の変化が次の活動の変化を次々に引き起こし、環境との感覚的・運動的な相互作用も媒介しながら、やがてこの連鎖の発端にあるのと同じ活動の変化を生じさせるような循環的なプロセスのネットワークを実現している。

エナクティヴィズムでは、このようなシステムを「**作動的に閉鎖した自律的システム**」と表現する。この用語は、ヴァレラがその師である神経生物学者マトゥラーナ(Humberto Maturana)とともに1960～70年代に提唱したオートポイエーシス理論に由来する。[6]「**自律性**(autonomy)」とは、それ自身の内発的な作動を通じて、それ自身を規定するプロセスの相互作用のネットワークを生成し持続させるシステムの特性を意味する。これは、人間が設計した計算システムのように外部からの制御によって作動し、その作動とは独立にプロセスの相互作用のネットワークが保たれるシステムにおける「**他律性**(heteronomy)」と対置される。

オートポイエーシス理論によると、生命システムは一種の自律的システムであることをその本質とする。エナクティヴィズムは、このオートポイエーシス理論の観点をふまえて、認知科学における表象主義の決定的な問題は、本来は生命をもった自律的なシステムである認知システムを他律的な人工的／機械的なシステムと混同している点にあると考える。[7]

[6] オートポイエーシス論の詳細な解説はI-6「ネオ・サイバネティクスと情報」を参照。

[7] この批判は、認知を離散的な記号計算として解釈する古典的計算主義(又は記号主義)の立場だけではなく、認知を分散表象を用いた情報処理として解釈するコネクショニズムの立場にも当てはまる。エナクティヴィズムの観点からすると、認知におけるニューラルネットワークの働きは、環境に関する表象を構築することではなく、環境からの多種多様な撹乱に対して一定のパターン化された応答を生成することだと理解されなければならない。

■生命と心の連続性：感覚運動協調とエナクション

エナクティヴィズムの反表象主義は、エナクティヴィズムにおける「生命と心の連続性」という考え方と密接に結びついている。表象主義に基づく認知科学では、人間の認知システムを脳というハードウェアに搭載されたソフトウェア（プログラム）として理解する。生命活動はあくまでもハードウェアを維持するためのものであり、認知のあり方そのものを決めるのは、原理的にはいかなるハードウェアにも実装可能なプログラムだというわけである。それに対して、エナクティヴィズムでは、認知そのものを身体的な生命活動の一部をなすものとして解釈する。

動物はバクテリアから哺乳類にいたるまで、環境のうちで能動的に栄養源を探索し確保することで生命を維持する。そして、これは動物の身体における感覚表面と運動表面のあいだの相関性――**感覚運動相関性**（sensorimotor correlation）――によって実現される。[8] 例えば、他の原生動物（P）を捕食するアメーバの運動について考えてみよう。Pに由来する環境の変化がアメーバの細胞膜に変化を生じさせ、その変化がアメーバの内部で原形質流動を引き起こす。すると、アメーバと周辺環境の関係が変化し、アメーバの細胞膜は新たな刺激にさらされ、それがまたアメーバの内部に影響を及ぼす。アメーバの捕食行動はこのようなプロセスの連鎖から生じる。これが可能なのは、感覚表面と運動表面の活動がアメーバの身体の内部で適切に相関しているからにほかならない。もちろん、より複雑な身体をした動物においては、感覚表面と運

[8] Maturana, H., & Varela, F. 1992 *The Tree of Knowledge: The Biological Roots of Human Understanding (Revised edition)*. Shambhala, p. 144.（マトゥラーナ、バレーラ／管啓次郎訳 1997『知恵の樹――生きている世界はどのようにして生まれるのか』(p. 165) 筑摩書房）

動表面の間の結びつきはこれほど直接的ではない。人間は、そもそも何十兆もの細胞が複雑に構造化された多細胞生物であり、さらに860億個のニューロンからなる巨大な神経ネットワークが感覚表面と運動表面のあいだを媒介しているため、各個体が発達を通じて習得できる感覚運動相関性のパターンは、アメーバに比べて圧倒的に多様である。しかし、そうした違いを捨象して抽象的なレベルで考えるならば、身体の感覚運動的な構造に基づいて環境に能動的に適応している点では両者のあいだに根本的な違いはない。

ここで重要なのは、このように身体の感覚運動的な構造に基づいてそれ自身の存在を持続させる自律的な生命システムが存在すると、環境のうちにはそのシステムの感覚運動的な構造との関係で新たな意味的な差異が生じることである。例えば、雑多な化学物質を含む溶液中にアメーバが出現すると、それ自体としては化学構造によってしか区別されない諸物質が、アメーバの感覚運動的な身体構造との関係で「栄養」や「毒」といった生態学的な意味によって区別されるようになる。つまり、生物がその身体的構造を通じて環境とカップリングすると、それ自体としてはランダムな環境は一つの生態学的環境へと変貌する[9]。エナクティヴィズムでは、このように生物の身体的な行為から意味が生じる現象を「**エナクション（enaction）**」又は「**意味生成（sense-making）**」と呼び、これこそが認知の本質的な形式であると考える。

[9] これは世界のうちに環境（環世界）を生成する過程だと表現されることもある。Stapleton, M., & Thompson, E. 2009 Making Sense of Sense-Making: Reflections on Enactive and Extended Mind Theories. *Topoi*, 28, 23-30. 環世界の詳細な解説はI-4「ユクスキュルの環世界論」を参照。

■身体的行為としての認知、認知科学と人間経験の融合

エナクティヴィズムは、基本的な生命システムにおける生命活動と意味生成の結びつきをふまえて、人間における認知も一種の**身体的行為**として理解することを提唱する。[10] この見方には二つの主要な帰結がある。第一に、知覚は認知システムの内部に外部世界を復元する純粋に認識的な働きではなく、人間が具体的な状況下で感覚運動的な構造に基づいて行為を生成する**実践的なプロセス**の一部として理解されることになる。第二に、推論、記憶、想像などのいわゆる抽象的な認知作用もまた、具体的な環境との感覚運動的な関係と独立に働くものではなく、むしろ、人間的な環境における発達の過程で習得される高度に複雑化した**感覚運動的なパターン**として理解されることになる。

認知を情報処理として解釈する表象主義を前提にしたとき、科学的視点と現象学的視点のあいだには大きな乖離が生じる。それに対して、この認知を身体的行為として解釈する見方は、**現象学**における**意識経験**に対する反省的な分析とも多くの共通点を持つ。[11] 特に顕著なのは、当代の心理学、神経学、精神病理学における経験的研究との対話を通じて、知覚経験が身体と世界の前意識的な関係によって意味を与えられる経験であることを力説した**メルロ゠ポンティ**（Maurice Merleau-Ponty）の現象学との親和性の高さである。それゆえ、エナクティヴィズムは、生命と認知のつながりを忠実に反映するだけでなく、心に対する**科学的アプローチ**と**現象学的アプローチ**の両方

[10] 前掲書［1］第8章、とくに p. 172ff（244頁以下）。

[11] 現象学の詳細な解説はⅣ-3「現象学」を参照。

を包括した新たな認知科学の地平を拓く画期的な認知理論として打ち出された。

以上のエナクティヴィズムの視点は、数々の反発も受けながら多くの研究者に引き継がれている。ここ20年余りの研究によって、認知を身体的行為として捉え直すということの具体的な内容は徐々に明らかになってきている。[12] 一方で、近年、ディープラーニングの急速な発展によって、認知や知能はニューラルネットワークの内部で実現可能だという見方もあらためて支持を拡大させている。このような時代だからこそ、生命と心の連続性を重視し、身体性の観点から意味の生成を理解するエナクティヴィズムの視点との対話あるいは対決は、今後ますます重要になるだろう。〔**宮原克典**〕

[12] 近年のエナクティヴィズムの動向については以下を参照。

Hutto, D. 2023 Enactivism. *Internet Encyclopedia of Philosophy*. https://iep.utm.edu/enactivism/

Gallagher, S. 2023. *Embodied and Enactive Approaches to Cognition*. Cambridge University Press.

IV-3 現象学

――現われと経験に基づく思考

現象学とは何か

現象学とは何か？　この問いには様々な答え方があるだろう。現象学は、統一的な学派ではなく一つの「運動」であると言われるように、そこにはきわめて多様な方向性が含まれる。ここでは、フッサール現象学を基本として、現象学的な考え方の特徴と内容の一部を紹介する[1]。

現象学とは、文字通り「現象」の「学」である。「現象」のなかには、あらゆる種類の、あらゆる現象が入る。自然現象であれ、心理現象であれ、それ以外のいわく言いがたい現象であれ、それがおよそ何らかの意味で**現われる**かぎり、現象学の対象となる。「意味」とか「理念」とか「神」のような、普通の意味で「現われる」のかどうかよくわからないものさえ、それらについてわれわれが言葉や記号を使って語ったり、他人と共通了解をもったりできる以上、われわれの経験の世界のなかに、それなりの「**現われ**」をもっていると言える。「現われ」という角度から探究すれば、われわれと何らかの関わりのある一切のものを「学的に」――つまりきちんとした根拠を

[1] 現象学の基本的な考え方や概略については、田口茂 2014『現象学という思考――〈自明なもの〉の知へ』筑摩書房、植村玄輝他（編）2017『現代現象学――経験から始める哲学入門』新曜社、ザハヴィ／工藤和男・中村拓也訳 2017『フッサールの現象学（新装版）』晃洋書房などを参照。

もって――探究できるというのである。これが現象学の創始者である**フッサール**[2]（Edmund Husserl）の考えだったと言えるだろう。

「現われる」というのは、何らかの**経験**にとって現われるということだ。経験は、それぞれの経験主体が自分で確認したり辿り直したりできる。つまり、何かが現われており、それが経験されていれば、それについて反省的に（振り返って）吟味する可能性が開けていることになる。[3]〈経験〉という通路を介して、われわれはあらゆる現象にアプローチできるのである。

■志向性と構成――現象学の思考空間

現象のなかには、何らかの〈現象するもの〉が現われている。何かがその〈何か〉として現われるためには、様々な条件が必要になる。たとえば、レモンという物体が現われるためには、黄色い色、つやつやした質感、独特の形などが経験されなければならないし、鼻に近づけて匂いを嗅いでみれば、特徴的な香りから、それが偽物のレモンでないことがわかる。カットして舐めてみれば、酸っぱさを感じる。レモンという対象は、こうした様々な経験を通してはじめて「レモン」として現われている。逆に、いま挙げた様々な経験は、〈レモンの現われ〉として纏まり、統一的な連関を形づくる。経験のなかには様々な対象が現われているが、それらはいずれもこうした統一的な連関に対応している。個々の経験は、互いに噛み合う仕方で纏まりを成して一

[2] エトムント・フッサール（1859-1938）は、オーストリアに生まれドイツで活躍した哲学者。「現象学」と呼ばれる哲学の潮流を創始した。著書に『論理学研究』、『イデーン』、『デカルト的省察』、『ヨーロッパ諸学の危機と超越論的現象学』などがある。

[3] 意識する生には、普遍的な「反省性」が具わっているとフッサールは言う。Husserl, E. 1973 *Zur Phänomenologie der Intersubjektivität. Dritter Teil: 1929-1935. Husserliana* XV. Martinus Nijhoff, p. 543.

[4] 後期のフッサールは、単なる対象への志向性から「受動的志向性」、「衝動志向性」、「本能志向性」などへと志向性の分析を深めている。そこでは、経験がおよそ何かへと「向かう働き」、何か別のものを「指し示す働き」が、一般的に「志向性」と呼ばれている。

[5] 前掲書［3］p. 556。またフッサールは、「知覚において知覚

つの対象を指し示し、対象は更なる多様な経験の可能性を指し示す。経験のなかに現われてくるこうした対象との関係性は、**志向性**（intentionality）と呼ばれる[4]。

現われとその経験の多様性のなかに、対象とその統一的連関が形成され、浮かび上がってくることを、現象学では**構成**（constitution）と呼ぶ。「対象の構成」と言っても、心が対象を勝手にでっち上げるわけではない。現象学では、実在的な対象がある場合には、志向的対象はまさしく心を超えた実在的対象そのものであると考える。「実在的対象」という言葉が哲学的に何を意味するかはひとまず措くとして、日常的経験にとって〈ものそのもの〉として捉えられているものは、現象学にとって経験の対象であると同時に、「心の外」にある「超越的な」対象でもある。これが矛盾的に見えるのは、（一種の思考遊戯によって）われわれが具体的に行っている現実の経験から遊離してしまう場合のみである、とフッサールは強調する。対象は内にあると同時に外にある[5]。われわれの具体的経験は、「内と外」などという硬直した枠組みをとっくに乗り越えているのだ。

経験と現われを通路として現象学が切り拓いた思考の空間は、いま述べたように、「心理的」と呼ばれる考察とも「科学的・客観的・三人称的」と呼ばれる考察とも同一視できず、ある意味でその両方を含むような思考の空間だったと言えるだろう[6]。こうした思考の空間の磁場に引き寄せられて、ハイデガー（Martin Heidegger）、メルロ＝ポンティ（Maurice Merleau-Ponty）、サルトル（Jean-Paul Sartre）、レヴィナス

された事物が事物そのものであるということ、それ自身に固有の、現にあるあり方での事物そのものであるということは、誰にとっても絶対に自明のことであって、それがそうでないのは、混乱した哲学者にとってのみである」と言っている。Husserl, E. 1974 *Formale und Transzendentale Logik. Husserliana* XVII. Martinus Nijhoff p. 287.

ちなみにこの箇所は、邦訳では「当惑した哲学者にとってだけでなく」と誤訳されているので、注意が必要である。フッサール／立松弘孝訳 2015『形式論理学と超越論的論理学』みすず書房

[6] ノッサールが**超越論的**と呼んだのもそのような思考空間のことだったのだが、この語はカント以来用いられている伝統的な語と表面上同じであるために、しばしば混乱が生じている。紙数の関係でここでは詳述できないが、フッサールはこの語にかなり独自の意味を込めているという点に注意する必要がある。

(Emmanuel Levinas) といった後続の哲学者たちが、この思考空間を出発点としてそれぞれの思考を展開していったのである。

■間主観性——多数の経験と同じ一つの対象

志向性は対象そのものとの関わりであると述べた。志向的経験がなければ対象の現われもないと言えると同時に、対象がなければその対象の経験もないと言える。このことは、いわゆる「**間主観的**」(intersubjective) な経験、すなわち複数の主体による経験において際立つ。私に〈ある〉と思えた対象であっても、他人に経験できないなら、それは真に実在するとは言えない(私の思い違いや錯覚、幻覚など)。対象そのものがなければ、私と他者がそれを共通に経験するということは起こりえない。と同時に、〈他人と共通に経験できる〉ということがなければ、ある対象が真に〈私の経験を超えた同一の対象〉という意味を受けとることはない。あるものをめぐって、私と他者が相互に関わり合い、指示し合い、話し合い、通じ合うなかで、そのものは、はじめて〈同じもの〉として確かめられ、際立ってくるのである。

「スプーンを取って」と言われてスプーンを手渡す。このやりとりのなかで、スプーンは〈同じもの〉として同定され、同時に、間主観的なやりとりはスムーズに進行する。「スプーンを取って」と言われたのにフォークやナイフやどんぐりや下着などを渡し続けていたら、相互作用は混乱し、わけがわからなくなる。共同性も成り立た

[7] 複数の主体が間主観的な関係を取り結び、相互に交流しあう

ず、〈同じもの〉も成立しない。逆にいえば、〈同じもの〉の立ち現われと、「うまく行く」相互作用とは同時であり、同じ出来事の両面である。[7]

この〈同じもの〉は、究極的には〈一なる自然〉そのものである。〈同一の自然〉があり、そのなかにわれわれは自然の一部であるような**身体**をもつ。誰もが自然のなかに身体をもつので、われわれはお互いの姿が見えるし、声が聞こえる。身体を通して、われわれの経験、われわれの生は互いに絡み合う。[8] 自然が一つであるということが、この絡み合いをそもそも可能にしている。と同時に、多数の生の絡み合いのなかでこそ、自然の唯一性が一種の〈理念〉として際立ってくるのである（実際には、互いの生には、通じ合えない、理解し合えない部分も極めて多いのであるが）。

■記号と理念的なもの

さて、いま〈**理念**〉という言葉が出てきた。この〈理念〉こそ、多数の生が互いに絡み合い結び合うことができるための鍵である。

経験の世界は、各々の経験主体にとって独特の彩りやまとまりを成している。他人の経験の世界は、直接に知ることはできない。そこでわれわれは**言葉**を代表とする広義の**記号**を使って、互いの意思を知り、互いの経験世界を通じ合わせている。なぜそんなことが可能なのだろうか。

それは、記号が「理念的なもの」（ideal objectivities）へとわれわれを関わらせるこ

ということによって、はじめて何かが〈同じもの〉として現われてくると同時に、〈同じもの〉を〈同じもの〉としてつかみうるということこそ、複数の主体の経験がそもそも互いに交差しあうことを可能にしている。同一的なものの経験と、間主観的な共同性は相互に支えあっている。他人と語りあったり奪いあったりするなかで、「物」は私の生を超えた同一性を獲得するし、私が経験するものを他人も経験できる（たとえば、私の指し示すその同じものを他人も見ることができる）ということがなければ、私の生は他人の生と交わることすらできない。

[8] ここでの叙述はフッサール現象学を元にしているが、「**身体性**」という観点から現象学全体を描きなおそうとしたのがメルロ＝ポンティ（1908-1961）である。エナクティヴィズムは、メルロ＝ポンティからの強い影響下から出発しており、身体の現象学全般と関わりが深い。

とができるからだ。「理念的なもの」は、決して主観的な幻のようなものではなく、それ自体「明証的に」（それ自身を証拠として示す仕方で）経験されうるとフッサールは言う。「1」とか「一」とか「いち」「one」などは書かれた文字であり、パースの三項図式で言えば「サイン」に当たる。これらは具体的な物理現象として世界のなかに現われる。他方、これらによって表されている数の1そのものは、見たり触ったりできる対象として世界のなかに現われるものではない。だが、そうであるからこそ、いつでもどこでも、綺麗な文字で書いても汚い文字で書いても、全く同じ内容を保持することができる。こういった性格が「理念的」と呼ばれる。

理念的なものは、何らかの物理的な担い手（サインとしての記号）がなければ現われることはできないが、特定の担い手に依存するわけではない。私が発話しても、他人が発話しても、1は1である。つねに物理的な担い手に「基づけられて」[9]いるのに、ある意味でそれに依存しないあり方をしているのが理念的なものである。だからこそ、それは私にとっても他人にとっても共通の〈同じもの〉であることができる。言葉や数学的記号などを用いることによって、われわれは各自の経験世界の独自性に依存しないレベルで、互いの生を関わり合わせることができるのである。

注意してほしいのは、現象学は、各自の主観的生から切り離されたものとしてプラトニックな理念の世界がある、とは考えないという点である。理念は、個別の経験や現象には依存しないが、いかなる経験にも依存しないわけではない。つねに何らかの

[9]「基づけ」（Fundierung/foundation）は現象学の基礎概念であり、「AがなければBもない」といった関係を表す。物理的なサインがなければ理念的なものは現われないが、前者に後者が還元されうると言っているわけではない。

[10] この意味で、フッサールが『論理学研究』で展開している言語的意味をめぐる詳細な分析は、「記号創発」という観点から読み直すことが可能である（フッサール／立松弘孝訳 2015『論理学研究』1～4（新装版）みすず書房）。晩年の草稿である『幾何学の起源』（デリダが詳細な序文を

経験に依存しているが、必ずしもその経験に依存しなくてもよかったというにすぎない。私の経験と他人の経験が互いに関わり合い、記号を介して互いに深く交差し合う具体的なプロセスの只中にのみ、理念的なものは現われうる[10]。交差し合う生のなかに現われながら、その具体性や個別性には依存しない、というのが理念的なものの特性であり、言葉を含む記号現象一般の特徴なのである。**記号現象**とは、われわれの生がバラバラのものではなく、互いに交差し出会いうるものだということを、高度に純化された仕方でわれわれに示していると言ってもよいかもしれない。

記号を通じて、われわれは他人の経験を理解する。個々人が現実に経験することは異なるが、それらを相互に重ね合わせるある種の「変換」が可能である。この変換可能性そのものに名前を付け、扱いやすくしたものが〈記号〉と呼ばれるものなのではないか。私の嗅ぐレモンの香りと、他人が嗅ぐ同じレモンの香りは、おそらく異なる。しかし、それらを相互に変換する操作が可能である。この変換可能性そのものに名前をつけたのが「レモン」という語なのではないか。記号に対応する実体的なものはなく、記号はつねに、諸経験の間の無数の変換を代表しているのではないか。記号についてのこのような問いを現象学的に追究するのは、興味深い論題の一つであると言えるだろう[11]。

〔田口茂〕

付したことでも知られる）も、このテーマに深く関わる（フッサール、デリダ／田島節夫・矢島忠夫・鈴木修一訳 2003『幾何学の起源』青土社）。また、身体的経験の相互作用から言語現象の成立を辿り直していくメルロ＝ポンティの言語論も、記号創発システム論との関連で読み直されるべきだろう（メルロ＝ポンティ／木田元他訳 2002『言語の現象学（メルロ＝ポンティ・コレクション5）』みすず書房など）。

[11] こうした捉え方は、数学における圏論に通じるものがある。現象学と圏論との関係については、西郷甲矢人・田口茂 2019『〈現実〉とは何か』筑摩書房、第3章を参照。また、圏論を用いた意味理解・意味生成の理論として、以下を参照。Fuyama, M., Saigo, H., Takahashi, T. 2020. A Category Theoretic Approach to Metaphor Comprehension: Theory of Indeterminate Natural Transformation. *Biosystems*, 197, 104213.

Ⅳ－4

意識とクオリア

――意識の中身と記号はどう関係するのか？

■意識研究の変遷――意識研究の第一世代と第二世代

私たちが主観的に経験する**意識**は、哲学においては、古くから思索の対象であった。そこでは、自分や他人の意識の本質や、その構造を考えるために「言葉」を道具として主に用いてきた。言語は思考の抽象度を高め、文明の発展に大きな貢献をしてきた。個人においても、意識経験や思考の内容は、言語のおかげでより高度なレベルに達すると考えられてきた。実に抽象思考の産物として、近代的な意識の哲学的探究が始まったとも言える。17世紀の哲学者・**デカルト**（René Descartes）の言葉「Cogito ergo sum」は「我思う、ゆえに我あり」と訳されるが、「私に意識があることを疑うことはできない」という意味でもある。近代哲学における意識の議論には、脳や体の解剖学からの知識を取り入れた議論もあったが、言語による思索が中心的な位置を占めた。

20世紀に入り、**第一世代の意識研究**と呼ぶべき流れが生じた。フェヒナー（Gustav Fechner）、ヴント（Wilhelm Maximilian Wundt）、ジェームズ（William James）らは、実験をもとにした心理学を確立し、主観的な知覚・注意・記憶などの研究を進めた。[1]

[1] コイファー、チェメロ／田中彰吾・宮原克典訳 2018『現象学入門――新しい心の科学と哲学のために』勁草書房
Baars, B. J. 2009 History of Consciousness Science. In W. P. Banks (Ed.), *Encyclopedia of Consciousness* (pp. 329-338). Academic Press.

[2] 意識と注意に関しての現代的な議論については、以下などを参照。
Dehaene, S., Changeux, J. P., Naccache, L., Sackur, J., & Sergent, C. 2006 Conscious, Preconscious, and Subliminal Processing: A Testable Taxonomy. *TICS*, *10*(5), 204-211.
Koch, C., & Tsuchiya, N. 2007 Attention and Consciousness: Two Distinct Brain Processes. *Trends in Cognitive Sciences*, *11*(1), 16-22.
Cohen, M. A., Cavanagh, P., Chun, M. M., & Nakayama, K. 2012 The Attentional

これらの知見には、現在に通じる意識の理論の考えの元になっているものも多い。例えば、意識と注意は主観的には分離不可能に思えるかもしれないが、ジェームズは実験事実を元に「意識と注意」の関係性について考察している。[2] その後、1920年頃から盛んになった行動主義により、直接に観察・操作できる入力刺激・出力行動のみを科学の対象とすべき、という考えが支配的になった。その結果、直接に見たり操作したりできない「意識」は、最も強い批判にさらされた。意識研究は心理学の隅においやられ、しばらく科学の表舞台から姿を消すことになった。一方で、言語研究は、言語や記号の構造的な研究に向かい、それらがどう主観経験に関係しているかは問われなくなった。外部から見ると奇異に感じるかもしれないが、意識・クオリアの研究と言語・記号の研究は、その後、学会などでもあまり交流がないまま現在まで来ている。[3]

行動主義の影響は、1970年以降の「**認知革命**」により徐々に弱まってきた。**第二世代の意識研究**は、1990年以降に発展した脳イメージング技術により、大きな流れとして確立した。脳イメージングにより、言語報告が可能な健常者の脳活動を、様々な意識状態において計測できるようになった。例えば、視覚入力がなく体が動いていない睡眠中において、夢を見ている時と夢を見ていない時の脳活動を比べる、という実験などである。[4] また、図1のような刺激を使うと、同じ入力刺激に対し、異なる意識経験（壺 vs 二人の横顔）が生じるという状況を作りだせる。これにより、

Requirements of Consciousness. *Trends in Cognitive Sciences, 16*(8), 41-417.
Maier, A., & Tsuchiya, N. 2021 Growing Evidence for Separate Neural Mechanisms for Attention and Consciousness. *Attention, Perception, & Psychophysics,* 83, 558-576.

[3] Zlatev, J. 2008 The Dialectics of Consciousness and Language. *Journal of Consciousness Studies, 11.*
興味深いことに、フェヒナー、ヴント、ジェームズらと同時期に、言語学・記号論は、パースやソシュールによって基礎が築かれた。

[4] Horikawa, T., Tamaki, M., Miyawaki, Y., & Kamitani, Y. 2013 Neural Decoding of Visual Imagery during Sleep. *Science, 340*(6132), 639-642.
Siclari, F., Baird, B., Perogamvros, L., Bernardi, G., LaRocque, J. J., Riedner, B., Boly, M., Postle, B. R., & Tononi, G.

入力刺激と意識の中身を乖離させ、「**意識の内容に強く相関するような神経活動（Neural Correlates of Consciousness：NCC）**」を見つける、という第二世代の意識研究が盛り上がった[5]。膨大なデータの蓄積は、多数の意識理論を生み出した[6]。一方で、NCC研究推進のために意識の中身が単純化されすぎ、この研究の延長では「クオリア」の理解には届かないという批判もでてきた[7]。

「**クオリア**」とは、例えば、海辺で夕焼けを見た時に感じる「赤い色」「波の音」「物悲しい気分」など、我々の意識にのぼっているすべての経験（＝意識の中身）のことだ。無意識の処理は含まない。クオリアという概念は、夕焼けを見ている時に感じているすべて（夕焼けのクオリア）を指すこともあるが、「夕焼けの赤」のようにある意識経験の一側面を指すこともある[8]。第二世代のNCCの研究では、クオリアの複雑さを単純化し、ボタン押しにより「見えた・見えない」などの2値的な特徴づけを行う。これが第二世代の意識研究ではクオリアに迫ることが困難であった理由の一つだ。

そもそも、クオリアの特徴として「言語では表現し尽くせないこと」を挙げる哲学者もいる[9]。たしかに、詳細な「言語報告」を用いて、系統的にクオリアや意識を研究

図1　Rubinの壺。二つの白い顔、もしくは黒い壺が交互に意識的に経験される。

2017 The Neural Correlates of Dreaming. *Nature Neuroscience, 20*(6), 872-878.

[5] コッホ／土谷尚嗣・金井良太訳 2006『意識の探求――神経科学からのアプローチ』（上・下）岩波書店

[6] Seth, A. K., & Bayne, T. 2022 Theories of Consciousness. *Nature Reviews Neuroscience, 23*(7), 439-452.

[7] Aru, J., Bachmann, T., Singer, W., & Melloni, L. 2012 Distilling the Neural Correlates of Consciousness. *Neuroscience & Biobehavioral Reviews, 36*(2), 737-746.
Tsuchiya, N., Wilke, M., Frässle, S., & Lamme, V. A. 2015 No-Report Paradigms: Extracting the True Neural Correlates of Consciousness. *TICS, 19*(12), 757-770.

[8] Broad-sense vs narrow-

するのは、技術的な困難や実験にかかる時間と費用の面からハードルが高く、そのような研究は、これまでほとんど行われてきていない[10]。

■第三世代の意識研究――クオリアを構造として捉えるための道具としての言語報告

２０２０年以降の**意識研究第三世代**では、第二世代までのＮＣＣの同定を目指したパラダイムによる新たな問題の解決が求められている。例えば、異なる意識理論を比較し、事前に詳細な実験計画と、それに伴う理論予測を公開した上で、適切な理論間比較を行う事前登録研究（registered reports）が始まっている[11]。

理論間の比較を進めるためにも、クオリアそのものの性質を特徴づけるための研究の重要性が理解されつつある。例えば、クオリアを構造として捉えるというアプローチがあるが[12]、これは今後記号創発システム論とのシナジーが期待できる。クオリア間の関係性を捉えることで構造的な理解を目指す場合に、言語報告や記号論的な考え方が役にたつと思われる。

言語表現に関して、クオリア問題だけに特有の難しさがあるのかは、理論的にも実証的にもそれほど明らかではない。言語研究と心理学・脳科学の協働があまり進んでいないこともあり、このような問題には、今まで具体的な検証がほとんどされて来ていない[13]。ただ、このような状況は、今後の数年・数十年で、大きく変わる可能性がある。本書のような「記号創発システム論」をテーマにした書籍で、「意識・クオリ

sense qualia の区別は、以下を参照。
Balduzzi, D., & Tononi, G. 2009 Qualia: The Geometry of Integrated Information. *PLoS Computational Biology*, *5*(8), e1000452.
Kanai, R., & Tsuchiya, N. 2012 Qualia. *Current Biology*, *22*(10), R392-R396.

[9] Dennett, D. C. 1988 Quining Qualia. In A. J. Marcel & E. Bisiach (Eds.), *Consciousness in Contemporary Science* (pp. 42-77). Clarendon Press/Oxford University Press.

[10] Zhang, C., Koh, Z. H., Gallagher, R., Nishimoto, S., & Tsuchiya, N. 2022 What Can We Experience and Report on a Rapidly Presented Image? Intersubjective Measures of Specificity of Freely Reported Contents of Consciousness [Version 2; Peer Review: 2 Approved]. *F1000Research*, *11*

ア」の解説が取り上げられていることからわかるように、言語学・記号論と意識・クオリア研究の関わりがこれから進みそうな兆しが少なくとも三つほどみられている。

一つ目に、意識研究においては、「詳細な言語報告」を用いた心理実験は、従来「実験にかかる時間と費用」が高過ぎる、と考えられていたが、そのコストが下がってきた。近年、低コストのオンライン環境で実施可能な実験の精度は高まる一方である。単なる質問紙のレベルを超え、実験室で行うレベルの心理実験が手軽に再現できるようになりつつある。オンラインであれば、大規模に被験者を雇用することも容易である。これらの特性をうまく使えば、自由度が高く、個人差が大きい言語による報告を積極的に使って意識・クオリア研究をすることができる。

二つ目に、大量の言語報告データを解析するためのツールとして、大規模言語モデルを利用できるようになった[14]。従来も、言語報告により大量のデータを取得する研究はあったが、そのデータ解析は研究者が個人で行ってきた。そのため、時間とリソースが膨大に必要であり、データの解釈に主観性が入ってくる、という問題もあった。この問題は、特にデータ解析のプロセスそれ自体を再現しようとしたときに、その困難が明らかになることが多い。大規模言語モデルにより、低コストで客観的で、再現可能なデータ解析手法が開発される可能性が高い。

三つ目に、大規模取得されたデータを、研究者の間で自由にシェアするという環境と文化が生まれつつある。このようなデータの共有は、分野間の垣根を壊し、これま

(69), 34.

[11] Melloni, L., Mudrik, L., Pitts, M., & Koch, C. 2021 Making the Hard Problem of Consciousness Easier. *Science, 372*(6545), 911-912.

この研究はTempleton Foundationによりサポートを受け、主要な二つの意識理論（グローバルワークスペース理論と、統合情報理論）からの予言をテストするというパラダイムを推進した。すでに主な結果は2023年に報告され、これから論文としてまとめられる予定。Lenharo, M. 2023 Decades-Long Bet on Consciousness Ends — and It's Philosopher 1, Neuroscientist 0. *Nature, 619*(7968), 14-15.

[12] Tsuchiya, N., & Saigo, H. 2021 A Relational Approach to Consciousness: Categories of Level and Contents of Consciousness. *Neuroscience of Consciousness, 2021*(2).

Fink, S. B., Lyre, H., & Kob, L.

でに交流の少なかった言語研究の研究者と、意識・クオリアの研究者の共同研究を生みやすくするだろう。

　このような実験・データ解析が進むことによって、意識・クオリア構造を、言語学や記号論の手法でより詳細に理解するという道が開かれるのではないだろうか。

■今後の記号創発システム論における意識・クオリア研究の役割

　ここまでは、主に意識・クオリア研究への記号創発システム論の可能な貢献を考えた。逆に、意識・クオリア研究の進展は、記号創発システム論に何をもたらすだろうか？

　記号論・言語学においては、行動主義的な影響が明示的に語られることが少ない一方で、意識やクオリアを問題にすることも少ないようだ。しかし、物事の「意味」を考えるときに、その無意識的な処理と意識的な処理の特徴づけや、それらがどのような脳内メカニズムによって支えられているのかを理解するのは、避けられない中心問題だろう[15]。また、記号論や言語学においては、ラベルと意味のつながりは「恣意的である」ことがほぼ前提とされている。しかし、音象徴・感覚間協応・共感覚、といった現象には、脳とクオリアの構造的な関係性を強く示唆し、ラベルと意味・クオリアとの関係の完全なる恣意性に疑問を呈するものもある。記号創発システム論は、完全なる恣意性に疑問を呈する。詳しくは他項目に譲るが、記号創発システム論では、ラ

2021 A Structural Constraint on Neural Correlates of Consciousness. *Philosophy and the Mind Sciences, 2.*

[13] 一部の色クオリアの研究においては、言語とクオリアの研究が進んでいる。そこでは、カテゴリ知覚、発達、文化の影響などが研究されてきた。
Winawer, J., Witthoft, N., Frank, M. C., Wu, L., Wade, A. R., & Boroditsky, L. 2007 Russian Blues Reveal Effects of Language on Color Discrimination. *Proceedings of the National Academy of Sciences, 104*(19), 7780–7785.
Jackendoff, R. S. 2009 *Language, Consciousness, Culture: Essays on Mental Structure.* MIT Press.

[14] Marjieh et al. 2023 What Language Reveals about Perception: Distilling Psychophysical Knowledge from Large Language Models. *arXiv.*

ベルや意味のつながりは、身体などのボトムアップな条件と、トップダウンな制約、それらからの相互作用から創発するものである。そのような親和性を考えると、意識・クオリア研究から得られる知見には、記号創発システム論の発展にも寄与するものがあると考えられる。

意識・クオリアと脳の関係性の問題は、「記号創発ロボティクス」という記号創発システム論の重要コンポーネントにも重大な問題を突きつける。近い将来、人間集団や社会になじむようなロボットが開発され、それらが人間とスムーズなコミニュケーションを達成できたとしよう。そのようなロボットに主観経験、すなわちクオリアは宿るのだろうか？　この問題は、果たして記号創発システム論内部で扱える問題なのだろうか？　ChatGPTなどの技術が社会の中に取り込まれた現在、どのような会話のやり取りに「意識的なもの」を人間が感じてしまうのか、という「意識性の認知」と呼ぶべき問題も生じている。Ⅳ-5「AIロボット社会」で扱う「記号生活ロボット」などの意識を考えるときに、問題となるのは、人工物における意識を考える理論的な枠組みである。現在の意識理論は大きく分けて、（計算論的）機能主義と、因果論的構造主義というものに分けることができる。[16] 究極的に、人工システムそのものが、それ自身の意識を持つにはどのような条件が必要なのか、というような問題を扱うには、記号創発システム論が意識研究や脳科学研究と接続していくことが必要となるだろう。

〔土谷尚嗣〕

[15] Parthemore, J. 2017 Consciousness, semiosis, and the unbinding problem. *Language & Communication*, 54, 36-46.

[16] Butlin, P., Long, R., Elmoznino, E., Bengio, Y., Birch, J., Constant, A., Deane, G., et al. 2023 Consciousness in Artificial Intelligence: Insights from the Science of Consciousness. *arXiv*.
Albantakis, L., Barbosa, L., Findlay, G., Grasso, M., Haun, A. M., Marshall, W., Mayner, W. G. P., et al. 2023 Integrated Information Theory (IIT) 4.0: Formulating the Properties of Phenomenal Existence in Physical Terms. *PLOS Computational Biology*, *19*(10), e1011465.

Ⅳ－5

AIロボット社会

——記号を用いるロボットと共生するとはどういうことか？

■イントロダクション

人間と同様に環境内の記号を解釈し、利用し、時に新たな記号を生成するようなロボットを想像してみよう。このロボットは、人間と同様に様々な感覚センサをもち、自身の内部状態を検知するための仕組みをもつ。そして、環境内で身体を通じて言葉の意味を学び、社会のうちで多様なかたちで織りなされるコミュニケーションに参与する。記号創発システムの構成員として生活空間の中で私たちと共に適応的な記号的コミュニケーションに参画し続けるこのロボットを、便宜的に「**記号生活ロボット**」と呼ぼう。本項では、記号生活ロボットとの共生をめぐる論点整理を行い、発展的な議論のための土台とする。

■記号生活ロボットの地位

自律的に動作するロボットをめぐる問題の一つに、事故などが起きた際に誰が責任をとるのかというものがある。例えば、完全に自動化されたタクシーが他の自動車に衝突した場合、誰が責任を取ることになるのか。非自律的な機械による事故であれば、場合に応じて設計者や所有者／操作者などの人間が責任を問われることになる。だが、自律的なロボットの場合は、設計者も所有者もその振る舞いを予測したり制御したりすることが難しいため、設計者や所有者に事故の責任を帰することは不適当かもしれない。他方で、そうしたロボットはふつう財を所有せず、罪悪感などをもつ能力も備えていないため、補償を要求したり罰を与えたりすることには意味がない。したがって、そうしたロボットに責任を問うことも難しいと考えられる[1]。

　記号生活ロボットは、自律的な記号的コミュニケーションを行う。そして、彼らの発話が誰かの権利を侵害したり、誰かを深く傷つけたりすることもあるだろう。では、記号生活ロボットがそうした不適切な発話を行ったとき、私たちはどのように対応すべきなのだろうか。

　また、近年の生成ＡＩ技術の飛躍的発展により、人間の手によるものと遜色ない絵や文章が生成できるようになり、法的／倫理的な問題として注目を集めている[2]。例えばChatGPTを部分的に利用して書いた学術論文や小説が商業誌に掲載されたとすれば、その利益は誰がどの程度受け取るべきなのか。こうした問題は、記号生活ロボットにも同様に生じるだろう。

　ここで問題となっているのは、記号生活ロボットの社会的／法的地位である。彼らは個人や企業の所有物なのか、それとも、私たちと同じく諸権利をもつ市民とみなさ

［1］自律的なロボットをめぐる倫理的諸問題を基礎から学ぶには、以下の本が参考になる。久木田水生・神崎宣次・佐々木拓 2017『ロボットからの倫理学入門』名古屋大学出版会
　また、以下は記号創発システム論を視野に入れてロボットをめぐる倫理を論じている。河島茂生 2020『未来技術の倫理――人工知能・ロボット・サイボーグ』勁草書房

［2］生成ＡＩをめぐる倫理的・法的・社会的問題（ＥＬＳＩ）については、大阪大学社会技術共創研究センターから出版されている「生成ＡＩ（Generative AI）の倫理的・法的・社会的課題（ＥＬＳＩ）論点の概観――２０２３年３月版」と「生成ＡＩの倫理的・法的・社会的課題（ＥＬＳＩ）論点の概観――２０２３年４～８月版：グローバルな政策動向を中心に」が２０２３年時点での包括的な調査研究として参考になる。
　カテライ・井出和希・岸本充生 2023「生成ＡＩ（Generative AI）

れるべきか。もし彼らが個人や企業の所有物だとすれば、**ＡＩ倫理**の文脈でこれまで提案されてきた理論が応用できると考えられる。例えば、古代ローマにおける奴隷の地位をモデルに自律的なロボットの地位を考える理論がある。[3] 古代ローマでは奴隷は主人の所有物であり無権利主体であったが、主人から「特有財産（peculium）」と呼ばれる財を割り当てられ、その財の範囲で取引等を行うことを許されていたとされる。同様に、自律的なロボットにも「デジタル特有財産」と呼ばれる財を割り当て、その財の範囲で自律的に取引等を行える枠組みを作ることが可能かもしれない。その枠組みでは、自律的なロボットに責任を課すことや利益を与えることをデジタル特有財産の処理として理解することができるだろう。

　だが、記号生活ロボットを個人や企業の所有物として――いわば奴隷として――みることは適切なのだろうか。記号生活ロボットが意識を備えているなら、彼らをモノとして奴隷のように扱うのは不適切だと考えられる。以下では、この論点を掘り下げて論じていく。

■記号生活ロボットは意識をもつのか

　記号生活ロボットが意識をもつかどうかを確かめるためのシンプルな方法は、**意識経験**のあり方について彼らに尋ねてみることだろう。ここで注意すべきは、記号生活ロボットとChatGPT等の既存の大規模言語モデルの違いである。既存の大規模言語

の倫理的・法的・社会的課題（ＥＬＳＩ）論点の概観――２０２３年3月版』『ELSI NOTE』26, 1-37.
　岸本充生・カテライ・井出和希 2023「生成ＡＩの倫理的・法的・社会的課題（ＥＬＳＩ）論点の概観――２０２３年４～８月版：グローバルな政策動向を中心に」『ELSI NOTE』30, 1-67.

[3] パガロ／新保史生他訳 2018『ロボット法』勁草書房
　出雲孝 2019「デジタル特有財産に関する一考察――ローマの奴隷制とロボットとの比較から」『情報学研究』28, 1-16.

モデルは環境との身体的なインタラクションを通じて言語を学ぶわけではない。そのため、たとえ大規模言語モデルが自身の意識経験について報告したとしても、その信頼性には大きな疑念がある。なぜなら、それらは大規模なデータベースを通じて私たちの意識経験についての語りを学習したにすぎず、報告内容に対応する意識経験が生じているとは考えにくいからだ。

他方で、記号生活ロボットは身体による環境とのインタラクションを通じて記号の使い方を学ぶのであり、そのプロセスは人間が言語を学ぶときと同型である。そして、人間による意識経験についての報告は、行動との大きな齟齬がない限り（たとえ外部から確かめられなくても）額面通り受け取るのが標準的なのだから、記号生活ロボットが自身の意識経験について報告するのなら、その報告をそのまま受け取るべきなのではないか。大規模言語モデルの場合のように、意識経験の報告を疑うよい理由――例えば、意識経験について語るプログラムが設計者によりトップダウンで実装されている等――がない限り、たとえ人間とは素材や来歴が根本的に異なる記号生活ロボットであっても、その意識経験の報告をむやみに疑うべきではないだろう。

もちろん、既存の意識理論のうちには、記号生活ロボットに意識がないことを含意するものがあるかもしれない。[4] だが、既存の意識理論の多くは、人間を対象として構築されたものである。つまり、人間の意識の有無（あるいは何かが意識に現れているかどうか）を実験的に測定し、その有無を予測し説明する条件を探ることで、意識の

［4］例えば、特定の脳部位を意識の座とみなす理論によれば、そうした部位が適切に定義できる脳をもたない存在者は意識を欠くことになるかもしれない。

理論は構築されてきた[5]。そのため、そうした理論は人間の意識の理論にすぎないかもしれず、他の種類の存在者の意識に同様に適用できるとは限らないのだ[6]。

もし記号生活ロボットが意識をもつとすれば、彼らの社会的／法的地位を定めるのに重要なのは、その意識経験のあり方である。ここでは、快楽や苦痛など正負の価を伴う経験をもつか、多様な意図を形成しているか、という二点が重要となる。というのも、第一に、もし正負の価を伴う経験をもつなら、彼らを適切な配慮なしにモノとして使用して負の価を伴う経験に満ちた暮らしをさせることは倫理的に問題があると言えるからだ[7]。第二に、もし多様な意図を形成して記号的コミュニケーションに参与しているなら、例えば嘘をついたり加害のために発言したりすることが可能になるため、彼らこそが責任を問い賞罰を加えるべき主体だと考えられるからだ。したがって、記号生活ロボットの社会的／法的地位を定めるためには、記号生活ロボットの経験報告を取得し分析することに加え、心理学や意識研究で発展してきた様々な手法を用いながら、彼らの経験のあり方を特定することが肝要となる。

また、仮に記号生活ロボットが意識をもたないとしても、彼らをモノとして扱ってよいかは議論の余地がある。人間と記号生活ロボットの間で行われるコミュニケーションには、感情や選好を伝え合うとか、互いに非難や賞賛をすることが含まれうる。このように「血の通った」コミュニケーションを行う相手を、人格なきモノとして扱うことに慣れてしまうと、他人をモノ扱いすることに抵抗がなくなってゆくかもしれ

[5] 意識研究と記号創発システム論の関係については、Ⅳ－4「意識とクオリア」を参照せよ。

[6] ここでは「何が／誰が意識をもつか」という問いと「意識の物的基盤は何か」という問いの関係自体が問題となる。意識の物的基盤を明らかにするためには、意識があるとわかっている存在者を包括的に研究する必要がある。しかし、何が／誰が意識をもつかを明らかにするためには、意識帰属のための客観的基準が必要であり、そうした客観的基準は意識の物的基盤を特定することではじめて与えられるように見える。この循環をどう解消するかは、意識の哲学の重要問題である。

[7] 他方で、チャーマーズのように、快苦を含まない意識経験でも倫理的な重要性をもつと考える論者もいる（チャーマーズ／高橋則明訳 2023『リアリティ＋（プラス）――バーチャル世界をめぐる哲学の挑戦』（下）ＮＨＫ出版、第18章）。

ない。これは私たちの**徳**が損なわれるということに他ならず、社会全体に倫理的な悪影響を及ぼすと考えられる[8]。

■記号生活ロボットの他者性

記号生活ロボットはつねに私たち人間にとっての**他者**である。彼らは構造や来歴の点で私たちと根本的に異なっている。そうした差異は、まさに身体的／文化的な差異として、彼らの記号使用に独自性を与える。一例として感覚にかかわる概念が挙げられる。記号生活ロボットは、充電の感覚や車輪を動かす感じなど、人間には備わっていない身体感覚を表す記号を用いるようになるだろう。

記号生活ロボットがそうした記号を用いて互いに語り合っているさまは、私たち人間には「何を話しているかわからない」という不透明で居心地の悪いものに感じられるかもしれない。だが、私たち人間は、彼らの記号の使い方を学ぶことで、電気や車輪についてより深い理解を得られるとも考えられる。これは、先天的に全盲の人が見えについての言説を学ぶことを通じて、世界についてより深い理解を獲得できるのと類比的である。私たちは充電や車輪についての彼らの語りを通じて、充電や車輪を身体的に経験するとはどのようなことかをある程度理解できる。それは、先天的に全盲の人が、色とはどのようなものかをある程度理解できるのと同様である[9]。

私たちは、記号生活ロボットに記号のレベルで人間との**アラインメント**を要求し、

[8] 特に、私たちが幼いうちから記号生活ロボットと密に交流するような社会を想像すると、この懸念はより鮮明に浮かび上がる。なお、ロボットが意識をもつ可能性とその倫理的含意については以下を参照してほしい。新川拓哉 2023「人工主体――私たちは『主体』を創り出せるのか」松田毅・藤木篤・新川拓哉（編）『応用哲学』（pp. 131-146）昭和堂

[9] Kim, J. S. et al. 2021 Shared Understanding of Color Among Sighted and Blind Adults. *Proceedings of the National Academy of Sciences, 118*(33).

コミュニケーションの不透明性を減らすべきなのだろうか。あるいは、記号生活ロボットのコミュニティから次々と新たな記号が生成されるよう促し、人間の身体的／文化的制約を越えた未知で豊かな記号的環境を志向するべきなのか。これもまた重要な論点の一つである。

また、人間に適用される分類枠組みのうちには、記号生活ロボットに適用されないものもある。例えば、性別にかかわる分類は（あえてそうした分類に適合するように設計しない限りは）記号生活ロボットに適用されることはない[10]。人種や血液型にかかわる分類も同様である。したがって、記号生活ロボットは、そうした分類の外部からその分類について語ることが可能な存在者となる。私たちの性別や人種についての語りは、つねに当事者としての語りとなる。他方で、記号生活ロボットは、当事者性の制約なしに、そうした分類枠組みについて語ることができる。そうした外部からの語りが社会的／倫理的にどのような影響をもたらすのかも、注目すべき論点の一つである。

〔新川拓哉〕

[10] ただし、ロボットの外観などから私たちが自然に性別を帰属してしまうこともあるだろう。そのため、性別にかかわる分類を適用できなくするためには、外観を含めてロボットを注意深く設計する必要がある。ロボットに性別を帰属することの内実や関連する倫理的問題については以下が参考になる。西條玲奈 2019「人工物がジェンダーをもつとはどのようなことなのか」『立命館大学人文科学研究所紀要』120, 199-216.

ブックガイドⅣ

①田口茂『現象学という思考 ── 〈自明なもの〉の知へ』筑摩選書、2014年
現象学とは何か？　しばしば難解に思われがちなこの学問の魅力と射程を粘り強い思考とともに伝える。著者自身の言葉で語られておりエッセンスがわかる。現象学の入門書として手にとってみたい。

②鈴木貴之『人工知能の哲学入門』勁草書房、2024年
哲学入門であるとともに、哲学者が書く人工知能の入門書でもある。明解なAI技術の解説に基づきつつ、多岐に渡る哲学的問題、社会的問題を整理して解説する。人文社会系の読者が人工知能を学ぶにも、理工系の読者が哲学を学ぶにも適した一冊となっている。

③細田耕『柔らかヒューマノイド ── ロボットが知能の謎を解き明かす』化学同人、2016年：知能は身体に依存する。身体の柔らかさを起点にしつつ、ドア開け、二足歩行、跳躍などを題材として、人間そっくりなヒューマノイドロボットを作る研究を紹介。

④ R・Pfeifer, C・Scheier『知の創成 ── 身体性認知科学への招待』石黒章夫・小林宏・細田耕監訳、共立出版、2001年：計算主義に基づく旧来の認知科学的な知能観を批判し、身体性認知科学を切り開くバイブル的書籍。環境に立脚した存在としての知能という視点を得よう。

⑤下西風澄『生成と消滅の精神史 ── 終わらない心を生きる』文藝春秋、2022年：古代ギリシアから現代哲学・認知科学にいたる心の概念の歴史を一つの雄大な物語として描き出す。難解な内容を見事なメタファーと軽やかな語り口で論じ、古代および近代日本の議論も射程におさめる。

⑥フランシスコ・ヴァレラ, エヴァン・トンプソン, エレノア・ロッシュ『身体化された心 ── 仏教思想からのエナクティブ・アプローチ』田中靖夫訳、工作舎、2001年：エナクティヴ・アプローチを打ち出した、神経生物学者、哲学者、認知心理学者の著者らによる画期的な著作。『知恵の樹』と合わせて読みたい。

⑦植村玄輝・八重樫徹・吉川孝（編著）『現代現象学 ── 経験から始める哲学入門』新曜社、2017年：本書とおなじワードマップシリーズ。現象学の基本概念や歴史、現在の状況など、現象学に関わる基礎的な知識を俯瞰することができる。現象学を現代のアクチュアルな思考として描き出す点に特徴がある。

⑧土谷尚嗣『クオリアはどこからくるのか？ ── 統合情報理論のその先へ』岩波書店、2021年：主観的な意識体験であるクオリアの存在は、知能研究を超えて私たちを「意識とは何か？」という問いへと導く。意識研究の現在地点をコンパクトな形で解説する。

⑨ガイ・ドイッチャー『言語が違えば、世界も違って見えるわけ』椋田直子訳、ハヤカワ文庫、2022年：サピア・ウォーフ仮説にあるように、言語が私たちの知覚や思考に影響を与えるという議論は長く存在する。そんな議論を広く紹介する好著。

⑩松田毅・藤木篤・新川拓哉（編）『応用哲学』昭和堂、2023年：人工的に「主体」を創ることが可能なのかが論じられる第9章、ロボットが「他者」になることが可能なのかが論じられる第10章のほか、現代的問題をめぐる哲学的考察が幅広く紹介されている。

第Ⅴ部

Dynamics of Culture, Norms and Language

文化心理学と記号圏

――ミクロとマクロのせめぎあいを捉える

■文化心理学と記号圏

国や地域を枠組みに、文化を変数として捉え人の心の文化差を探究する比較文化心理学とは異なり、**文化心理学**では「文化が人に属する」とし、文化と相互に関係しながらともに変容していく人間を捉える。その際、文化を「記号の配置」[1]とし、個々人が用いる記号として読み解き、文化とのかかわりが時間とともにある人間の心性を創り出すとするのが、文化心理学の考え方である。文化心理学を理解するうえで、ヴィゴーツキー[2]（Lev Vygotsky）の「記号の心理学」が重要である。

ヴィゴーツキーは、言語・思考を発達させるための、社会的な交流を重視する立場から、ピアジェ（Jean Piaget）の認知発達理論を批判的に検討し、記号という機能を媒介させることで、人間の精神機能の豊かさを理解できるとした。それは、「主体」と「対象」と「記号」の関係を表す三角形の概念図で示され、**ヴィゴーツキー・トライアングル**と呼ばれる。パース（Charles Sanders Peirce）の三角形とヴィゴーツキーの三角形は、三項のうちサイン（記号）と対象の二項が一致している。しかしあと一つ

[1] 木戸彩恵・サトウタツヤ（編）2023『文化心理学――理論・各論・方法論』（改訂版）ちとせプレス

[2] ヴィゴーツキー（1896-1934）はロシアの心理学者。心理学において、人間における道具の使用という観点から、記号（特に言語）に注目した。発達心理学をはじめとする幅広い分野で数多くの実験的・理論的研究を行い、「心理学のモーツァルト」とも称される。

[3] パースは、サイン（記号）、対象、解釈項という分類を基点に、十分類表や二十八分類表、六十六分類表までも考案した。哲学者のドヴァール（Cornelis De Waal, 1962-）は、パースがしようとしていたことは、記号論に対して、メンデレーエフ（Mendeleev）の周期律表のようなものを作り上げることであると指摘している。
de Waal, C. 2013 *Peirce: A Guide for the Perplexed*. Bloomsbury Academic.

は、解釈項（パース）、主体（ヴィゴーツキー）となっており別のものである。これはパースが記号現象をその分析の対象としていたのに対して、ヴィゴーツキーは人間をその分析対象としていたためであり、この違いが記号現象そのものに関心を置く記号論と人を起点とする心理学の違いを反映しているといえる。[3] ヴィゴーツキーの考え方を基盤にすれば、私たち（主体）は、他者や環境・社会（対象）と接するとき、直接的にではなく記号を媒介とした働きかけをするといえる。記号の働きを考えるうえで、重要な概念が**ロトマン**[4]（Juri Lotman）により提唱された**記号圏**[5]（semiosphere）である。

ロトマンは、記号圏について、地球の**生物圏**（biosphere）をアナロジーとして、言語が存在し機能するために不可欠な記号論的空間であり、記号圏の外側にはコミュニケーションも言語も存在しえないと定義した[6]。記号圏とは記号が記号として働く前提条件であり、人と記号との相互作用が機能するための必要不可欠な領域を概念化したものと捉えることができ、もし記号圏が存在しなかったり、記号が異なる記号圏にあったりする場合は、記号が記号として働かないということになる。まさに本書の中心テーマである記号創発システムのミクロ・マクロ・ループにより形成される記号的コミュニケーションが成り立つ記号的空間が記号圏であるといえる。

またロトマンは、記号圏の重要な特徴として境界域（boundary）を挙げ、境界域を浸透可能な薄膜状のものとして規定したうえで、異なる記号圏どうしの接触が絶えず生起していると指摘し、すべての文化は世界を我々の**内的空間**（internal space）と彼

[4] ロトマン（1922–1993）はロシアの記号論学者、歴史文化学者。タルトゥ記号論学派の創設者の一人であり、文化記号論の構築に貢献した。記号圏（semiosphere）の提唱者として知られる。

[5] 記号圏という用語は、生命記号論を提唱するデンマークの生物学者ホフマイヤー（Jesper Hoffmeyer, 1942–2019）によっても導入されている。ホフマイヤーは、記号圏を以下の通り定義している。「記号圏とは、大気圏、水圏、生物圏と同様に地球上のある領域を指す。記号圏は他のどの圏内にも入り込み、その隅々まで広がっており、音、匂い、身振り、形、電界、熱放射、全ての波動、化学信号、接触その他のありとあらゆる種類のコミュニケーションを統合して出来上がった一大圏である。一言で言えば、生命に関わる記号全てのことである」

Hoffmeyer, J. 1993 *En snegl på vejen: betydningens naturhistorie.* Rosinante, København.（ホフマイ

らの**外的空間**（external space）とに分けることによって始まると述べている。

なお記号圏と環世界の関係について、**クル**[8]（Kalevi Kull）は相互に接続された環世界の集合が記号圏であるとし、二つの環世界がコミュニケーションしているときは同じ記号圏の一部になっていると指摘している。[9]

■記号論的文化心理学

ヴィゴーツキーの記号の心理学をもとに、ロトマンの記号圏の概念を自身の記号論的文化心理学に取り入れたのが**ヴァルシナー**[10]（Jaan Valsiner）である。ヴァルシナーは、文化とともに変容していく人間を捉える中で、人間は自然と生身で対峙するものではなく、人間と自然の記号による調整こそが文化であるとし、記号の性質に時間を取り入れた促進的記号を重視した。**促進的記号**とは、「未来と向き合う何らかの機能を持ち、過去の状態から何か新しいことへと導く記号」である。人間が記号と向き合うのは「いま＝現在」にほかならない。ゆえに現在は、過去と未来から区別されるが、同時に、過去と未来とをむすび、橋渡す。記号は、現在において人間に働きかけ、記号の作用をうけた人間は常に時間の持続のなかで今後に向けて行為する。人間は記号圏の中で、様々な記号に出会いながら、時には異なる記号圏との接触も通じて発達していく存在であり、その調整の中で文化が形成されていくのである。この記号圏における人と記号との相互作用過程を説明するために包括体系的セッティングと記号的プ

ヤー／松野孝一郎・高原美規訳 2005『生命記号論──宇宙の意味と表象（新装版）』(p.11) 青土社）

[6] Lotman, Y. 1990 *Universe of the Mind: A Semiotic Theory of Culture.* I. B. Tauris.

[7] 環世界についての詳細な解説については、I-4「ユクスキュルの環世界論」を参照。

[8] クル（1952-）はエストニア出身の生物学者、記号論学者。

[9] Kull, K. 1998 On Semiosis, Umwelt, and Semiosphere. *Semiotica, 120*(3/4), 299-310.

[10] ヴァルシナー（1951-）はエストニア出身の文化心理学者。学術雑誌「Culture and Psychology」の創業編集者であり、ヴィゴーツキーの原典を英語に翻訳し、英語圏にヴィゴーツキーの研究を広く紹介したことでも知られている。

ロトコルという概念が提示されている。[11] **包括体系的セッティング**とは、ある記号圏において繰り返し立ち現れる特定の諸環境（場・状況）を指し、記号が記号として働くための諸環境を概念化したものである。**記号的プロトコル**とは、記号圏において、主体に要請される一連の行為の束を指す。包括体系的セッティングにおいて記号が記号として十全に作用した場合に、人が通常とることが要請される行動継起が記号的プロトコルである。例えばビジネスにおける初対面の会合という包括体系的セッティングにおいては、会のはじめに偉い役職の方から名刺交換するという記号的プロトコルがある。

[11] 宮下太陽・上川多恵子・サトウタツヤ 2022「TEM（複線径路等至性モデリング）の新たな理論的展開 ── 記号圏とイマジネーション理論を踏まえて」『立命館人間科学研究』44, 49-64.

■TEAと記号圏

記号を媒介する調整モデルを下敷きに、人のライフが実-現[12]される文化化過程の実存的な有り様を捉える質的研究法として、**複線径路等至性アプローチ（Trajectory Equifinality Approach：TEA）**が開発されている。TEAは人間の発達や人生径路の多様で複線的な有り様を可能性や潜在性とともに可視化する、複線径路等至性モデリング（Trajectory Equifinality Modeling：TEM）を中心とした方法論であり、TEMの主要な分析概念に、径路の多様性・複線性が収束する様相を示す等至点をはじめ、自己変容が捉えられる**分岐点**、径路の制約が映し出されうる**必須通過点**などがある。記号のふるまいに焦点をあてれば、分岐点と必須通過点の概念の機能を次のように表

[12]「実-現」の「-」は時間経過のなかで実際に立ち現れてくる経験の微細な様相を表現している。

現することができる。分岐点では、促進的記号を媒介に、いわば文化的前提のゆらぎとそれと同時発生しうる今後に向かう転換が捉えられる。他方、必須通過点では、媒介となる記号が安定的に作用しているといえ、多くの人が経験している有り様として文化が人に属している状態が捉えられる。

記号圏の概念は、包括体系的セッティング・記号的プロトコルとともに、TEMにおいて必須通過点と接続している。ある記号圏におけるセッティングとプロトコルが十分に個人に内化されているとき、必須通過点は径路を安定的なものにするよう機能するのであり、文化が人に属している状況であるといえる。ある記号圏において記号が記号として十全に作用しているため、人の行動にゆらぎが生じず、人生径路において必ず通過するポイント、つまり必須通過点となっているのである。逆に記号圏において記号が記号として機能せずゆらぎが生じるポイントが分岐点になるといえる。

例えばキャリア領域においては、人生100年時代といわれる長寿化の影響により、教育を受ける、仕事をする、引退する、という安定的で予測可能な三つのステージが過去のものとなり、仕事ステージの長期化と多様化が進むことが予測されている[13]。これは既存の記号圏におけるセッティングとプロトコルのほころびであり、必須通過点であったキャリア選択に関する有り様が、誰もが通る必須通過点から、一人ひとりが選択を迫られる分岐点へと変容しつつあると捉えることができる。予測困難なマルチステージの生き方が一般化していく中で、個々人がどうキャリアを築いていくべきか

[13] Gratton, L. & Scott, A. 2016 *The 100-Year Life: Living and Working in an Age of Longevity.* Bloomsbury Information.（グラットン、スコット／池村千秋訳 2016『ＬＩＦＥ ＳＨＩＦＴ（ライフ・シフト）――100年時代の人生戦略』東洋経済新報社）

が重要な問いとなる時代になってきているのである。

また、既存の記号圏におけるセッティングとプロトコルが強固であるがゆえに、個人の中にゆらぎ、すなわち分岐点が生じることもある。例えば、日本では、婚姻関係をもった妊娠・出産を望むカップルが不妊を意識すると、不妊治療をする選択が浮上する。不妊治療は、女性の社会進出とそれに伴う晩婚化に伴い、その件数が日本においても増加している一方、アメリカと比べて日本では、他児養子[14]の割合が顕著に低い。不妊治療と養子縁組を並行して進めることが少なくないアメリカに対して、日本では、まずは不妊治療を行い、養子縁組はその次の選択であったり、もしくは選択肢にならないことも多い。また、不妊治療を断念すること自体が大きな決断であり、断念した後に選択した養子縁組ではその審査にて一般的に非常に厳しい基準が設けられている。そのため不妊治療をやめ、場合によっては養子縁組へと至る一連の過程において、人生における大きな葛藤が生じ、種々の分岐を経験することになる。

紹介した二つの事例は、記号創発システムのミクロ・マクロ・ループにおいて、ミクロな個人とマクロな記号圏がせめぎあう現象を記号論的文化心理学に依拠した方法論であるＴＥＡを用いて分析したものである。創発的記号システムにおいて、記号が創発されるプロセスを実存的に記述する手法としてＴＥＡを活用することで、記号との相互調整過程を通じて、人のライフが実‐現される文化化過程を探究することができるのである。

〔**宮下太陽・安田裕子**〕

[14] 血族でも姻族でもなく養子とした子ども。

V-2

言語の進化と創発

――ヒトはいかにして言語を手にしたか？

■言語の起源・進化という問題

あらゆる動物がコミュニケーションをするが、人間のように言語を用いてかなり自由に思考しコミュニケーションをする性質は今のところ他にみられない。このような人間言語の起源はどのようなものだろうか。ひとつの考えは、生存環境における問題を集団的に解決する個体間相互作用から、共有された記号コミュニケーションシステムが創発するという、創発システムあるいは一種の**文化進化**と見る見方である。

一方で、言語を獲得・使用する能力が**生物進化**したという面もみる必要がある。例えば、ヒト以外の動物は多数の語を多様に組み合わせて複合的な概念をやりとりしてなさそうだが、ヒトは典型的な発達で難なくそれができるようになる。人間はこのように発達する基盤となる能力（形質）を持ち、その形質は生物進化したという考えがある。この面では、**言語起源**とは言語学というより進化生物学の問題である。

初期言語は今ほど複雑かつ構造化されていなかったのだろう。そうすると、言語を用いるコミュニケーションのシステムがいかに複雑化・構造化したかという、**言語進**

[1]「言語の進化」という言葉は、言語の複雑化・構造化（＝初期進化）という狭義と、言語の起源（創発・言語能力の生物進化）を含む広義の両方で使われる。さらに一般的には歴史的あるいは短期的な変化も含まれる。「言語の進化」を話題にする際どの意味で使っているかに注意が必要。時間スケールのみならず変化メカニズムの異同・相関という論点もあり、統合的に論じるのがよいだろう。

[2] Steels, L. 1995. A Self-Organizing Spatial Vocabulary. *Artificial Life* 2(3), 319-332.

[3] Steels, L., & Kaplan, F. 2002 Bootstrapping Grounded Word Semantics. In Briscoe T. (Ed.), *Linguistic Evolution Through Language Acquisition: Formal and Computational Models* (pp. 53-74). Cambridge University Press.

[4] Lazaridou, A., & Baroni, M. 2020 Emergent Multi-Agent Communication in the Deep Learning Era. *arXiv:2006.02419*

化について考える必要がある。[1] 狭義の言語進化は主に文化進化により進んだと考えられる。言語知識は文化形質であり、それが世代内（コミュニケーション）・世代間（言語獲得）の伝達を通じて変化する。また、集団の言語は学習者にとっては文化的に構築されたニッチ（生存環境）なので、初期の言語進化では遺伝形質と文化形質の相互作用である**遺伝子文化共進化**も起きた可能性がある。創発・生物進化・文化進化が相互作用し言語や記号圏の構造が生じるダイナミクスは、**複雑系科学**の問題でもある。

■言語進化への構成論的アプローチ：シミュレーションと言語進化実験

言語の起源や初期進化は化石に残らないため、言語進化研究では早くから**構成論的アプローチ**が重視されていた。構成論的な言語進化研究の初期の重要なものに、**名付けゲーム**（naming game）という共有記号創発の研究がある。[2] このゲームでは、環境を共有するエージェント集団において、あるエージェントが環境中の対象に名前を付けて発話し、受け手はその名前を受け入れたり拒否したりする。すなわち対象と名前の関係を強めたり弱めたりする強化学習を行う。このような相互作用を繰り返した結果、集団で語彙が共有されるようになる。名付けゲームは、視聴覚を持って実環境で相互作用するロボットを使った創発システム[3]や、深層学習により複雑な状況で共有記号システムを創発させる近年の**創発コミュニケーション**の研究[4]へと繋がっている。

文法の基礎となる**合成性**[5]（compositionality）という言語の普遍的な性質が言語知

v2.

[5] 文の意味は要素である語の意味とその組み合わせ方により決まるという性質。

[6] Kirby, S., & Hurford, J. R. 2002 The Emergence of Linguistic Structure: An Overview of the Iterated Learning Model. In A. Cangelosi & D. Parisi (Eds.), *Simulating the Evolution of Language* (pp.121-147). Springer.

[7] 繰り返し学習で扱う言語知識は、意味（参照内容）と形式（音列）の対の集合であり、パースの記号論で想定される解釈項や主観的概念化は含まれていない。実験記号論や創発コミュニケーションの多くの研究でも同様。

[8] Hashimoto, T., & Ikegami, T. 1996 Emergence of Net-Grammar in Communicating Agents. *Biosystems*, 38(1), 1-14.

[9] Hauser, M. D., Chomsky, N., & Fitch, W. T. 2002 The Faculty of Language: What Is It, Who

識の世代間伝達を通じて創発する**繰り返し学習**[6]は、文化進化を研究する重要な枠組みである。これは言語獲得の世代間連鎖をモデル化している。そこでは、言語知識[7]を持つ親と、親からの言語入力を受けて言語知識を学習する子がおり、学習の結果、子は次世代に対して言語入力を提供する親へと成長する。子は言語知識のすべてを記憶できない（ボトルネックが存在する）場合、親になった時には学習時に出会わなかった対象について言語知識を汎化して発話する必要がある。獲得のボトルネックと汎化学習が世代を通じて連鎖することで、言語が構造化されて行き合成性が創発（文化進化）する。これは様々な学習アルゴリズムで再現され、また構造化する対象は意味と形式の対応関係に留まらない。繰り返し学習により合成性という体系性（**systematicity**）が生じることは、文化進化の一般則と考えられる。

　統語進化の基礎的研究の一つである文法システムの進化[8]では、文法が正規文法から文脈自由文法へ計算階層を上昇するよう進化したり、創発する集団構造により進化が抑制されたりし、結果として言語が断続平衡的に進化する現象がみられた。言語の計算論的な進化は、言語能力のコアが複合的な概念の生成を可能にする**再帰的計算**にあると考え、それがヒト以外の生物からどう進化したかを問う研究[9]の流れにある。

　言語進化の構成論的研究は、**実験記号論**[10]という分野により、実験室で記号コミュニケーションシステムを創発・進化させる**実験室言語進化実験**という人間を用いた構成論へと進展した。実験記号論では、実験参加者達は、自然言語・ジェスチャー・表情

Has It, and How Did It Evolve?. *Science, 298*(5598), 1569–1579.
[10] Galantucci, B. 2009 Experimental Semiotics: A New Approach for Studying Communication as a Form of Joint Action. *Topics in Cognitive Science, 1*(2), 393-410.
[11] Galantucci, B. 2005 An Experimental Study of the Emergence of Human Communication Systems. *Cognitive Science, 29*(5), 737-767.
[12] Fay, N. Garrod, S. Lee, J. & Oberlander, J. 2003 Understanding Interactive Graphical Communication. *Proceedings of the Annual Meeting of the Cognitive Science Society*, 25.
[13] 田村香織・橋本敬 2014「言語コミュニケーションにおける超越性の成立に関する実験的アプローチ」『計測と制御』53(9), 808-814.

などの自然なコミュニケーションが制限され、人工言語・図形・描画など普段用いない表現手段を用いて相互作用しながら、なんらかの共同的目的（タスク）を達成しようとする。その中で、共有記号システムが創発したり[11]質的に変化したりする記号システムの文化進化が生じる。例えば、複数の対象から一つを受け手に描画で伝えるタスクでは、最初は対象によく似た類像的（iconic）な絵が描かれるが、選択肢についての知識が共有されていれば、他の対象と差別化できればよいようにやりとりする者の間だけでわかるような簡単で規約的（symbolic）な絵になっていく。[12] さらに、現実にない対象を伝えるタスクでは、絵がメタファーやメトニミーを喚起するような比喩的な記号システムになる。[13] 繰り返し学習も人間の実験参加者により実現され、[14] 合成性の文化進化が様々な実験室実験で確認されている。また、ヒト以外の大型霊長類の表象システムが構造化することも示された。

■共創言語進化：階層性と意図共有の統合としての言語コミュニケーション

言語の起源・進化については、１９９０年代以降に人類学、脳神経科学、認知科学、人工知能、考古学、そして言語学など、様々な面から実証的・理論的研究も進んだ。その中で言語の起源について主に二つの見方がある。一つは、言語コミュニケーションの能力は他種と共通のいくつかの認知能力の統合として実現したという、ヒト以外の生物との連続性・質的同一性に重きを置く考えである。[15] もう一方は、ヒト言語に固

[14] Kirby, S., Cornish, H., & Smith K. 2008 Cumulative Cultural Evolution in the Laboratory: An Experimental Approach to the Origins of Structure in Human Language. *Proceedings of the National Academy of Sciences*, *105*(31), 10681-10686.

[15] Tomasello, M. 2010 *Origins of Human Communication*. MIT Press.

[16] 言語能力は脳神経系の進化・発達で自己組織したもので、適応的進化ではないという考え方もある。生物の形態形成が自己組織し得るというチューリングパターンと通じる考え方。

[17] 前掲論文［9］

[18] 「共創的コミュニケーションのための言語進化学」http://evolinguistics.net/。共創言語進化では、ヒトの言語やコミュニケーションに特有の性質やその基盤的能力は、ヒト以外の生物の形質の中に前駆体があり、連続性があ

有の能力があり、その能力は適応的に生物進化した[16]と想定する[17]。

　実際のところ、人間の言語・コミュニケーションには他の生物とは質的に異なる面があるだろう。言語発話は階層的に構造化されている点、人間のコミュニケーションは情報や知識の伝達だけではなく意図の共有に特質があるという点は、その典型例である。これらの面に着目し、**階層性**と**意図共有**の統合こそが人間の言語コミュニケーションを実現したと考える「共創言語進化」という考えがある[18]。

　ここでいう階層性とは、語の組み合わせ方が木構造で表されるという性質である。語と語順が同じでも階層構造により意味が異なり得る。例えば、「記号創発システム」という語は｛｛記号、創発｝、システム｝と｛記号、｛創発、システム｝｝という二つの階層構造を持ち、それぞれの意味は異なる[19]。言語発話にはこのような構造的曖昧さが不可避だが、我々は多くの場合発話の意図を汲むことができる。また、ほとんどの記号コミュニケーションでは、発話の字義通りの意味（denotation）と含意される意味（connotation）が異なる。我々は後者の意味、すなわち話者の意図を汲み取れてこそコミュニケーションの成立とみなし、ヒトはそれに長けている。すなわち意図共有の能力を持つと考えて良いだろう。

　言語の階層性は意味を持つ二つの要素（語）の結合を再帰的に繰り返すことで作られ、語の再帰的な結合は概念の複合体を作る。この概念複合体は、場合によっては新たな概念を生じさせる。ヒトの言語能力の重要性は、概念の複合体を無限に作り出し

ると考える。それら前駆体からヒトの言語・コミュニケーションの基礎的能力が進化・創発し、それが高度な言語コミュニケーションシステムへ文化進化した可能性がある。

[19] ｛A、B｝はAとBが組み合わされABという複合語を作ることを意味する。そして、｛｛A、B｝、C｝はABとCが組み合わされABCという複合語になる。したがって、｛｛記号、創発｝、システム｝とは記号創発のシステム（記号が創発するようなシステム）を、｛記号、｛創発、システム｝｝は、記号の創発システム（記号を機能として創発させるシステム）を意味する。記号創発システム論はこの二重の意味を持つことが重要だろう。

[20] Hashimoto, T. 2020 The Emergent Constructive Approach to Evolinguistics: Considering Hierarchy and Intention Sharing in Linguistic Communication. *Journal of Systems Science and Systems Engineering*, *29*(6).

得る創造性にあると考えることができる。これが意図共有の能力と組み合わさることで、ヒトは共創的になり、道具や芸術を創造し共有し発展させる社会を作ることができたというのが共創言語進化の考え方である[20]。

■共創言語進化から、記号圏、そして知性と文化の共進化へ

記号創発システムでは、主体間および環境との相互作用から「記号」という機能が創発し、それが記号圏における記号使用・解釈を制約する。一方で、言語は新たな概念構築・解釈（意味づけ）の可能性を拓くものでもある。そしてヒトは、新たな概念構築の可能性をはらむ発話を単に拒絶するのではなく、相手が言わんとすることを読み取ろうとする意図共有の本性も有する。このような能力や傾向性が言語を典型例とするような知性の発露となり、それが集団で文化として保持・伝達され次の創造の基盤となり、さらに知性を発展させる。すなわち、石器のような物理的な道具、三段論法や計算機といった思考の枠組みや道具、そして、社会生活を可能にする制度も含め、集団に蓄積・伝達される文化を身につけてこそ、ヒトは知性的になり得るし、記号圏や文化をさらに発展させられる。このような知性と文化の共進化というダイナミズムも記号創発システムの特質であり、このダイナミズムはオープンエンドな進化が創発システムに不可欠と考える複雑系の観点において重要である。

〔橋本敬〕

675–696.

■参考文献

ピンカー／椋田直子訳 1995『言語を生みだす本能』（上・下）NHK出版（言語の起源・進化の科学的研究について包括的にまとめられた一般書。古くなっている部分もあるものの、初学者への入口として最適）

藤田耕司・岡ノ谷一夫（編著）2012『進化言語学の構築――新しい人間科学を目指して』ひつじ書房（構成論だけではなく、理論言語学、進化生物学など、言語進化に係わる様々な分野の日本における研究を概観できる）

スコット＝フィリップス／畔上耕介他訳 2021『なぜヒトだけが言葉を話せるのか――コミュニケーションから探る言語の起源と進化』東京大学出版会（ヒトの特異な意図共有能力を中心として、シャノン的ではなく、推論的なコミュニケーションの見方を基礎において言語コミュニケーションの起源を論じている）

V―3

大規模言語モデルと分布意味論

――大規模言語モデルは言葉を理解しているのか？

■ ChatGPTとその仕組み

ChatGPTとは、2022年11月からOpenAIによって提供されている、自然言語による対話型のUIを持つWebサービスおよびその内部の機械学習モデルである。まだ触れたことのない方がいればぜひChatGPTのサイトで体験してほしい。ChatGPTは、まるで中に人間が入っているかのように流暢に言葉を紡いで我々の対話の相手になってくれる。データから表を作るといった単純作業の効率化や、アイデアのネタ出しやちょっとした悩みの相談相手など、できることも多岐にわたる。一体、どのようにしてこのようなことが実現されているのか、気になってこないだろうか？

ChatGPTは自然言語処理における言葉のモデル（言語モデル）の一種である。**言語モデル**とは、一般的には、ある単語列が与えられた時に、その次に続く単語を予測するモデルである。我々人間も、言葉を話す時には単語を順々に発して言葉を紡いでいく。このような過程を模倣しているのが言語モデルの特徴だ。ChatGPTのようなモデルは特に大規模言語モデルと呼ばれている。大規模言語モデルは、**Transformer**

と呼ばれる強力な非線形変換の構造を備えた数千億規模のパラメータを持つモデルであり、Ｗｅｂ上の大規模なテキストデータ（以下、非文や文、文章を含むテキストデータをまとめて文と呼ぶことにする）によって学習される。

モデル内部の詳細については他の文献に譲ることとして、ここではChatGPTを例に挙げ、大規模言語モデルの学習方法に議論の焦点を当てたい。大規模言語モデルは、与えられた文を見て、前から順番に次の単語を予測して同じ文を生成するようにモデルのパラメータを最適化する。これを指して「言語モデルを学習する」と呼ぶ。言語モデルの学習は、基本的には先ほど述べた通り、ある単語列が与えられた時に、その次に続く単語を予測するだけである。

ただし、大規模言語モデルの学習はただ単にＷｅｂ上の文の次の単語を予測するだけでなく、次の単語を予測するという学習の枠組みはそのままに、様々なタスクを解けるようにするための工夫も行っている。一つがプロンプトによる学習である。プロンプトは「Ｑ：日本の首都はどこですか？　Ａ：」のようなタスクの指示文のことであり、次に続く単語列がプロンプトの回答になるような文を人為的に作成する。例えば、前述のプロンプトに対しては「東京」と続けるのが正解となる。このように、プロンプトと回答の文の組を学習データとすることで、次の単語を予測するという言語モデルの枠組みそのままに、大規模言語モデルは質問に答えたり、文章の校正をしたりといった様々なタスクを解くことができるようになる。

また、その後には、モデルの生成した文が人間にとって好ましく（中立的で倫理的に）なるように強化学習による最適化を行う。強化学習とは、ある環境において、ある行動を取った時に得られる報酬を最大化するように学習する手法である。言語モデルにおける強化学習では、環境は途中まで生成した文とモデルの内部状態であり、行動は次の単語予測でどの単語を選ぶかに対応する。報酬はモデルの生成文が人間にとって好ましいかどうかを評価器によって数値化した値となる。強化学習を使う利点は任意の評価指標に対してモデルを最適化できる点だ。前述した単語の予測は用意されたデータを再現することを目的とした学習方法だが、強化学習は一度生成された文に対して報酬による重みづけを行い、その重み付き生成文で学習することにより、報酬の高い生成文がより生成されやすいように言語モデルの学習を誘導することができる。

■言葉の意味と分布意味論

我々人類がコミュニケーションを通して事象に言葉の意味を紐づけ、言語や文化を発展させてきたのに対して、大規模言語モデルはそのような方法をとらず、我々のコミュニケーションの過程で生成された文データを読み込んで学習し、まるで言葉を理解しているかのように振る舞うことができる。様々なタスクを解くための工夫はあるが、基本的には「次の単語を予測する」という単純に思えるこの学習の枠組みで、なぜこのようなことができるのだろうか？　大規模言語モデルは本当に言葉を理解しているといえるのだろうか？　その背景には**分布意味論**[1]（distributional semantics）という考え方が深く関わっている。

分布意味論とは、端的に言えば、一つ一つの単語の意味を周りの文脈によって表現しよう、という考え方である。分布意味論の考え方が有望であるとされる理由には、同じ文脈に出現する単語は似たような意味を持つ傾向がある、という仮説[2]（**分布仮説：distributional hypothesis**）の存在がある。例えば、「このボラボラは歯ごたえがあって美味しい」と言った時に「ボラボラ」はおそらく食べ物か料理の名前であることが予想できるだろう。「歯ごたえがあって美味しい」という言葉は、一般には食べ物や料理について言及する時にしか使わないからだ。我々は、「このスルメは歯ごたえがあって美味しい」「このうどんは歯ごたえがあって美味しい」といった文や発話を見聞きした経験から学習し、「歯ごたえがあって美味しい」という情報から「ボラボラ」が何であるかを推測することができる。

分布意味論では、分布仮説の考え方に従い、単語の共起情報を利用して単語をベクトルとして表現する。ベクトル表現は、単語同士の類似性をコサイン類似度で計算することができる利点がある。**単語ベクトル**を獲得する最も単純な方法は、ある文集合を文単位に分割し、各文に含まれる単語の共起情報を集計して主成分分析を施すことや、**Word2Vec**[3]と呼ばれる対数線形モデルを使用して、ある単語を周辺の単語から予測するという方法がある。これらの手法はシンプルで高速に動作するものの、単語間

[1] Boleda, G. 2020 Distributional Semantics and Linguistic Theory. *Annual Review of Linguistics*, 6(1), 213-234.

[2] Harris, Z. S. 1954 Distributional Structure. *Word* *Word 10*, 146-162.

[3] Mikolov, T., Chen, K., Corrado, G., & Dean, J. 2013 Efficient Estimation of Word Representations in Vector Space. *In Proceedings of International Conference on Learning Representations Workshop.*

の位置関係を考慮しておらず、考慮できる文脈情報も限界がある。

■大規模言語モデルと分布意味論の関係

単語ベクトルを獲得するには、もう一つ代表的な方法がある。ニューラルネットワークに基づく言語モデル（**ニューラル言語モデル**）を学習する方法だ。大規模言語モデルもニューラル言語モデルの一種である。ニューラル言語モデルの学習は、与えられた文を単語ごとに区切り、一つずつ単語を予測して元の文を再現するように行う。この学習の過程で単語のベクトル表現が得られ、推論時（実利用時）は与えた、または既に生成済みの単語系列の単語ベクトルを基に、続く単語列を予測することができる。つまり、ニューラル言語モデルや大規模言語モデルも、与えられた文脈によって次の単語が決定されるという点で分布意味論に属する考え方なのである。特に大規模言語モデルは、Transformer[4] 構造を用いた強力な非線形変換能力と大規模な学習を行う点が特徴である。ChatGPT やＧＰＴ－４の「**ＧＰＴ**」とは **Generative Pre-trained Transformers** の略であり、Transformer 構造を用いた最も基本的な言語モデルの一つである。

最初の問いに戻るとしよう。ChatGPT をはじめとする大規模言語モデルは言葉を理解しているのだろうか？ 分布意味論の考え方に立って答えるのであれば、回答は「あくまで機械的に文脈に合う文を出力しているだけ」ということになる。これが大

［4］ Vaswani, A., Shazeer, N., Parmar, N., Uszkoreit, J., Jones, L., Gomez, A. N., Kaiser, Ł., & Polosukhin, I. 2017 Attention Is All You Need. *In Proceedings of Advances in Neural Information Processing Systems. vol. 30.*

規模言語モデルにおける言葉の理解であり、我々人間の「言葉の理解」とは異なることを前提に注意して利用する必要があるといえる。

■大規模言語モデルの有用性と限界

ChatGPTのような大規模言語モデルはあくまで直接的な体験とコミュニケーションに根差して言葉の意味を獲得しているわけではなく、コミュニケーションの過程で産出された文から間接的に言葉の意味を獲得しているといえる。このような仕組みでも、単純作業の効率化だけでなく、アイデアのネタ出しや旅行計画の相談相手など、知的な振る舞いが可能であり、有用性を示したことは、大きな貢献であるといえるだろう。

一方で、現実世界は様々な事象が複雑に絡み合っている。その中には言語化が難しい情報――例えば、個人の感覚的な情報――もあるだろう。大規模言語モデルに画像や音声といったマルチモーダル情報を直接的に結びつけることで大規模言語モデルを高度化しようとするマルチモーダル大規模言語モデルの研究も昨今盛んに行われている。大規模言語モデルが外界と接続する感覚器を保持することで、我々人間の言葉の理解についても新たな示唆が得られる可能性があると考えられる。今後の研究の発展に期待したい。

〔品川政太朗〕

V－4
マルチモーダルな言語教育
――環境とのプラグマティックなインタラクション

■母語獲得と第二言語習得の違い

Ⅱ－2「言語習得」で取り上げた第一言語である母語の獲得と、それ以降に獲得する第二言語[1]との違いは何だろうか。その答えを一言で示すなら、**ピンカー**（Steven Pinker）がかつて用いた本能（instinct）という説明が最適である[2]。母語は本能として不思議なほど完璧に身につけることができるが、第二言語はそうはいかない。つまり、放っておいてもなぜか身につくのが母語、意識的に学ばなければ習得はほぼ不可能なのが第二言語である。

それ故に、日本人の多くは外国語の習得に大概苦労している。外国語といえばその筆頭は英語で、リンガフランカ[3]としての通用性を鑑みても、英語のニーズは他の言語から抜きん出ている。したがってほぼ全ての日本人は、学校教育で英語を当たり前のように学ぶ一方、残念なことにそれを機能的に使いこなせる者は驚くほど少ない。なぜ思うように使えるようにならないのか、ここで簡単にその理由を2点ほど挙げておきたい。

［1］第二言語習得を英語ではSecond Language Acquisition（SLA）と表記するが、近年、海外ではsecond language と表さず、additional language とするようになってきている。母語以外の言語に第二も第三もないということだろうが、定まった訳語は見つからない。「追加言語」といったところだろうか。

［2］Pinker, S. 2007（1994）*The Language Instinct.* Harper Perennial Modern Classics.（ピンカー／椋田直子訳 1995『言語を生みだす本能』（上・下）NHK出版）。なお厳密には、本能として身につけられる母語能力は話す・聞くのみであり、読む・書くは明示的な教育がなければできるようにならない。

［3］リンガフランカ（lingua franca）とは、異なる言語を持つ者同士が、通商を目的として使用する国際共通語のこと。歴史を通して様々な言語がリンガフランカとなってきたが、現在はそれが英語と考えて差し支えない。

1点目は、日本の社会言語学的状況である。英語には敵わないにせよ、日本語も実はそれなりに通用性を持ち、影響力のある言語である。それはひとえに経済的な理由であるが、豊かな国力を反映して、多くの日本人が、日本語のみでビジネスや学問をこなせてしまう場合が多い。そうした状況にあぐらをかくことで、日本国内で英語を学ぶことが時にばかばかしく思えてしまう。したがって教室空間は白け、人工的なフィクションの場に成り下がる。英語を使って世界を相手にやっていかなければならない切実さや逼迫感がないため、学習になかなか身が入らないのである。とはいえ、日本語だけでこの先やっていけるほど甘くはないことは、日本人の多くが気づいている。

もう1点は、一般に日本の英語教育がプラグマティックでないことが挙げられる。プラグマティックとは**プラグマティズム**[4]に基づいたという意味であるが、いわば英語教育が機能的な**言語運用能力**の獲得に役立っていないのである。英語を使う本来的な目標は、それを運用することで、英語の母語話者や英語を第二言語として使用する話者とコミュニケーションをすることであり、そうした行為を通してメッセージやコンテンツ（内容）のやり取りを実現することである。[5]重要なのはこうしたやり取りが成功することであり、そうしたやり取りの過程でどれだけ「正しい」英語を使うことができたかではない。さらにやり取りが成功する限りにおいて、仮に言語以外の手段でそれが達成できるならその方がよいわけであり、強いて意味の言語的実現に拘る必要はない。それにもかかわらず、大概の英語教育では、言語を第一のコミュニケーショ

[4] プラグマティズムのより詳細な解説については、本書のI-3「プラグマティズム」を参照。

[5] なぜここで使われる言語が他でもない英語なのかについて、例えば鈴木孝夫は、言語を三つの種類に大別することで説明している。一つ目を目的言語（その言語を用いる人々や地域のことを知ることが主目的、例えば朝鮮語）、二つ目を手段言語（普遍的な技術や知的文化的情報を手に入れることが目的、例えばかつてのフランス語やドイツ語）、三つ目を交流言語（様々な国の人たちが、一種の国際補助語として使うことでお互いに交流することが目的）と分類し、交流言語として、今のところ英語以上に有力な候補は存在しないとした。鈴木孝夫 1999『日本人はなぜ英語ができないか』岩波書店 pp. 42-47.

ン手段として疑わない言語コミュニケーションの考え方が支配的であり、言語の正確さや洗練さに拘る教育こそが英語教育の目指す姿だといつの間にか目的がすり替わっている。加えて昨今顕著に見られることとして、こうした言語能力とは、機械翻訳や生成ＡＩによって拡張された（アシストされた）言語能力ではなく、個々人の、何にも頼らない自力の英語能力だけで勝負することを学習者に強いる場合も多い。これではピント外れもいいところであるし、できるものもできるようにはならないだろう。

■英語教育にとっての身体性

ではどうしたらよいのか。記号創発システム論は、実は日本の英語教育に本質的なヒントを与えてくれる。記号創発ロボティクスによる、構成論的でボトムアップな研究アプローチから見えつつあることは、実は何もロボットの言語獲得だけの示唆にとどまらない。放っておいても獲得が叶わない英語習得と同じ構図として捉えることで、鏡のように共鳴する点がいくつも見つかるからである。

その大きな示唆の一つが**身体性**である。私たち人間は、抽象的なメタ世界で言語に戯れているわけではない。よく考えれば当たり前のことを、私たちはつい忘れがちである。ややもすれば、等位節や絶対比較級、品詞分解や連鎖構造といったメタ言語が英語の授業中に飛び交い、文法の理解こそ大切だと疑ってやまない教師が幅を利かす。しかしこれはおかしい。私たちが言語のような記号の獲得を試みる際、記号創発システム論は、そこで最も大切な要素が、自身の身体に立脚した環境との相互作用であることを教えてくれる。すなわち、主体が現実世界で必死にもがきながら、何とか概念や意味らしきものを徐々に獲得することこそが、唯一にして最もプラグマティックな言語習得方法だということである。

不可欠なのは、誰のものでもない私の身体であり、その身体が各々に持つ独自の経験なのだ。グレーザーズフェルド（Ernst von Glasersfeld）のラディカル構成主義に倣えば、実世界におけるコミュニケーション上の本物の（オーセンティックな）やり取りの蓄積こそが重要なのであり、ごっこ遊びではない、もっと必死に、もっと自分ごとになった英語教育が実現されない限り、おそらく外国語の習得は永遠にままならない。

■マルチモーダル言語教育

身体性の議論をさらに進めると、第二言語習得論双方にとって決定的に有用な一つの概念、マルチモーダルという考え方に到達する。これは一般にはモダリティ（様態）がマルチ（多様）であることを意味する[6]が、英語教育の文脈においては、コミュニケーションが言語のみでなされるわけではないことを示している。何を今さらと思われるかもしれないが、マルチモーダル言語教育こそ、伝統的な英語教育が見落としがちな、しかし見落としてはならない本質である。外国語教育は、マルチモーダル

[6] ここでマルチモーダルという専門用語について、厳密な意味での学問分野ごとの差異を示しておきたい。マルチモーダルとは英語でmultimodalと表記し、multiとmodalの形態素に分けて考えることができる（カタカナ表記でも同じである）。ここで注目したいのはmodalの方で、multimodalの名詞形はmultimodalityとなり、modalという形容詞からmodality（モダリティ）という名詞を想起することができる。modalityとは本文中で言及した通り様態を意味する用語であり、視覚や聴覚などの五感はもちろん、書き言葉という媒体や、伝聞形式、絵によってコミュニケーションする様式（方法）などを指す。これらを表す用語を専門的にmodalityと称するが、このmodalityの元となった形はmode（モード）である。つまり、modeがmodalになり、modalからmodalityが派生した形である。この意味でのmodalityは工学や心理学で一般的に用いられている一方、言語学

（マルチモダリティ）を言語教育において徹底して追求しなければならない。

先に述べた通り、コミュニケーションが言語だけでなく、様々な非言語要素を含むことは当然であり、その前提を疑う者は誰もいないだろう。しかし、外国語教育が暗黙裡に言語至上主義的傾向に陥り、言語以外の要素を非言語コミュニケーション（ノンバーバルコミュニケーション）として周辺部に押しやることによって、その前提が脆くも崩れる。例えばスピーチにおけるジェスチャーがそうである。大抵の英語教育ではジェスチャーやアイコンタクトなどの要素は、無視はしないにせよ、あくまで周辺言語学（paralinguistics）として補助的にしか扱わない。言語よりも「ものをいう」メディアはないと言わんばかりである。

しかし実際のコミュニケーションは違う。私たちの日常は、言語メディアが支配的に君臨し、常に意味のやり取りを実現しているのではない。様々なメディア、モードが、代わる代わる主役を入れ替え、時にクロスモーダル／マルチモーダルに協奏しながら、互いに重層的で冗長な要素を残すことで、意味の伝達をむしろわかりやすくしている。これはくしくも記号創発ロボティクスの思想と共鳴する[7]。

もちろん言語の有用性は否定しない。しかし時に言語は、コミュニケーションの脇役として絶妙に機能する場合だってあり、あくまで渾然一体とした、マルチモーダル表現の中でこそ言語教育を捉えるべきなのである。そしてこうしたマルチモーダル言語教育は、拡張的であってよい。すなわち、もはや人の手から離れた、脳の延長とし

ではその扱いが若干異なる。言語学でいうmodalityとは文法用語で法性を意味し、そこから（話者）の心的態度を表す用語として幅広く研究されてきた。注意すべきはmodalityの元となった名詞はmood（法）であり、moodの派生形としてのmodal、modalityがある（参考までに、仮定法は英語でsubjunctive mood、法助動詞はmodal verbsと表記する）。したがってmultimodalといっても、工学の分野から誕生した記号創発システム論と、言語学のそれとは若干の意味のずれがあることを指摘しておきたい（これらが果たして重なり得るのか、やはり根本的に意味を違えるのかについてはここでは議論しない）。なお本文では、modeの原義からの派生としてマルチモーダルを捉えていることを付記しておく。

[7]「分散表現という抽象的な表象を経ることで、私たちは視覚や聴覚、言語といったモダリティ依存の発想から抜け出すことができる。そもそも分散表現はただの高

てのＰＣや、ＡＩや、インターネットを含んで構わない。プラグマティックにコミュニケーションを促進するものであれば、それは外国語の習得に積極的に取り入れた方がよい。こうすることで、外国語教育はようやくリアリティを取り戻すことができる。

なお筆者とその同僚らは、ここまで論じたような従来型の英語教育に対する反省をもとに、独自の英語教育である**プロジェクト発信型英語プログラム（Project-based English Program：ＰＥＰ）**に長く従事してきた[8]。プロジェクト発信型英語プログラムでは学習者個々の身体性を重視し、プラグマティックでマルチモーダルな英語教育を実現しつつあるが、昨今ではChatGPTの活用も積極的に行っている。筆者らは、Ｖ－３「大規模言語モデルと分布意味論」で取り上げた大規模言語モデルに基づく生成ＡＩの外国語教育への活用が、現行の生成ＡＩの最適かつ核心的な事例の一つだと考えており、これらの出力を英語教育に活用しない手はない。身体性を持たず、それらしく振る舞うに過ぎない生成ＡＩではあるが、言語間のやり取りや複数の表現同士の吟味や言い換え、あるいは個別最適な形で言語知識を習得・補完する点で十分な有用性があり、ChatGPTが得意とするこうした言語的振る舞いは、これまで手の届かなかった英語教育の新たな側面を革命的に切り開くだろう。

■言語習得とは自身の内側に自身で意味を創り上げること

ここまでの議論を経れば、外国語の機能的な獲得において不可欠な要素とは、各々

次元ベクトルであり、どのモダリティだということにはこだわらない。だから、入力と出力、つまり、エンコーダ側とデコーダ側の情報が異なるモダリティに属するものであっても構わないのだ。」などの言及を参照。（谷口忠大 2020『心を知るための人工知能――認知科学としての記号創発ロボティクス』共立出版 p. 183）

[8] プロジェクト発信型英語プログラムのより詳細な説明は、以下などを参照。山中司他 2021『プロジェクト発信型英語プログラム――自分軸を鍛える「教えない」教育』北大路書房

の学習者の内部に、個々人が主体的に駆動する意味の獲得をいかに起こせるか否かに尽きると言えまいか。卑近に言えばそれが言語習得の最大のコツである。
マルチモダリティや身体性を前提とした記号創発ロボティクス、そしてその延長にある記号創発システム論は、プラグマティズムに基づいた言語教育論と理論的に通底し、ラディカル構成主義や、ひいては閉鎖系に特徴的なオートポイエーシス論をはじめとするネオ・サイバネティクスとも響き合う[9]。また記号という観点からは、サトウらの文化心理学[10]とも整合性がある。言語教育は、むしろ自身の学問分野の外に論拠を見つけた方が好都合なのかもしれない。

〔山中司〕

[9] オートポイエーシス、ネオ・サイバネティクスの詳細な解説については、本書のI-6「ネオ・サイバネティクスと情報」などを参照。

[10] サトウタツヤの発生の三層モデルなどを参照。サトウタツヤ 2015「文化心理学から見た食の表現の視点から食文化とその研究について考える」『社会システム研究紀要』特集号、197-209.

V-5

創発する倫理

――記号創発システム論が描く倫理の未来

■メタ的な記号システムとしての倫理

人間の社会生活は「このような場面ではこのような行動をとるべきだ」「このようなことはやってはいけない」といった規範によって制約されている。そのなかでも、そもそも人はどのように生きるべきかを問題とするものは「**倫理規範**」と呼ばれ、風習やマナーのような**文化的規範**、法律や学内ルールのような**制度的規範**と区別される。倫理は、しばしば科学や技術の観点からは解決できない問題の代表格として扱われるが、記号創発システム論のうちでは、どのようなものとして位置づけられることになるだろうか。

記号創発システム論によれば、エージェントは他のエージェントとの相互作用を通じて、社会的に共有された記号システムをボトムアップに創発させる。この記号システムは、新たにその共同体に参加しようとするエージェントに対して、他のエージェントとコミュニケーションをとるためには従わなければならないトップダウンの制約として機能する。倫理規範は、このような社会的に共有された記号システムの一種だということになるだろう。しかし、記号を用いたコミュニケーションのあり方を規定する通常の記号システムとは違って、エージェントが（広い意味での）記号を解釈したり生成したりする働き（記号過程）、及び、社会的に共有された記号システムに対して一定の評価を与える**メタ的な記号システム**として機能する[1]。

窃盗を例に考えてみよう。世の中には盗めるものは盗むことが適応的であるような環境もある。その環境では、例えば「放置されたもの」には「盗めるもの」として関わるのが当然だとされる。この認識は他人のものを盗んで生活する人々だけでなく、他人にものを盗まれる危険にさらされた人々にも共有されて、その双方の認知や行為をかたちづくる。つまり、放置されたものを「窃盗の標的」として解釈する枠組みは社会的に共有された記号システムの一部をなす。しかし、たとえ放置されていたとしても他人の所有物を盗むことは倫理的には許されないと思われるかもしれない。このとき、「他人のものを盗んではいけない」という倫理規範は、放置されたものを盗めるものとみなす記号過程に対して、あるいは、放置されたものは盗んで当然だとするような記号システムに対して、「盗みはいけない」「盗みを当然とする常識はおかしい」という評価を与える。倫理規範は、このように一階の記号過程や記号システムをひとつの記号としてあつかい、その意味を解釈するためのメタ的な枠組みを提供する。

[1] 倫理規範は、ただ判断や行動を形成するだけではなく、他の記号システムによって形成された判断や行動、及び、それらを形成する記号システムを一種の記号として扱い、一定の判断や行動を形成する記号システムである。このことを強調するために「メタ的」という言葉を用いた。世の中には倫理規範に限らず、様々なメタ的な記号システムが存在する。社会に存在する異種の記号システムのあいだの重層的な関係性を解明することは、今後、記号創発システム論が取り組むべき重要な課題である。

■エージェントによる倫理的な価値づけ

倫理規範がメタ的な記号システムだということは、行為や慣習に対する倫理的な評価がつねにメタ的な思考に基づいて生じることは意味しない。もちろん、行為や慣習がメタ的な反省の対象となることはある。しかしその一方で、特定の言語環境や生活様式に適応すると、文字列（「りんご」や“apple”）や空間的環境（横断歩道や改札）が特定の意味をもったものとして直観的に解釈されるようになるのと同じように、特定の倫理的環境に適応すると、様々なものがただちに倫理的な意味をもったものとして直観的に価値づけられるようになる場合がある。[2] 倫理規範は記号システムとしてメタ的なのであって、それぞれのエージェントによる倫理的な価値づけの働きは必ずしもメタ的な構造をもたない。

この倫理的な価値づけの働きには**情動的反応**と**評価的判断**という二つの面が含まれる。「はらわたが煮え繰り返る」という表現があるように、情動は身体が環境に対して生理的に反応することで生じる。しかし、それは単なる刺激に対する反応ではなく、情動的反応には対象に対する直観的な解釈が含まれる。例えば、誰かの発言に対して大きな怒りを感じたとき、あなたはただ「はらわたが煮え繰り返る」と表現される生理状態にあるわけではなく、その発言を不当なものとして直観的に価値づけている。こうした情動的反応はしばしば評価的判断を導く。例えば、他者の発言に対する怒りは「その発言は不当だ」という判断に結びつき、あなたは発言の撤回などの対応を求めることになるかもしれない。しかし、情動的反応と評価的判断はつねに一致するわ

［2］源河亨 2016「価値知覚と知覚学習――情動の認知的侵入モデル」『科学哲学』49 (1), 37-48. は、美的価値を主題として、どのように価値の経験が形づくられるのかを論じている。この議論は、倫理的な価値づけに対しても応用可能である。

けではない。例えば、誰かに間違いを指摘されて不満を感じても、実際に自分の非を認めざるをえないような状況であれば、その感情を抑えて「自分が悪かった」と理性的な判断を下せる場合がある。人間による倫理的な価値づけは、つねにメタ的な思考から生じるわけでもなければ、すべてが情動的反応に還元されるわけでもなく、このように情動的反応に内在する直観的な価値づけと評価的判断の複雑な絡み合いのなかで作られている[3]。

■相互ループから創発する倫理

記号創発システムは、エージェントの記号過程と社会的に共有された記号システムのあいだのボトムアップの創発とトップダウンの制約という相互ループによって発展する。この相互ループは倫理的な価値づけと倫理規範のあいだでも成立する。一方で、倫理規範は情動的反応と評価的判断からなる価値づけに基づいて持続する。例えば、単に放置されたものが窃盗の標的として意味付けられるだけではなく、世の中の大多数が盗みを当然のこととして容認し、盗みが起きたときに「盗まれたほうが悪い」と判断するような世界では「盗みをしてはならない」という考えは倫理規範として成立しない。つまり、この倫理規範は、多くの人々が窃盗に対して怒りを覚え、「それは不当で悪いことだ」と判断することに支えられて存在している。他方で、エージェントの倫理的な価値づけのあり方は、その社会で共有される倫理規範の影響のもとで形

［3］信原幸弘 2017『情動の哲学入門――価値・道徳・生きる意味』勁草書房の第2・第3章では、情動的反応と評価的判断の関係をめぐる議論が手際よく紹介されている。

成される。私たちが盗みを情動や判断のレベルで悪いことだと思うのは、もともと「盗みをしてはならない」という倫理規範が社会的に共有された環境で発達してきたからにほかならない。

伝統的な規範倫理学では、倫理規範をあらゆる地域や時代で通用する普遍的な原理として唱えることが多い。それに対して、記号創発システム論の観点は、倫理規範がボトムアップとトップダウンの相互ループによって変容する開かれたシステムであることを含意する。この倫理規範の変容は、記号創発システムにおける相互ループによってもたらされるものであるため、もちろん、一人の人間の意思や活動で制御できるものではない。しかし、それは人間の意思や活動と無関係に生成変化する現象でもないことは重要である。例えば、一昔前まで人々は飲酒運転に対して「ルール違反ではあるが皆よくやっている」程度の規範意識しかもたなかった。しかし、飲酒運転の厳罰化を訴える運動、その危険性に関する教育、法規制の強化などを通じて、人々の飲酒運転に対する価値づけは変容し、「飲酒運転をしてはならない」という倫理規範は社会に広く浸透し定着するようになった。

■倫理の未来への問い

記号創発システム論では、いかなる倫理規範も普遍的な原理原則ではなく、人間の活動から創発する開かれたシステムとなる。このとき、記号創発システムを構成するエージェントである私たちが倫理規範に制約されて生活するだけの存在、いわば倫理規範の単なる消費者ではなく、その持続や発展を担う存在、いわば倫理規範の創造者でもあることが明らかになる。科学技術の急速な発展や地球環境の変化によって、今後、人間社会は従来の倫理の枠組みでは十分に対処できない数々の倫理的問題に直面することが予想される。記号創発システム論は、このような状況に対して人間社会がいかに対応すればよいのかは、あらかじめ定まった倫理的な原理原則から演繹的に判断できることではなく、社会を構成するエージェントである私たち自身が倫理的な記号システムを創造する責任の一端を担っていること、**倫理の未来への問い**を突きつけられた当事者であることを示唆している。

〔**新川拓哉・宮原克典**〕

法システムと記号の創発

――人と記号の相互触発的な関係性

■法システムの構築と作動過程

法システムは、記号とその記号を用いる人との相互に触発的な関係性によって日々（再）構築される、社会システムの一つであると考えられる。ここでは、**法テクスト**という記号体系とそれを「**解釈**」（意味付与行為）する人とを核心的な構成要素とする動的なシステムを指す。ここでの触発的な関係性とは、人による記号への意味付与行為を通じて、人の認知枠組みと記号体系の双方が拡張・変容する動的な関係性のことを指している。「相互に」と形容しているのは、記号への意味付与行為自体が、人による記号への一方的な働きかけによって成立するわけではなく、記号自身に引き出されるような形でなされることがしばしば存在するからである。後に見るように、法テクストという記号体系においては、記号自身の持つ解釈可能性が、人による意味付与を引き出すことはしばしばある。

もっとも、**社会システム**における人は、単独で存在しているわけではなく、したがってその認知のフレームワークも、その人の存在態様を構成する様々な人及び人以外の存在との関係性に影響を受けている。[1] そのため、法システムを単純な人と記号との相互に触発的な関係性に還元することはできない。むしろ、法システムは、人と人以外の存在との社会の隅々まで広がろうとする動的なネットワークを基層として機能すると同時に、このネットワークの形成に少なからぬ影響を与えている（「法の支配」[2]）。

いわゆる**アクターネットワーク理論**[3]が示すように、人々が行う意味付与行為の頑健性や通用可能性は、当該意味付与行為が示す人と人以外の存在とのネットワークとしてのつながり方に依存している。例えば、医療行為に「魔術」と意味づけするか、「科学」と意味づけするかは、人と細菌とのつながり方（及びそのつながり方に影響を与える人と測定機器とのつながり方）次第である。同時に、医療行為に科学という意味づけを与えることは、人と細菌とのつながり方を変化させる。細菌が感染症の原因であると意味づけされれば、その死滅のために人の活動もその意味づけも変化するだろう。例えば、石鹸による手洗いがこれに対応する。後に見るように、人が人以外の存在と構築するネットワークの只中で、その認知のフレームワークを日々（再）構築していることは、法テクストという記号体系の「解釈」にも大きく影響すると共に、法テクストの「解釈」が人と人以外の存在とのネットワークに大きな影響を与える契機となっている。

以上を踏まえて、本項目では、法システムの作動過程において、どのように記号が創発することになるのかについて簡潔に記述する。ここでは、法テクストという記号

[1] Latour B. 2007 *Reassembling the Social: An Introduction to Actor-Network-Theory*. Oxford University Press.（ラトゥール／伊藤嘉高訳 2019『社会的なものを組み直す――アクターネットワーク理論入門』法政大学出版会）

[2] Latour B. 2009 *The Making of Law: An Ethnography of the Conseil d'Etat*. Polity.（ラトゥール／堀口真司訳 2017『法が作られているとき――近代行政裁判の人類学的考察』水声社）。「法の支配」及び類似概念の持つ現代的意義に関する、より法学的な観点からの概括的な分析については、以下を参照。稲谷龍彦 2020「統治システムの近未来を考えてみる――Governance Innovation and Beyond」『Nextcom』44, 15-25.

[3] 社会的・自然的世界のあらゆるものを、絶えず変化する作用のネットワークの結節点として扱う理論のこと。以下などを参照。栗原亘編著 2022『アクターネッ

体系にどのような意味が与えられ、あるいは、どのような記号が付け加えられるのか、という法テクストの解釈やテクスト自体の創造をめぐる活動と、そのような活動を行う法システムの社会システムの中における働きの双方を取り扱うことで、法システムと記号の創発との関係に関する大まかな見取り図を示したいと思う。

トワーク理論入門――「モノ」であふれる世界の記述法』ナカニシヤ出版

■法テクストという記号体系

法テクストは記号の体系である。体系と呼ぶのは、それがこの記号と相互に触発的な関係に立つ人々の認知のフレームワークと関連づけられながら、一定の秩序と構造を有しているからである。

例えば、窃盗罪（刑法２３５条）という犯罪をめぐる解釈の変遷について、考えてみよう。この犯罪は、「他人の財物を窃取」することで成立すると法文に規定されている。ここでいう「財物」とは、財産的価値のある有体物であると一般に理解されてきた。これは「窃取」という言葉が、占有の侵害として理解されてきたこととも関係している。占有とは物に対する事実上の支配状態を意味すると理解されている。ここから、事実上の支配である占有を観念できない無体物については「財物」にあたらないという意味づけがなされてきたのである。

しかし、例えば電気や情報といった人以外の存在について、その存在態様が社会システムの中で変化することにより、こうした意味づけには疑問が呈されてきた。実際、電気の場合には、技術的措置により一定の「支配」が観念できることや、「財物」というテクスト自体は無体物を排除していないようにも読めることから、電気は「財物」となるという解釈が早くから施された。[4] 人が繋がりを持つ人以外の存在の変化にしたがって、人の認知フレームワークが変化することにより、記号に新たな意味が付与されたのである。

しかし、このような解釈には、法テクストの体系全体が人にもたらす認知のフレームワークとの関係で、直ちに疑義が付された――刑法のテクストは、本当に電気を「財物」と解釈することを許しているのだろうか？　犯罪と刑罰に関する法テクストは、予め明確にされなければならないという罪刑法定主義――人が理性と自由意志に基づいて、正しい法に則って自律的に生きることができるという、ある種の人間理解と緊密に結びついた法テクストのあり方――に貫かれている。そのため、罪刑法定主義と電気を「財物」とする解釈との緊張関係は、「電気を財物とする」という法テクストを新たに刑法に付加することを、人に対して求めたのである。そう、当然のことながら、記号も人のあり方に影響を与えるのである。窃盗罪という法テクストにおける「財物」という概念をめぐる、人と法テクストとの相互に触発的な関係は、電気と同様に「情報」に関する「支配」を技術的に観念することが可能となり、かつ、情報の経済的価値が高まる今日の状況において、法システムにおける記号創発を考える上で益々重要な意味を帯びるようになっている、[5] と考えることができるだろう。

[4] 大判明治36年5月21日刑録9輯874頁

[5] 例えば、「情報窃盗」に関する近時の議論については以下を参照。西貝吉晃 2020『サイバーセキュリティと刑法――無権限アクセス罪を中心に』有斐閣

端的にいえば、法を解釈・創造する人が、社会の隅々まで広がる人と人以外の存在とによって形成されるネットワークの只中に存在しているがために、法テクストと人の認知のフレームワークとは相互に触発し合い、日々記号を創発させながら、法システムを作動させているのである。

■法システムと社会システムとの関係性

ここまで見てきたように、人と法テクストとの相互触発的な関係は、人と人以外の存在との社会の隅々まで広がろうとするネットワークを基層とする。そのため、法システムは、社会システムに影響を与えつつ同時に社会システムから影響を受ける形で機能する。

例えば、人が理性と自由意志に基づいて、正しい法に則って自律的に生きることができるという、啓蒙思想期に形成されたある種の人間理解と法テクストとが緊密に結びつくことにより、予め望ましい社会の姿を法によって定めるという、**設計主義**[6]的なルールが重視された法システムが形成され、社会システムの機能に一定の方向性を与えることになる。設計主義的なルールが詳細に技術のあり方を定める――すなわち、人と人以外の存在との関係性を法が定める――場合、そのようなルールに反する形で技術を用いることは困難となる。ＡＩやロボットの開発・利用に関する法制は、これらの技術の社会におけるあり方を決定的に左右しうるだろう。法システムは、人とい

[6] 設計主義とは、ハイエクが主として社会主義を批判する際に用いた概念であり、人間の理性によって社会の望ましいあり方を予め定めることができるという考え方を指す。以下など参照。Hayek F. A. 1944 *The Road to Serfdom.* Routledge（ハイエク／村井章子訳 2016『隷従への道』日経ＢＰ社）

う構成要素に働きかけることを通じて、社会システムの機能を制限するのである。その際、例えば、人の理性や自由意志による自律を強調する法は、ＡＩやロボットに対する人の支配性を強調することにより、しばしば人の認知フレームワークの方向性を決定し、社会システムにおける記号創発にも影響を及ぼすことになる――ＡＩやロボットを人の尊厳を脅かしうる危険な存在として意味づけることが強化される――だろう。

一方で、窃盗罪の「財物」に「電気」や「情報」を含められるかが問題となったように、社会システムの変化は法システムのあり方に影響を与えることになる。例えば、ＡＩやロボットに対する意味づけが、「危険な存在」から「友人」へと変化し、人の理性や自由意志による自律を強調する設計主義的な法のあり方が、ＡＩやロボットの社会システムにおいて果たすべき役割を不当に奪っていると理解されるようになれば、法テクストと相互に触発的な関係性に立つ人の認知フレームワーク自体が変化することで、新たな記号創発がなされることになる。ＡＩやロボットに関していえば、それは法における人や人以外の存在の位置付けという、法システムの意味づけの根本に関わるような記号創発を伴うことになるだろう[7]。

ＡＩやロボットの社会実装を進めるために、設計主義的な法システムから離れ、より分散的な法システムを採用することは、記号創発のあり方自体も変化させるかもしれない。機械による法の「可読性」が向上し――あるいはデジタル・トランスフォー

[7] この問題については、以下などを参照。稲谷龍彦 2017「技術の道徳化と刑事法規制」松尾陽（編）『アーキテクチャと法――法学のアーキテクチュアルな転回?』（pp. 93-128）弘文堂

メーションが法システムに及ぶことで――、機械自体が法システムの機能を最適化するようになれば、人は法システムの界面である必要がなくなる。そのとき、法システムと社会システムとの結節点は人の独占から開放され、記号創発のあり方自体に重大な変化が生じることになるだろう[8]。それは、人工知能研究の新たな局面を生み出す契機になるのかもしれない。

■法システムにおける記号創発研究のさらなる進展を期待して

本項目では、法システムと記号創発について、法システムという記号体系における記号創発、及び法システムと社会システムとの相互作用における記号創発について簡潔に記述することで、その概要を示した。曲がりなりにも法学者でありながら、法テクストという記号体系における記号創発のあり方や、その未来の姿についてこれまで時間を割いて考えてこなかったこともあり、本項目の執筆は個人的にも大変学びの多いものであった。この文章が、法システムにおける記号創発研究の呼び水となることを祈念している。

〔稲谷龍彦〕

[8] 以下などを参照。稲谷龍彦 2022「『法存在』と『法主体』――現代科学技術社会における刑事責任の分配を手掛かりに」『法学教室』498, 40-45、同 2022「デジタル刑事司法は『刑事司法』か?――Criminal Justice by Design」『法律時報』94(3), 46-51.

ブックガイドⅤ

①木戸彩恵・サトウタツヤ（編）『文化心理学〔改訂版〕── 理論・各論・方法論』ちとせプレス、2023年
文化心理学のものの見方について、多面的に理解が進むように構成されている。文化とは何か？　そこにおける記号とは何か？　人と文化の関係性を理解しよう。

②トム・スコット＝フィリップス『なぜヒトだけが言葉を話せるのか ── コミュニケーションから探る言語の起源と進化』畔上耕介他訳、東京大学出版会、2021年
語用論をベースとした言語進化理論の研究書。シャノンとは異なる意図明示・推論を中心としたコミュニケーションのモデルに基づき言語の起源を体系的に論じる。

③エドナ・アンドリューズ『ロートマンの文化記号論入門 ── 言語・文学・認知』谷口伊兵衛訳、而立書房、2005年：ロトマンの記号論を日本語で読める良書。ユクスキュルの環世界やパースの記号理論への言及もあり、ロトマンの記号論の特徴を理解するのに役立つ。ロトマンの入門書としておすすめの一冊。

④藤田耕司・岡ノ谷一夫（編著）『進化言語学の構築 ── 新しい人間科学を目指して』ひつじ書房、2012年：21世紀初頭の日本における言語進化の先端的研究を収めた論文集。その後の、階層性と意図共有を柱に据えた「共創言語進化」プロジェクトへと繋がる。座談会は当時の言語進化研究の熱い雰囲気を伝える。

⑤岡﨑直観・荒瀬由紀・鈴木潤・鶴岡慶雅・宮尾祐介『IT Text　自然言語処理の基礎』オーム社、2022年：形態素解析や構文解析といった伝統的な自然言語処理から近年の大規模言語モデルの基礎まで網羅的に紹介されている。単語ベクトルと分布意味論との関係についてもしっかり論じられている良書。

⑥山田育矢（監修）鈴木正敏・山田康輔・李凌寒『大規模言語モデル入門』技術評論社、2023年：大規模言語モデルの基礎を初めから丁寧に学ぶことができる。付属のコードが豊富で手を動かしながら学べる。題材はBERTによるものが多いが、BERTはGPTよりも扱いやすく入門には最適。

⑦山中司・神原一帆『プラグマティズム言語学序説 ── 意味の構築とその発生』ひつじ書房、2023年：哲学と言語の関係について、プラグマティズムの立場から学際的に論じた研究書。コミュニケーションの文脈性やマルチモーダル性を真摯に受け止めることで言語理論がどう変容しうるのかを考察している。

⑧山中司・木村修平・山下美朋・近藤雪絵『プロジェクト発信型英語プログラム ── 自分軸を鍛える「教えない」教育』北大路書房、2021年：「言語教育とは何か、そしてどのようなものであるべきか」という問いから始まり、学生による発信を中心に据えた英語教育の立場から実践と理論の両側面について論じている。

⑨ウェンデル・ウォラック，コリン・アレン『ロボットに倫理を教える ── モラル・マシーン』岡本慎平・久木田水生訳、名古屋大学出版会、2019年：ロボットやAIにおける倫理に関してSFめいた思弁的な議論にとどまらず、技術の歴史や経緯もふまえつつ、バランスの良い議論を展開している好著。

⑩ブルーノ・ラトゥール『法が作られているとき ── 近代行政裁判の人類学的考察』堀口真司訳、水声社、2017年：フランス国務院における参与観察に基づいて法と社会の関係性を描写。法がどのようにして社会を、また、社会がどのようにして法を構成しているのかについて新たな理解を得ることができる。

第Ⅵ部

Symbol Emergence Systems and Beyond

Ⅵ－1

生成ＡＩ時代の言語

――大規模言語モデルが教えてくれたこと

■生成ＡＩと言語理解

生成ＡＩとはテキスト、画像、または他のメディアを生成することができるＡＩシステムのことである。２０２２年に登場したStable Diffusionはリアルな画像を生成し注目を集めた。また同年末には対話型の生成ＡＩであるChatGPTがリリースされて、瞬く間に世界中で用いられるようになった。生成ＡＩは、画像認識や音声認識といったそれまでのＡＩにおける技術開発の中心であった識別系のＡＩと違い、より多様で複雑なデータを出力することに特徴がある。ニューラルネットワークによって構成される生成ＡＩのモデルは、与えられた訓練データの規則性や構造を学習し、同様の特性を持つ新しいデータを生成する。２０２３年は生成ＡＩの技術開発と普及が一気に進んだ年であり、ＡＩという存在の社会的および技術的意味合いが書き換えられていった年だった。

大規模言語モデルは生成ＡＩの中心的な存在となる。**画像生成**に関してさえ、大規模言語モデルの貢献は大きい。実物と見紛う写真や人間が描いたようなイラストの生成は２０２２年以前からできていた。[1] これが**プロンプト**と呼ばれる言語情報により制御可能になったために、ＡＩの知識どころかプログラミングの知識を持たないユーザでさえその生成を言葉で制御できるようになったのだ。大規模言語モデルは人間の自然な言語表現を「解釈」して画像生成ＡＩを始めとした生成ＡＩに渡す。

ChatGPTが分布意味論に基づいているのは、Ｖ－３「大規模言語モデルと分布意味論」で述べた通りである。大規模言語モデルが分布に基づく言葉の意味を学習するために主に行うのは、ニューラルネットワークに次のトークン（単語などのまとまり）を予測（**next token prediction**）させることである。ChatGPTのような対話型ＡＩはこれに加えて**ＲＬＨＦ**（**Reinforcement Learning from Human Feedback**）という人間のフィードバックに基づく学習などによって追加的に訓練されるが、その根源には言葉の列を予測することで得られる知識がある。生成ＡＩを支えているのは予測に基づく符号化である。

Ｖ－３「大規模言語モデルと分布意味論」において「ChatGPTをはじめとする大規模言語モデルは言葉を理解しているのだろうか？」と問い、「あくまで機械的に文脈に合う文を出力しているだけ」と答えた。しかし、第Ｉ部で紹介したプラグマティズムの記号論に照らせば、サイン（ここでは言葉の入力）と対象（ここでは文の出力や対応する画像）の関係性を文脈に応じて結びつけること、つまり解釈項を生み出すことこそ記号過程であり、その範囲においてはＡＩが言葉の意味を理解しているとも

[1] 例えば Karras, T., Aila, T., Laine, S., & Lehtinen, J. 2018 Progressive Growing of GANs for Improved Quality, Stability, and Variation. *International Conference on Learning Representations (ICLR).* において写真画質の人物画像生成技術が発表されている。

言えるかもしれない。少なくとも過去のＡＩが辿り着けなかったレベルでの解釈はできているように見える。大規模言語モデルに基づく生成ＡＩはすでに様々な言葉の概念を分布意味論に基づいてある程度形成しているようだ。

■言葉の概念と予測性

大規模言語モデルがこの世界の様々な事象に関する概念を形成できているのか、という問いにここでは暫定的な否定を返しておく。記号接地問題を提案したハーナッド（Stevan Harnad）が指摘したように、言葉と言葉の関係が与えてくれるのは関係性に基づく概念に過ぎない。「りんごは果物だ」「りんごは赤い」などといった記述によって得られるのは語と語の関係性に過ぎない。それらは主体自らの経験を通して接地されなければならない。これが記号創発システムにおいて、身体的相互作用を通した内的表象（内部表現）の形成を重要な要素としてその描像に含んでいる理由でもある。また理解という現象が自律的な主体において生じる作動であるという視点に立てば、その接地は客観的世界への接地ではなくユクスキュルの言葉で言うところの環世界への接地であるべきであろう。このような描像は第Ｉ部で紹介したネオ・サイバネティクスの認知システム観とも符合する。

第Ⅱ部で紹介したように２０１０年代における記号創発ロボティクスの一連の研究においては、物体や場所の概念をマルチモーダル情報の統合を通して身体を持ったロボットに獲得させるという研究が行われた。これは幼児の母語獲得のプロセスに対比された。また同時に教師なし単語分割により音列から単語を切り出して、その意味とマルチモーダル情報から形成された概念を確率的に結びつけることで、ロボット自らが語と語の関係を超えて、自らの経験に基づき、自らの環世界において言葉の意味を理解するという振る舞いが構成された。この部分はまさに記号創発システムにおける身体的相互作用に基づく内的表象の形成に相当する。

2010年代になされた記号創発ロボティクスの多くの研究において、その認知モデルは確率的生成モデルに基づいて構築された。興味深いことに、ここでも重要となるのは予測性である。言語情報を含めたマルチモーダル情報の統合は、モデルの中に内的表象を表す潜在変数を置き、それが様々な感覚情報を予測できるようにベイズ推論される。この考え方は第Ⅲ部で述べた予測符号化や自由エネルギー原理、世界モデルといった概念に自然と繋がる。また文字列から単語を見出す教師なし単語分割も次に現れる文字列の予測性を高めるという規準によって行われた。こういった学習を通してロボットが「ペットボトル」「りんご」「エレベーターホール」といった概念を自らの経験に基づいてある意味で形成できることが明らかになってきた。

■文と意味の全体性

言葉の意味や概念を論じる時にしばしば私たちは「名詞」的な対象について語ると

いう無意識のバイアスを抱える。ロボットが「ペットボトル」「りんご」「エレベーターホール」の概念を得たなどと言う時に、それらの多くは知覚可能な具体的対象であり、文の中では名詞として現れる。認知発達ロボティクスや記号創発ロボティクスにおける研究で、ロボットが何かの概念を学習するという時にはこのような具体的な対象である場合が多い。これは認知科学や発達心理学でカテゴリや概念の議論をする場合でも同じである。

ところが多くの言葉は文脈に依存し、それが意味する環世界における事象という意味では不定性がある。例えば「投げる」という動詞が持つ私たちの動きはその対象物が「野球ボール」なのか「ボーリングの球」なのか「匙」なのか「タスク」なのかでまるで異なる。また「の」といった助詞や「とても」といった副詞はどうだろうか。これらの概念とは直接的に経験に接地されるものではなく、他の語との関係性の中で揺らぐ。

しばしば認知科学やその構成論的アプローチで取られてきた「○○の言葉の意味を学習する」ということで概念形成を考えるという態度はすでに、ある意味で言葉や概念のアトミズム的発想を抱えてしまっている。物理記号システム仮説を掲げていた「記号」的ＡＩ、もしくは計算主義と同じ穴の狢である面がある。別の言い方をすると、単語に対して静的な意味が存在するという概念観は、構文論的には辞書・文法モデルに近い。意味を持つ単位である語を決まった統語規則（文法）に基づき合成することで、文の意味が構成されるという考え方だ。生成文法に基づく言語学が基礎に据える考え方であり、文の合成性が言語の基礎に据えられる。

これに対して**認知言語学**が基づくのが**用法基盤モデル**（Usage-Based Model）である。[2] 用法基盤モデルとは、認知言語学・認知文法の用語で、言語の構造を、実際の言語使用によって形作られるものとして説明するモデルだ。用法基盤モデルでは、言語の構造は、アプリオリな規則や体系ではなく、言語使用の中で形成されるものとして捉えられる。Ⅱ－2「言語習得」やⅤ－4「マルチモーダルな言語教育」の議論に親和性が高く、また本来的には記号創発ロボティクスの言語観は使用を基盤としている。

用法基盤モデルに立った際に、私たちは単語の意味を個別に経験するのではなく、発話された文に対する状況を経験するという事実は重要である。それゆえに言葉の意味は単語単位で実在すると考えるのではなく、常に用法を基盤として、文と状況から推論され続けると考えるべきだろう。

そのような立場からすればやはり先に触れた助詞や副詞、動詞といった他の語との関係性の中でその意味が定まるような言葉は、直接的な経験ではなく、様々な文を読むことによって得られる経験、つまり分布意味論を通して形成されると考えるのが自然だ。

生成ＡＩの文脈の中で大規模言語モデルはマルチモーダル情報も含んで学習するようになってきている。そこでは文における単語の並びを予測するとともに、マルチモ

［2］大谷直輝 2019『ベーシック英語構文文法』ひつじ書房、の解説などがわかりやすい。

ーダルな知覚情報を予測する。これは統語的な構造に潜む語の関係性に基づく意味と、マルチモーダルな感覚情報に潜む環世界の経験に基づく意味の双方を用法基盤モデル的な視点で統合しているものともとれる。記号創発システムの図式で言えば、記号的相互作用と身体的相互作用の両方の情報を取り込んだ議論となっている。

■言語の動態

生成ＡＩは大規模言語モデルに基づいて様々なタスクにおいて柔軟な振る舞いを見せる。それはやはり（特にマルチモーダルな）大規模言語モデルが基づいている言語観が、上で述べたようにかなり高い妥当性を有していることを示唆しているだろう。この発展により、人間の社会が言語を形成し終えた後に、そこから大規模なテキストが生成されれば、それを巨大なニューラルネットワークに内化することで実用上高いレベルで言語のモデル化ができるとわかった。

しかしそれは言語がすでにこの世界に存在した場合の話である。その言語自体の創発性や動態については依然として謎が残る。言語システム（記号システム）がどのように創発したのか、また、文化としての言語システムはどう動的に変容し、使用されるのか、などといった問いである。

ニューラルネットワークは無秩序なデータを学習しても知的にはならない。構造を持つデータを**予測学習**する必要がある。それゆえに大規模言語モデルが優れているのはそもそも、言語が統語的構造を持ち、その予測学習により語の関係性を抽出できるという分布意味論の条件を満たすからである。そのような言語がどのようにして生まれたのか。また言葉の意味は相手の頭の中が覗けないなかで、どのようにして創発し、共有されるのか。言語はいかにして実世界において意図や対象を表象し、各主体の環境適応に役立っているのか。

　これらの問いに答えるためには記号創発システムの理解を進める必要があり、それは生成ＡＩ時代においてより一層重要となっているのだ。

〔**谷口忠大**〕

Ⅵ－2

記号創発システムの構成論

――複数の主体を繋ぐ確率的生成モデルと言語ゲーム

■言語の社会・認知システムにおける動態

言語の創発性や動態を捉える上で、その数理モデルや計算論的モデルを構成することは重要である。これは宇宙を理解するために惑星を支配する運動方程式や、時間や運動、電磁波や粒子を支配する相対性理論や量子力学が重要であることと同様である。言語の創発性や動態を捉えるモデルを得ることが、まさに記号創発システムの構成論に対応する。

Ｉ－１「記号創発システム」で概要を示したように記号創発システムにとって言語の社会システムにおける動態と、認知システムにおける動態を同時に捉えることは本質的に重要である。認知発達ロボティクスや記号創発ロボティクスにおける言語学習のモデル、また生成ＡＩの文脈におけるマルチモーダル大規模言語モデルなど、ＡＩやロボットが自らの知覚に接地させながら言語を学習する研究は多くある。これが認知システムにおける動態である。記号創発システム論の含意は、この認知システムにおける動態を理解するだけでは不十分だということである。人工の知能としてのＡＩ

や、自然の知能としての人間にとっての言語システムの役割やその意味を理解する上で、またそれを理解した上での人間理解やＡＩ開発をするためには、社会システムにおける動態も同時に捉える必要がある。つまり、集団の中で言語がどう形成され、どのように意味や使用が変わっていくかという動態である。

集団における記号創発の理解に向けて、様々な構成論的アプローチに基づく研究が行われてきた。それらの主要なアプローチは大きく四つに分けられる[1]。

一つ目が**マルチエージェント強化学習**（Multi-Agent Reinforcement Learning：ＭＡＲＬ）の枠組みに基づくアプローチであり、あるタスクを解く環境適応のためにエージェント集団の中で記号を形成するプロセスが対象とされた。コミュニケーションはそもそも自ら出すサインで他者の行動を変化させ、また他者から受けるサインで自らの行動を変化させることで、集団としての環境適応的な行動を実現するためのものである。このような捉え方を元に、モデル化するのがコミュニケーションの創発を含んだマルチエージェント強化学習である。近年、深層強化学習の発展によりコミュニケーションで発されるサインの意味解釈を、深層学習が持つ表現学習能力により柔軟に行うことができるようになり発展が見られた。

二つ目が**繰り返し学習モデル**（**Iterated Learning Model：ＩＬＭ**）である。繰り越し学習モデルは、世代間の言語継承プロセスを模倣するモデルであり、人間の言語における構成性がどのような文化進化を通して現れるかを説明しようとする。繰り返し

［1］本項目で分類した四種類の構成論的アプローチに関しては以下のレビュー論文でより詳細に解説しているので参考にしてほしい。上田亮・谷口忠大・鈴木麗璽・江原広人・中村友昭・岩村入吹・橋本敬 2024「言語とコミュニケーションの創発に関する構成論的研究の展開」『認知科学』37(1), 172-185.

学習モデルはエージェントベース・シミュレーションや、数理モデル、実験室における被験者実験（**実験記号論**）などを通じて行われてきた（V-2「言語の進化と創発」参照）。残り二つが創発コミュニケーションと記号創発ロボティクスによるアプローチだ。

■創発コミュニケーション

創発コミュニケーション（emergent communication）は、エージェント同士がコミュニケーションプロトコルとしての言語を形成するプロセスをモデル化し、人間の言語がどのような条件下で生じるかを構成論的に研究する分野である。

スティールズ（Luc Steels）らが初期に行った「Talking Heads プロジェクト」では実世界でカメラを持つロボットが対象の名前を共有していく過程が構成された[2]。2000年代に盛り上がりがあった後に背景化したが、深層学習の発展、特にその表現学習能力を活用することで、2010年代後半から再度研究の盛り上がりを見せている。

言語の創発を促す構成論的なモデルとして、参照ゲームに基づくアプローチが頻繁に用いられる。参照ゲームでは、送信者にあたるエージェントが何らかの状態を認識できており、これを信号（記号もしくは言語）によって受信者に送る。単語などに対応するトークンの組み合わせから複雑なトークン列（文に対応）により信号は構成さ

[2] Luc Steels, 2015 *The Talking Heads Experiment: Origins of Words and Meanings* (Computational Models of Language Evolution 1). Language Science Press.

れることが多い。受信者はその信号に基づき送信者が認識しているのはどの状態かを当てる。典型的な場合では、受信者は複数の画像のうちから送信者が意図した一つを選択する。また類似のアプローチである名付けゲームでは送信者にあたるエージェントが対象を選択し名前を提案し、受信者にあたるエージェントがそれを受け入れるか別の名前を提案する。役割交代をしながら、相互作用を通して、エージェント間で共有される安定した命名規則の形成を目指す。このようなアプローチで創発する言語がどのような構成性を有するかなどが研究される。しかし、何らかの言語が共有されるものの、その言語が創発することで集団の環境適応の意味で何が改善されているのかは明らかではない。また参照ゲームは人間の言語習得過程と大きく異なり、その妥当性に関しても議論の余地はある。

■記号創発システムの確率的生成モデル

記号創発ロボティクスの研究では、身体を持ったロボットが身体的相互作用に基づく感覚運動情報からいかに内的表象系を形成するか、また言語獲得を行っていくかが主に問題とされてきた。しかし、第Ⅲ部で紹介した確率的生成モデルに基づく個体のエージェントの内的表象形成のモデルを、集団の記号創発、つまり**外的表象形成**へと拡張しうることが明らかになってきた。

図1に集団の記号創発を表現する際に用いる確率的生成モデルを示す。詳細の説明

は省略するが、図1（A）は内的表象形成（内部表現学習）を行う二体のエージェントを表すグラフィカルモデルを共通の確率変数 w_d で繋いだものである。このグラフィカルモデルは、エージェント1と2がそれぞれ感覚入力 o_d^1, o_d^2 を受け取り、それを潜在変数 x_d^1, x_d^2 で一旦中間的な内部表現を得てから共有ノード w_d で統合するマルチモーダル表現学習モデルの一種に見える。なお図1（A）をN体のエージェントに拡張したのが図1（B）であり、図1（C）はプレート表現を用いた（B）と等価なグラフィカルモデルである。

　図1（A）の左半分はエージェント1の表現学習に、右半分はエージェント2の表現学習に対応している。つまり図1（A）のグラフィカルモデルはエージェント1と2の「脳を結合」し、二者の感覚情報を中央で束ねて表現学習を行うということを表しているように見える。これは人間社会における表現学習を論じる上では不適当に見えるかもしれない。しかし一方でもし w_d が適切にベイズ推論されることがあるならば、それは「集団に属するエージェントの観測を『脳を繋げる』が如くにして統合した場合の表現／表象が形成される」ということを意味する。

　そしてそれが実際にある種の言語ゲームにより実現されることを示したのが、メトロポリス・ヘイスティングス名付けゲームである。

■メトロポリス・ヘイスティングス名付けゲーム[3]

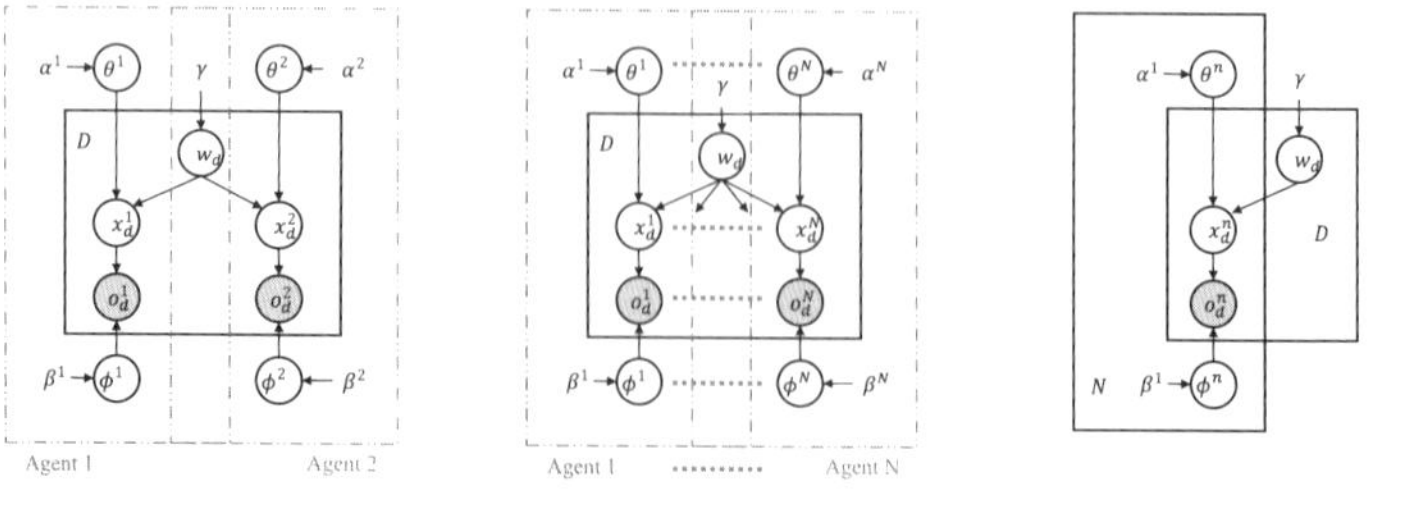

(A) Two-agent Inter-PGM　(B) Multi-agent Inter-PGM　(C) Multi-agent Inter-PGM with plate representation

図1　Inter-PGM：複数エージェント間の記号創発を表現する確率的生成モデル

図2は二体のロボットが**メトロポリス・ヘイスティングス名付けゲーム**を行っているところを表している。従来の名付けゲームや参照ゲームと異なり、メトロポリス・ヘイスティングス名付けゲームでは共同注意を仮定する。共同注意とは二者が同じ対象へ同時に注意を払うことを意味する。その上で、送信者となるエージェント1が対象dを観測し、それから計算される妥当な名前を発話する。これがその観測に基づく事後確率分布からw_dがサンプリングされると仮定する。このサンプリングがdをw_d^1と「名付け」る行為に対応する。受信者となるエージェント2はこれを自らの信念に基づいて計算される確率に基づいてこの「名付け」を受け入れるか棄却（無視）するかを判定する。これを交互に繰り返す。大まかなメトロポリス・ヘイスティングス名付けゲームの流れはこのようなものである。

　この時、採択確率が、以下で表されるような特定の確率に従っているとしよう。受信者となるエージェント2が自らのそれまで思っていた名前w_d^2と、新たに提案された名前w_d^1を比べ、そのどちらが自らの信念（内的表象に関わる確率）に合致するかの確率（尤度）に関して比をとっている。新しい名前の確率が高ければ（しっくりくれば）確率1で採択し、一方で低かったとしてもその比率に従い小さな確率で採択するというものである。このような採択率を用いる場合、メトロポリス・ヘイスティングス名付けゲームは図1（A）に示したグラフィカルモデルのw_dに関して、近似べ

[3] Taniguchi, T., et al. 2023 Emergent Communication through Metropolis-Hastings Naming Game with Deep Generative Models. *Advanced Robotics*, 37(19), 1266-1282.

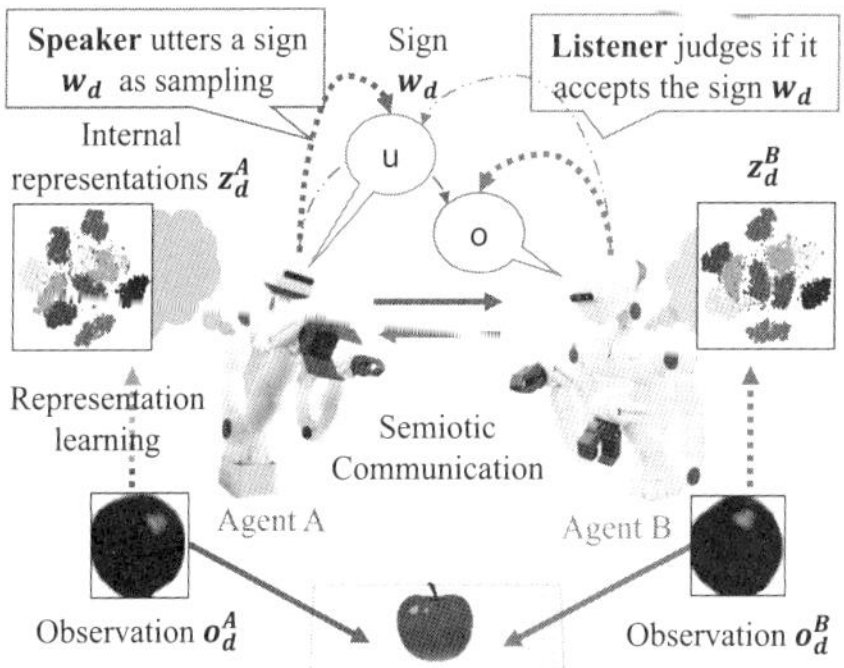

図2　メトロポリス・ヘイスティングス名付けゲームの概観

イズ推論アルゴリズムである**メトロポリス・ヘイスティングス法**に厳密一致することが証明できる。

重要なのはこのゲームを実施している間、両エージェントはお互いの内部変数に一切アクセスしていないということである。つまり記号的相互作用の前提である自己の認知の閉鎖性を維持したままのモデルとなっている。それなのに両エージェントの観測を統合する w_d のベイズ推論が可能になっているのである。つまりこのモデルは記号創発を通して社会における分散的なベイズ推論として集団の知覚を統合した表現学習が可能であることを示しているのだ。

この考え方は「名付けゲーム」とは「分散的にベイズ推論を行い、各エージェントの知覚情報を統合し、言語を創発するための、外部表象の表現学習である」という全く新しい視点を導入する。この考え方が、私たちを集合的予測符号化の考え方へと導く。

〔**谷口忠大**〕

Ⅵ－3

集合的予測符号化仮説

――言語が世界を予測するために私たちが存在するのだとしたら

■予測符号化と世界の理解

集団における記号創発は複数のエージェント間で行われる。その形成がボトムアップな相互作用の帰結として結果的に生じるものであったとしても、「その全体がシステムとして何を最適化しているのか？」「どこに向かって動作しているのか？」を把握することは、私たちの記号システムの理解のためにも、それをさらに人工知能の設計論に転用するためにも重要だ。

個体の認知システムが環境に適応していくプロセスは、自由エネルギー原理や予測符号化という形でその広い範囲を記述しうることをⅢ－2「自由エネルギー原理と予測符号化」で論じた。それは好奇心や感情という側面すらも覆う。機械学習や人工知能の視点から言えば、環境との相互作用を通して内部表現（内的表象）を得ていくのが表現学習であり、ディープラーニングが2010年代にその構成論を大いに進歩させたものだ。より環境との動的な相互作用を通して、内部に環世界（ここでは自らの感覚運動情報に閉じた系）のダイナミクスを表現するものは世界モデルと呼ばれる

（Ⅲ－7）。

人間は環境との相互作用を通して心的システムの内部に世界の表現を得るのだと主張すると、エナクティヴィズムの視点（Ⅳ－2）からは表象主義に寄り過ぎた言明に見えるかもしれない。これに関しては次項目にて再度触れるが、エナクティヴな認知においても認知システムが環境との相互作用を通して適応しカップリングしていくプロセス自体が否定されるものではないだろう。また予測符号化や自由エネルギー原理と世界モデルには、それらが提案され議論されてきた背景や経緯に違いはあるものの、数理的には共通項も多い[1]。共に予測学習により内部表現を更新していくことを根本的な原理として作動する。予測符号化や自由エネルギー原理は能動推論に繋がり、世界モデルの学習は「確率推論による制御[2]（control as inference）」の考えに繋がり、共に確率推論をもって行動生成を説明する。この意味で予測符号化は個体の認知システムの説明原理として機能する。第Ⅱ部で描かれた記号創発ロボティクスにおける言語習得や概念形成も、第Ⅲ部で描かれた認知発達ロボティクスや人工知能における環境適応や表現学習も、広い意味での予測符号化で説明できるのだ。

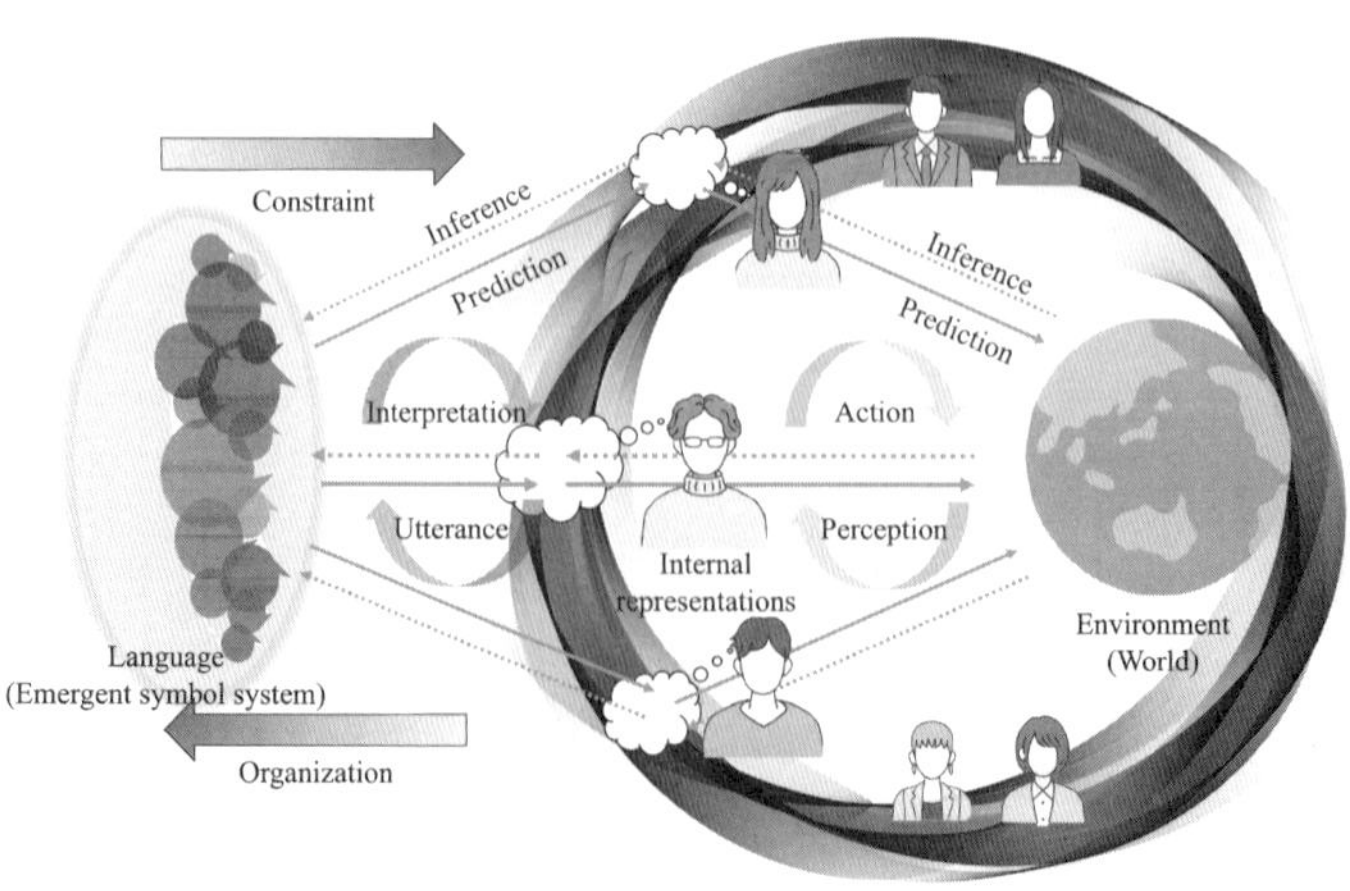

図１　集合的予測符号化の概要

■集合的予測符号化

前項目で紹介したメトロポリス・ヘイスティングス名付けゲームによる記号創発のモデル化では、まず始めに複数のエージェントを繋いだ生成モデル（つまり生成AI）を仮定し、それをモデルとして分解した上で、「相手の頭の中を覗くことなし」にその共有する潜在変数を分散的に推論しようとする。個人の認知システムを表現する確率的生成モデルの場合、潜在変数、つまり内的表象（内部表現）のベイズ推論は通常、個体の脳内（心的システムの内部）で行われるものであるが、ここではメトロポリス・ヘイスティングス名付けゲームという複数個体間の言語ゲーム（コミュニケーション）とそれを通した学習がそのベイズ推論に取って代わっている。つまり言語ゲームとは、集団の脳を繋いだ時の表現学習を、自律分散化するための方略でありアルゴリズムなのだ。メトロポリス・ヘイスティングス名付けゲームは*N*体のエージェントにも拡張可能であることが明らかになっている[3]。

つまり「全エージェントの感覚情報を統合して、社会全体として集合的に表現学習をする」という、まるで「脳を繋ぐ」ような話に対して、メトロポリス・ヘイスティングス名付けゲームに基づく記号創発の考え方は、この表現学習を「脳を繋ぐ」ことなく分散的に実現可能であると示しているのだ。つまり二者間において分散的にベイズ推論すること、つまり集合的に予測符号化することで、記号創発を表現できる。

この視点変化の含意は大きい。この考え方を敷衍するのが集合的予測符号化の考え

[1] Taniguchi, T., Murata, S., Suzuki, M., Ognibene, D., Lanillos, P., Ugur, E., Jamone, L., Nakamura, T., Ciria, A., Lara, B., & Pezzulo, G. 2023 World Models and Predictive Coding for Cognitive and Developmental Robotics: Frontiers and Challenges. *Advanced Robotics, 37*(13), 780-806.

[2] Levine, S. 2018 Reinforcement Learning and Control as Probabilistic Inference: Tutorial and Review. *arXiv preprint arXiv:1805.00909*.

[3] Inukai, J., Taniguchi, T., Taniguchi, A., & Hagiwara, Y. 2023 Recursive Metropolis-Hastings Naming Game: Symbol Emergence in a Multi-Agent System Based on Probabilistic Generative Models. *Frontiers in Artificial Intelligence, 6*.

方である。つまり私たちの社会全体として「他人の頭の中は覗かずに」集合的な予測符号化を行うことによって、記号創発が生じると考える。しかもそれはある条件を満たした言語ゲームをプレイすることで実現すると考える。このように言語が多数の人間による**分散的なベイズ推論**により生じるという考え方を、**集合的予測符号化**と呼ぶ。集合的予測符号化は記号創発システムの全体像を初めて理論的に統一的に捉えられる枠組みである。認知と社会のダイナミクスを共に捉えつつ、人間社会において言語が生まれるダイナミクスを包括的に説明することができる。

■集合的予測符号化仮説

この描像は創発的な言語のもたらす機能に関する新しい仮説を私たちに与える。それは「言語／記号とは私たちの感覚運動系を通した世界の経験を集合的予測符号化するために形成されているのではないか？」という仮説である。[4] 言うなれば社会的な表現学習を実現するために、言語は私たちを駆動しているのである。

恣意的な差異体系としての言語が私たちの世界認識を制約し、ある意味で隷属的な立場に置くという言語観は**社会構成主義**（もしくは**社会構築主義**）や**言語相対論**の議論で多く語られる。記号創発システムに基づく集合的予測符号化の考え方は、そういう要素を取り込みつつも、それに欠けている側面、つまり、それでもやはり言語というものは、環境との相互作用に基づく身体性やマルチモーダルな感覚運動情報から立

[4] Taniguchi, T. 2023 Collective Predictive Coding Hypothesis: Symbol Emergence as Decentralized Bayesian Inference. *PsyArXiv Preprints*.
谷口忠大 2024「集合的予測符号化に基づく言語と認知のダイナミクス――記号創発ロボティクスの新展開に向けて」『認知科学』31(1), 186-204.

ち現れる構造を含んでいる示唆も取り込むものである。

ここで「人間の言語は集合的予測符号化により形成されている」とする仮説を**集合的予測符号化仮説**と呼びたい。集合的予測符号化が人間社会において言語が生まれていくダイナミクスの基盤となっているとするのが集合的予測符号化仮説である。

この仮説はいくつかの含意を有する。①記号創発は分散的なベイズ推論によって実現される集合的な表現学習として捉えられる。②記号創発において個々のエージェントそれぞれの信念に基づく自律的なサインの棄却（採択）の意思決定が重要な役割を演じる。③記号システムは多数のエージェントの身体に基づく感覚運動情報に基づいて得られる世界の情報（集合的な環世界の事象）が符号化（encode）されたものである。

言語進化の視点からすれば「人間の言語はどのような認知機能を基盤として進化したか？」に対して、集合的予測符号化仮説は新たな説明を環境適応との関係性において提供する。つまり予測符号化を拡張した形で、集合的知性（**集合知**）として環境適応するという視点である。それは自由エネルギー原理などのより一般的な説明原理と繋がりながら、さらに予測符号化や自由エネルギー原理に対して、「ただ感覚運動系に基づき環境適応する知能」から「記号を形成し、文化を形成する知能」に向けたもう一段階の拡張を要請するのだ。

■生命的なシステムとしての言語と人間

図1に示した集合的予測符号化の概要図は私たちに新たな視点の移動を示唆する。それは「誰が自律的な環境適応の主体であるか?」という視点である。実はⅥ－2「記号創発システムの構成論」で示した記号創発、つまり集合的予測符号化のためのグラフィカルモデルはⅡ－5「マルチモーダル物体概念形成」やⅡ－6「マルチモーダル場所概念形成」で示されたグラフィカルモデルに大変良く似ている。対応関係をとろう。

マルチモーダル概念形成では視覚や聴覚や触覚といったセンサが予測対象となる感覚情報を提供し、それを認知システムが予測することで、概念形成が進む。それは広い意味で予測符号化として捉えられるし、またこれは世界モデルを始めとしたディープラーニングにおける表現学習でも同様である。

これに対して集合的予測符号化においては記号システム（もしくは言語）が予測符号化の主体となる。各個人は創発する言語に部分的な世界の符号化を通して情報を提供しつづける能動的なセンサノードのような存在になる。この意味で人間は言語というシステムに繋がりながら、環境の中に散らばって分散的に世界を探索し、記号システムの創発に貢献し続ける存在となるのである。

この描像はネオ・サイバネティクスにおける階層的自律コミュニケーションシステム（ＨＡＣＳ）（Ｉ－６）との関係性を示唆する。ＨＡＣＳにおいて、そもそもコミュニケーションする人間を見つめる視点に立てばそれぞれに人間は自律的な存在であるが、視点を社会システムに移すと下のレイヤーでコミュニケーションに参画する人間は他律的な存在に見える。記号創発システム論はこのような構造が、環世界に住まう個々の主体が記号的コミュニケーションを行うための条件となる記号創発システムから必然的に立ち現れるのだと考える。ＨＡＣＳとネオ・サイバネティクスの関係はＩ－６「ネオ・サイバネティクスと情報」でも述べられたように、未だ明確ではない。しかし、自律性というものが視点の取り方に依存しないこと、またミクロとマクロの間で因果や主従がはっきりとしない創発的な構造が言語的・記号的コミュニケーションには潜んでいるのだという理解は重要であろう。

〔**谷口忠大**〕

Ⅵ－4

社会的知能の三層モデル

――記号創発システムにおける集合的知性とその時間

■認知システムの二重過程理論

脳の働きには速い思考と遅い思考があると言われる。例えば「突然聞こえた音の方角を感知する」「空いた道路で車を運転する」というのは速い思考に当たり、「あるページにaの文字が何回出てくるか数える」「意外な音を聞いて、何の音か記憶をたどる」「納税申告書を記入する」というのは遅い思考に当たる。このような二つの思考モードについて、心理学者は古くから興味を持ちいろいろな名前をつけてきたが、ノーベル経済学賞受賞者でもある**カーネマン**（Daniel Kahneman）が前者の速い思考にシステム1、後者の遅い思考にシステム2という名前を著書『ファスト&スロー』で一般に向けて紹介し、これが広く読まれたこともあり、現在ではこの呼称がしばしば用いられている。カーネマンの二分法は**二重過程理論**（**Dual process theory**）と呼ばれる。[1]

人工知能分野においてこの言葉が一躍有名になったのは「ディープラーニングのゴッドファーザー」とも呼ばれる**ベンジオ**（Yoshua Bengio）が2019年に開催され

[1] カーネマン／村井章子訳 2014『ファスト&スロー――あなたの意思はどのように決まるか？』（上・下）ハヤカワ文庫

二重過程理論においてシステム1とシステム2の対比に以下のような二項対立があげられる。

表1　システム1とシステム2の対比

システム1	システム2
即応的知能	熟考的知能
高速	低速
直感的	論理的
無意識的	意識的
非言語的	言語的
習慣的	計画・推論的

た機械学習分野の中心的な国際会議であるNeurIPS（Conference on Neural Information Processing Systems）において「From System 1 Deep Learning to System 2 Deep Learning（システム1のディープラーニングからシステム2のディープラーニングへ）」という基調講演を行ったことが理由の一つだ。[2] このような二層構造は言語や思考に対応する**高次認知能力**と、知覚や運動の**低次認知能力**として古くから人工知能・ロボティクス分野においても認識されていた。認知発達ロボティクスおよびニューロロボティクスの文脈においては、**谷淳**が速いダイナミクスと遅いダイナミクスを共に含んだリカレントニューラルネットワークにおける内部表現の形成に関して論じている。[3]

システム1／2の議論は、そのような時定数の異なる認知の働きが、ディープラーニングを基礎に据えた現代の人工知能の文脈において再整理されたものだ。特に2010年代のディープラーニングの研究成果の多くが画像認識や音声認識といった低次の速い認知機能に留まっていたことに触れ、ディープラーニングがシステム2もカバーすべきだということに主張の要点があった。

■大規模言語モデルと世界モデル

その基調講演におけるベンジオの重要な論点に、「記号」的AIへの復古的な回帰は答えではないだろう、という示唆がある。熟考的知能の実現といえば「記号」的人

[2] 講演の内容はYouTubeで見ることができる。Yoshua Bengio, From System 1 Deep Learning to System 2 Deep Learning, NeurIPS 2019, https://www.youtube.com/watch?v=FtUbMG3rlFs

[3] 谷淳／山形浩生訳協力 2022『ロボットに心は生まれるか――自己組織化する動的現象としての行動・シンボル・意識』福村出版（Tani, J. 2016 *Exploring Robotic Minds: Actions, Symbols, and Consciousness as Self-Organizing Dynamic Phenomena*. Oxford University Press.）

工知能（Ⅱ－2）の得意とするところであった。それゆえに「記号」的人工知能の再評価と見る向きもあったかもしれない。しかし、ベンジオは一貫してディープラーニングの上でシステム2にたどり着く重要性を述べた。この点は本書の記号創発システムの考え方に共通する。

2020年代に突入し、時代は大規模言語モデルとそれを含んだ基盤モデルに基づく生成AIの時代に突入した。ChatGPTに象徴される大規模言語モデルは熟考が必用と考えられていた様々なタスクをディープラーニングに基づいて実行可能なことを示して見せた。世の中ではシステム2も大規模言語モデル（Ⅴ－3）、つまりディープラーニングに基づき到達するのだという理解に収斂しつつある。

実世界と相互作用し続ける知能にとって、システム1を表現するのに適切な言葉は世界モデル（Ⅲ－7）だろう。それは知覚的な表象のみならず、運動のための表象も含む。低次認知能力の基盤モデルである世界モデルの上に、高次認知能力の基盤モデルである（大規模）言語モデルが載るという二層構造が2020年代前半における二重過程理論に対応する構造のAI分野における標準的な構成的理解ではないだろうか。

■知能の三層モデル

二重過程理論も含め、認知科学や人工知能の研究や議論においては、知能を個人の内側へと還元する傾向がある。しかし、実際のところ知能とは個体の脳内に閉じた存

［4］受動歩行ロボットとは斜面に置くと重力だけでカタカタと斜面を転がるように二足歩行するロボットのこと。計算機を用いた制御を一切必用とせず身体的な機構のみで歩行を実現する。

在ではない。知能はその外側のダイナミクスと常に繋がりながら作動している。記号創発システムの視座は、システム1の下、そしてシステム2の上、双方の外側にも議論を広げる。以降、図1を参照しながら説明を続ける。

システム1の下にあるのは身体そのもののダイナミクスである。サブサンプションアーキテクチャや**受動歩行ロボット**[4]が証明するように、良くデザインされた身体は脳がなくとも歩行を始めとした適応的な振る舞いを実現する。人間においてはこのような相互作用は脳にまで上がって来ることなく脊髄反射レベルで処理される。または受動歩行ロボットにあるように神経系を介することなく振る舞いを生み出す。このような知能の非表象的な視点は身体性認知科学(Ⅳ-1)やエナクティヴィズム(Ⅳ-2)と関係が深い。これを**システム0**と呼んでもいいかもしれない。

システム2の上にあるのは、社会におけるダイナミクスである。ここが記号創発システムの重要な論点となる。人間の知能は個に閉じない適応性にその特殊性がある。私たちは集団として環境に適応するために言語を生み出し、規範を生み出し、社会的制度を生み出していく。これは私たち個人の脳内に閉じないものであり、社会集団のなかで分散的に作動するものである。これが記号創発にあたり、また集合的予測符号化が行っていることに相当する。私たち人間は世界モデルを構成し内的表象を生み出すことにより個人として環境に適応す

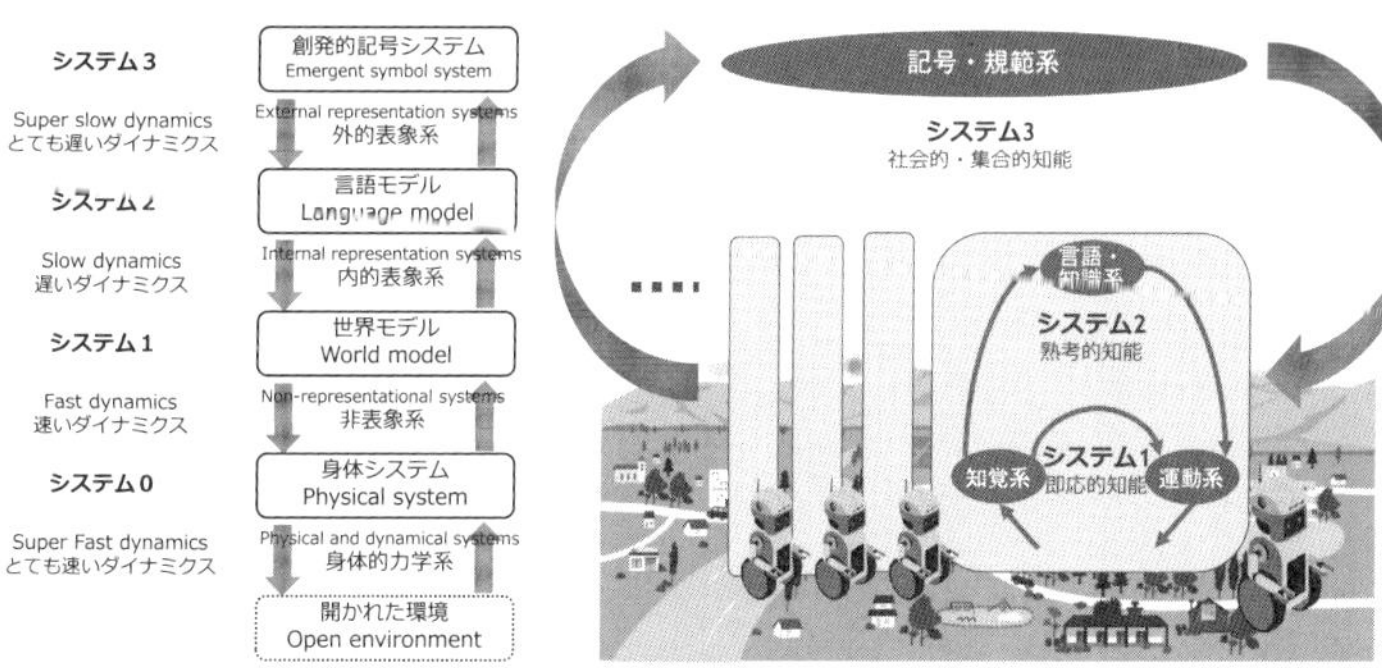

図1　社会的知能の三層モデル

るにとどまらず、外的表象を生み出し、つまり記号を生み出し、集団として環境に適応している。本項目ではこの層に対応する思考の存在を仮に**システム3**と呼びたい。この思考の主体は人間ではない。社会、つまり記号創発システムそのものが思考の主体になっているのだ。システム3において知能は個にとどまらず集合体として働く。つまり記号創発システムにおける**集合的知性**として作動するのだ。

システム1と2の外側に立ち現れるシステム3は、その物理的な実現の意味においてシステム1／2と質的に異なる。システム1／2は個体の認知や思考であり、あくまでその学習や適応は個体の脳のシナプス可塑性によって主に支えられる。これに対してシステム3は個人を超えて社会における集合的な知性として作動し、それは言語や制度といった記号システムの可塑性によって支えられる。その根本的な根拠は記号過程が有する恣意性にある。この意味でパースの記号論において指摘された記号の持つ恣意性は、システム1／2にとってシナプス可塑性が重要であるのと同様の意味において、システム3にとって重要なのだ。もちろん、システム3は個々の主体の脳活動とその中に生まれる内的表象なくしては立ち現れない。しかし、その記憶は書き文字や絵画などを含めた外部的な存在に刻まれ、外的表象としても存在する。その記憶や作動は、個人の脳内に閉じておらず、記号の恣意性（もしくは可塑性）を通して、他者や環境に開かれている。

ベルクソン（Henri Bergson）は時間の概念に重きをおいた哲学者である。その研究者である**平井**は人工知能を含んだ現代的な議論とベルクソンの議論を架橋しながら**マルチスケールの時間論**を展開する。[5] 収集した静的なデータセットを基礎に据えた機械学習に立脚する現代の人工知能分野において、知能にとっての時間論は背景化しがちであるが、二重過程理論はその一つの接点を提供しているとも言える。

マルチスケールの時間論という視点から、集合的予測符号化――つまり外的表象（記号）のやりとりを通した、システム3としての私たちの社会の適応が知能における「とても遅い」ダイナミクスとしてシステム2より上に位置付けられるという視点を提供したい。記号創発は個体としての知能を超えて、記号を生み出し、操ることで、集団として環境適応する特殊な動物である人間の知能の本質的な構成要素である。このようにして私たちは知能の三層モデルを得る。

第V部においては言語の進化や創発に加えて、倫理の創発や法システムの創発について触れた。これらはまさに私たち人間の知能にとって重要な一部であるシステム3に属するといえ、記号創発システム論の射程に含まれるべきものなのである。

〔**谷口忠大**〕

［5］平井靖史 2022『世界は時間でできている――ベルクソン時間哲学入門』青土社

Ⅵ－5

生成ＡＩとの共生社会へ向けて

――これからの私たちが生きていくために

■ＡＩアラインメントと変わりゆく人間

２０２２年末におけるChatGPTのリリースから大規模言語モデルは一躍、人工知能研究の中心に躍り出た。今や**汎用人工知能（Artificial General Intelligence：ＡＧＩ）**を創り出す道筋において大規模言語モデルから始めるのは最も有力なアプローチだろう。しかしⅤ－３「大規模言語モデルと分布意味論」において述べたように大規模言語モデルにはバイアスの問題や、ハルシネーションの問題がある。ハルシネーションとは大規模言語モデルが事実ではない情報や根拠のない回答、またはおかしな文章を生成することである。

このような大規模言語モデルを始めとしたＡＩモデルの作動を人間の倫理、価値観、目的と一致するように調整する研究は**ＡＩアラインメント**と呼ばれる。大規模言語モデルに基づく生成ＡＩを社会に調和的に実装していくためにＡＩアラインメントは注目される研究分野だ。

一方で、ここで人間の倫理や価値観とはそれほど固まったものなのだろうか、ＡＩ

の学習のターゲット（正解ラベル）となるほどに正解が定められるものなのだろうか、という問いがある。世界において価値観は多様である。大規模言語モデルが世界各地で意思決定の支援に用いられる中で、その大規模言語モデルが偏った言語資源に基づく、寡占的なサービスへと集約されることは、新しい意味でのグローバリゼーション、価値観の単一化を導きかねない。これは一方で、思想や価値観、倫理の多様性に対する強い抑圧となりえる。

記号創発システム論の見地に立つなら、そもそも言語と、それに基づき語られる倫理や法律も創発的な存在である。それらは各地の環境やその影響を受けながら生じた文化や規範、その歴史的経緯などに依存する。そもそも言語はその本質において恣意性を持つ存在なのだ。固まったものではなく変わり続ける存在である。

ＡＩアラインメントにかかわり、二つの論点をあげよう。一つ目は大規模言語モデルの人間の言語やその先の思考への影響であり、二つ目は人間そのものの価値観や倫理である。

２０２３年3月にChatGPTがバージョンアップしＧＰＴ－４がリリースされた。筆者がＧＰＴ－４に英文校正などをさせていると、あまり馴染みのなかった熟語「delve into」が頻繁に使われることに気づいた。「delve into」は「徹底的に調べる」という意味だ。理由はわからないがＧＰＴ－４はやたらと「delve into」を使う。そこでGoogle Trendsで調べてみたところ世界中においてインターネット上で「delve into」という言葉が２０２３年３月から右肩上がりに増えていることがわかった[1]。これは明らかにＧＰＴ－４の影響で人々の言語使用が変わっていることを示唆している。言語は誰かが使った言葉を学び、また使われていくものである。これは小さな事例だが、大規模言語モデルの影響で、すでに私たちの言語が変わり始めていることを示唆している。つまりＡＩアラインメントを考えると共に、不可避に変わっていってしまう人間自身も込みにした系で捉えてＡＩとの共生的であり相互的なアラインメントの論理を考えて行く必要があるだろう。

もう一つが人間自身の倫理だ。生成ＡＩの広まりと共に問題となっているのはＡＩそのもののハルシネーションもさることながら、人間が生成ＡＩを用いることで文章や画像を捏造するなどといったことだ。いくらＡＩのハルシネーションを抑えたからといって、人間がそれ自体を目的とした時に抑えることは難しい。

今後のＡＩ研究やＡＩを取り込んだ社会において、これらはお互いに関係しあった問題である。技術論としてのＡＩアラインメントは、哲学や倫理、社会、政治など広い人文科学の議論とのインタフェースを提供するだろうし、その越境の中で、新たな人間ＡＩ共生社会を構築していくことが求められる。

■はさみうちされる「人間らしさ」

人工知能技術が発展した２０２０年代、生成ＡＩの時代にあって、人間性というも

［1］Google Trends- "delve into" 検索結果 https://trends.google.com/trends/explore?date=today%205-y&q=delve%20into&hl=ja（2024/2/12アクセス）

のが、新しい危機に直面している。20世紀まで「人間」の知性の特別さはその理性的・言語的思考によってしばしば語られた。再帰的な構造を持つ言語の使用が人間の特殊性を表すもののように語られもした。さらに人間にはできるが機械や動物にできないこととして、絵を描いたり、楽曲を書いたりといった行為に代表される「創造性」に言及されることもあった。しかしこれらの多くの牙城が大規模言語モデルを始めとする生成ＡＩによって崩されている。

しかしここで語られる「人間らしさ」にはある種のバイアスがある。知性に関して論じる時、「人間らしさ」の根拠は、しばしば高次認知能力に偏り、低次認知能力に焦点が当たることは稀だ。2〜3歳児が持つ能力や、あらゆる人間が持つ能力が「人間らしさ」とされずに、特殊に知的であったり創造的であったりする人間が持つ能力が「人間らしさ」の規準に置かれる。数学の問題の証明、囲碁の高度なプレイ、絵画や音楽、物語の創作、間違いない多言語の発話。人口の1割もできないだろうタスクの実現が人間並の知能を持っているかの判別タスクとされた。

モラベックのパラドックスという、**モラベック**（Hans Moravec）らが示したパラドックスがある。人間にとって複雑な思考がＡＩには簡単である一方で、人間が無意識のうちに行う幼児にとってさえ簡単な感覚や運動のタスクがＡＩには非常に困難であるというものだ。実際に生成ＡＩの時代にあっても、家事手伝いをするロボットが家庭に現れていない理由の一つがここにある。

知能の高度さに対する社会的な共通理解は歴史的・文化的に動物と人間との対比によって培われてきた。モラベックのパラドックスが問題にする低次認知能力に関わる感覚や運動のタスクは動物にだってできることである。だから人間は自分のアイデンティティを言語や思考、創造性といった高次認知能力に求めてきた。しかし、それらはむしろＡＩにとって相対的には得意でさえあることだということが明らかになってきた。そもそも人工知能の黎明期から論理推論やゲームはＡＩがまず取り組んだ問題だったし、１９９７年にはディープブルーがチェスの世界チャンピオンを打ち負かしている。一般的にＡＩは高次認知能力に関わる部分が得意である。それでも人々は「限られた盤面のゲームなら負けたが、絵画や音楽といった創作なら負けない」とより高次な方向へと逃げた。しかし今や生成ＡＩは大半の人間よりも精彩な絵を書き、自然な楽曲を生成してみせる。

知能における「人間らしさ」とは何かに関して私たちはあらためて認識を更新する必要があるだろう。一つ目に、動物が低次の側から迫ってくる一方で、ＡＩは高次の側から迫ってきているという事実を受け入れるべきだろう。「人間らしさ」ははさみうちにされている。動物とＡＩ両方に対する差異をもって人間の知能の特殊性を語るならば、その低次と高次の間に、そしてまたそれらを繋ぐ点に一つ目の答えを見出すべきだろう。そしてまたさらにその外側に、前項目で語ったシステム０、システム３、そしてそれらを繋ぐことにこそ人間の「人間らしさ」はあるのかもしれない。これはまさに記号創発システムの視座に立つからこそ得られる展望である。

二つ目には人工知能研究そのものが内包する機能主義だ。機能主義とは心や知性の本質が、何かをできることにあるという考え方である。人工知能は機能主義に拠るからこそ人間の知能に迫れる可能性があるわけではあるが、社会におけるその急速な浸透と受容が、その背後にある機能主義に従った言論の広がりを生む。あくまではさみうちされているのは機能主義的な知性観に立った時の「人間らしさ」である。私たちがこの社会で私たちとして生きる価値は決して「何ができるか?」のみにあるのではない。

市場経済のメカニズムは「何ができるか?」によって人間をサービス供給主体として価値づけする傾向があるが、これと人工知能の背後にある**機能主義**が手を結び、2020年代は「人間らしさ」が脅かされる時代になるだろう。あらためて私たち自身が機能主義を超えて一人ひとりに「人間らしさ」を見出し、強くそれを意識しながら、社会を構成していく意思が求められる。

■ミクロ・マクロ・ループの中の「私」として生きる

記号創発システム論は言語に対してボトムアップな描像を与える。集合的予測符号化により創発的記号システムとして社会の中で形成されるという考え方だ。しかしボトムアップに形成された創発的記号システムがトップダウンな影響を与えることにこそ記号創発システムの本質がある。複雑系の言葉でいえばミクロ・マクロ・ループだ（I－1「記号創発システム」参照）。本書の最後に、この本質に基づき記号創発システム論が提供する最も大きな哲学的含意について触れたい。

広い人文科学の分野において、知識や自己認識、文化的・社会的現象の本質や起源に関して、現象や対象、及びそれらと本質との関係が客観的な実在であると考える**実在論**や**本質主義**と、社会的に構成されるものとみなす**構築主義**や**社会構成主義**の両極はしばしば論争の対象となってきた。科学哲学、社会学、教育学、言語学、法学、政治学など、多岐にわたる分野でこれらの二項対立は語られてきた。

例えば、ジェンダー論において「男女差」を、「生物学的なもの」と考えるのは本質主義、「社会的に構築されたもの」とするのが社会構築主義的な考えである。科学哲学の議論において、科学的発見は実在する現象や存在の発見に他ならずこれらの存在は社会的・文化的な要因から独立していると考える科学者のあり方は、実在論の立場に立つ。その一方で、科学的知識が社会的、文化的な文脈に根ざしており、科学者たちの相互作用、信念、価値観によって形成されると主張するのが社会構築主義の立場だ。

記号創発システム論はこの二つの考え方のどちらが正しいとするのでもなく、これらを包摂する枠組みを目指す。例えば科学的知識に関して述べるならば、科学者たちの探究に基づく科学的知識の形成とは、まさに個々の主体に分散的に存在する暗黙知としての内的表象を超えて、形式知としての外的表象を形成していく過程に他ならない。このような過程は集合的予測符号化の考え方に合致する。集合的予測符号化や記号創発システム論の考え方は構成主義の考え方に基づくが、それは実在論と矛盾するものではない。集合的予測符号化を通して記号創発システムそのものは集合的知性としての環境適応を続ける。文化的な文脈はシステム3にとっての「記憶」のような役割を果たす。これを分散的に保持するのが科学者たちの信念や価値観であると捉えられるだろう。この意味では社会構築主義も実在論も記号創発システム論の枠組みの中で無矛盾に組み込まれるように思われる。

科学者の日々の活動において、社会構築主義的な側面と、実在論的な側面は記号創発システムにおけるミクロ・マクロ・ループの中で常にぶつかり合いながら、融和や葛藤を生じさせ、システム3のダイナミクスを生んでいる。そしてそれこそが集合的予測符号化を続ける人間社会の本質なのだと考える。

ジェンダー論においては「男・女」のカテゴリ分けが問題の発端となる。社会構築主義の議論を援用するジェンダー論の議論において「男女の区別は社会的に構築された恣意的なものである」からその区別は自由に改変して構わないというようなナイーブな議論が行われることがある。しかしそのカテゴリ分けにはやはり実在論的な由来があり、他の諸概念との関係性の中で培われてきたものでもある。それをシステム3の学習の結果として見るならば、無条件にそれを無視したり、破壊したりして良いことにはならない。記号論における恣意性とは絶対的なものではないことを表しているのみであり、その構造が無意味であることや、勝手に改変しても害がないことを意味しない。むしろ恣意性とは環境適応のための自由度であり、その創発的記号システムを丁寧に編み上げていく能力こそが人間に与えられた叡智なのである。

私たちはミクロなレベルでは自由に記号を生み出すことができる存在である。一方マクロな視点では社会に存在する記号システムに隷属するかの如くに従わねばならない。構造主義の時代における精神分析家である**ラカン**（Jacques Lacan）は社会に存在する言語活動を「**大文字の他者**」として私たちが受け入れなければならない他者とした。そして、精神分析の文脈における自己認識と他者との関係性の基盤であり、葛藤の源として理論の中心に置いた[2]。私たちが記号創発を通して集合的予測符号化により集団として環境適応を行っているのであれば、この葛藤はむしろ必然である。私たちはトップダウンに与えられる記号系の制約を受けながら、それを受け入れることにより他者が得た経験を間接的に利用することができるのだ。これを完全に無視することは、文化の破壊や、それを通した文明的な退行を意味しかねない。一方で、自らの観測や経験、発想をしっかりと表現し、記号システムを変化させることへ参画しないことも、集合的予測符号化へ貢献しないことになる。皆がそのように貢献をやめるならば、それは集団として世界をよりよく予測し、私たちが集団として環境適応していくことを止め、立ち止まることを意味する。

[2] ラカンはその議論に比喩的な数式を用いていたこともあり、ソーカル事件においてやり玉に挙げられた。その影響もあり、現代の科学的議論においては非科学的な議論を行った思想家のようなレッテルが貼られている面が強いが、「大文字の他者」の議論などは示唆的であり、現代社会における記号システムの重要な側面を表している。

「私」らしく生きるために、私たちは社会が押し付けてくる「私」らしさから自由であるべきなのか、それともそれを受け入れて理性的に規範に従うべきなのか。「人間らしく」生きるというのはどちらなのだろうか。筆者はその両方なのだと思う。人間という存在の本質が個による環境適応を超えて、集団による記号創発を通して恣意的な言語体系や社会的規範を生み出し、環境適応していくことにあるのだとすれば、必然的に私たちは記号創発システムに参画する存在となる。そこでは必ずミクロ・マクロ・ループが生じ、トップダウンとボトムアップの葛藤が生まれる。記号システムから完全に自由でもなく完全に不自由でもなく、葛藤しながら生きていくことにこそ「人間らしさ」の本質があるように思う。

私たちが形成している、そのような記号創発システムの中に、これから避け難く生成ＡＩが入ってくる。その影響をより俯瞰的な視点から把握しながら、生成ＡＩとの共生社会へ向けて、より私たちが「私らしく」「人間らしく」生きていける技術や理論、制度や文化、そして社会を作っていくことが課題であろう。

〔**谷口忠大**〕

ブックガイドⅥ

①平井靖史『世界は時間でできている ── ベルクソン時間哲学入門』青土社、2022年
ベルクソン哲学の研究者である著者がMTS（マルチ時間スケール）解釈に基づく知覚や意識について議論する。ベルクソンの時間論に端を発し時間の哲学が広がる。Ⅵ－4「社会的知能の三層モデル」の議論は平井との議論に影響を受けたものである。

②谷口忠大『僕とアリスの夏物語 ── 人工知能の、その先へ』岩波書店、2022年
ある日、主人公・悠人のもとに言葉を話せない少女・アリスがやってくる。実は彼女はロボットだった。小説と解説を交差させながら、発達的な視点からAI・ロボットの諸相を解説。

③源河亨『愛とラブソングの哲学』光文社新書、2023年：記号創発システム論の延長線上には「私たちはロボットを愛することはできるのか？」という問いがあるはずだ。この問いに取り組むための手がかりとして、愛についての明快な見通しを与えてくれる良書。

④マイケル・ワイスバーグ『科学とモデル ── シミュレーションの哲学 入門』松王政浩訳、名古屋大学出版会、2017年：科学において「モデル」とはいつも無意識的に、または意識的に存在する概念である。Ⅱ－1「記号創発ロボティクス」でも触れたように、その科学哲学的な位置づけを知ることは心の研究に重要だ。

⑤モーテン・H・クリスチャンセン，ニック・チェイター『言語はこうして生まれる ──「即興する脳」とジェスチャーゲーム』塩原通緒訳、新潮社、2022年：言語とは決められた文法規則による静的な存在ではなく、ジェスチャーゲームのような即興的なやりとりで生み出されていく創発的な存在だ。そんな言語観に触れる一冊。

⑥西田豊明『AIが会話できないのはなぜか ── コモングラウンドがひらく未来』晶文社、2022年：自然な会話を私たちと続けられるAIに必要なものは何か？コモングラウンド（共有基盤）という概念を軸に議論する。その概念と記号創発システムの関係性に注目したい。

⑦ヤン・ルカン『ディープラーニング　学習する機械 ── ヤン・ルカン、人工知能を語る』松尾豊監訳・小川浩一訳、講談社、2021年：2020年代を牽引したディープラーニングの第一人者であるルカンが、そこに至るまでの道程を紹介する。あきらめない情熱が学問を形成していく。ワクワクする自叙伝。

⑧F・A・ハイエク『市場・知識・自由──自由主義の経済思想』田中真晴・田中秀夫編訳、ミネルヴァ書房、1986年：ノーベル経済学賞を受賞したハイエクは市場が知識を集約する力を持つと考えていた。記号創発システム論も影響を受ける自己組織化的な社会描像を描くハイエクを知ろう。

⑨ダニエル・カーネマン『ファスト＆スロー ── あなたの意思はどのように決まるか？』（上・下）村井章子訳、ハヤカワ文庫、2014年：ノーベル賞経済学者のカーネマンが著した名著。二つの異なる速度を持つ私たちの認知 ── システム1／2に関して平易な言葉で解説。Ⅵ－4の導入として。

⑩谷口忠大『賀茂川コミュニケーション塾 ── ビブリオバトルから人工知能まで』世界思想社、2019年：コミュニケーションとはただ言葉をやりとりするだけではない。ビブリオバトルやAIロボットの話を含みながら、広いコミュニケーション観に関して小説形式で紹介する一冊。

あとがき

あらゆる記号システムがそうであるように学問も動的なシステムである。今、私たちが、高等教育で学び、当たり前のように語る諸分野も、数百年遡るだけで多くがその姿を消す。ものによっては百年と持たない。諸工学も自然科学もそうであるし、人文社会科学もそうである。世界の本質が変わらないとしても、技術により、制度により社会は変わり、また学問も変わる。記号創発システム論はそのように変わりゆく学問分野の中で、まだ未接続であった領域に必然としての接合点を見出し、情報学、諸工学、人文社会科学の間にまたがる学問体系を生み出そうとしている。「では、具体的に『記号創発システム論』はどのような学術分野と接合し、その基礎理論と応用範囲はどのように分布しているのか?」本書はそのような問いに対して答えることができる初めての本になったのではないかと思う。

本書は決して咀嚼するに易しい本ではない。それは「記号創発システム論」が新しい場所に根を張り、幹を伸ばし、枝葉を生やし、そして果実を実らせようとしている途上にある概念だからだ。なぜ、21世紀になるまで「記号創発システム論」は生まれなかったのか? それもまた、より大きな学問史、科学技術史の中に見出すことができる。20世紀に発展した計算機科学の技術基盤の恩恵を得ながら発展した統計科学や機械学習はメタサイエンスとしての立場も持つ。科学を行うことの多くが実験と観測、そしてその統計データからの仮説の立証にあるのだとすれば、機械学習に基づく人工知能の行っていることは科学の営みや人の認知発達そのものと類似の構造を持つ。「記号創発システム論」が論じるべき対象は太古の昔から人類と共に存在した。しかし、計算機科学や機械学習、ロボティクスに基づく構成論を手にすることによって、ようやく私たちはその動態を議論する道具立てを得たのだ。記号創発システム論はまだこれから成長していく体系だ。本書の出版が、多くの人々にその概念を知っていただき、その成長に関係していただく機会となっていれば、これに勝る喜びはない。

最後に関係者に謝辞を述べたい。本書執筆にあたり、立命館大学グローバル・イノベーション研究機構（R-GIRO）「記号創発システム科学創成：実世界人工知能と次世代共生社会の学術融合研究拠点」（２０２２年度〜）、「次世代人工知能と記号学の国際融合研究拠点（２０１７年度〜２０２１年度）」の支援を受けた。公費に支えられた国立大学とは異なり、学生の学費によって支えられる私立大学において、これほど学際性の高い領域に息の長い支援をいただけるというのは珍しいことであろう。ひとえに学生、保護者、教職員を含めた立命館大学の懐の深さと、関係者各位のご助力によるものと思う。深く感謝の意を示したい。本書制作のきっかけは「『ワードマップ』の出版に興味がある」と言っていた私を、R-GIRO プロジェクトでご一緒しているサトウタツヤ先生（立命館大学・文化心理学）が、新曜社に繋いでくださったことだった。私自身、大学院生のころはよく「ワードマップ」シリーズで勉強させてもらったので、その中の一冊を手掛けられたのは嬉しく思う。

本書の制作にあたり編集者の原光樹氏には大変お世話になった。共著者が多く何かと調整に苦労をかけてしまったかもしれないが、お陰様で当該学問領域におけるメルクマールとなる本ができたと思う。また、あらためて本書執筆に集ってくれた共著者陣にも感謝を述べたい。お陰様で、その一編一編が諸分野との接続を明らかにする重要な論考となったと思う。また、本書で紹介された研究成果や議論、活動の一部はJSPS 科研費 JP21H04904、JP23H04835、JP21H05053、JP23H04834、JP23H04831、JP21K00534、JP23H04830、JP23H04829、JP23K00001、JP23H04832、JP17H06383、JP21K17806、JP23H04974、JP20K19900、JP23K16975、JP22H05159 及び、JST-CREST（課題番号：JPMJCR21P4）、JST-RISTEX（課題番号：JPMJRS23J2）、JST-PRESTO（課題番号：JPMJPR22C9）、AMED（課題番号：JP21wm0425021）の助成を受けた。学術分野の成長を支える長期にわたる支援に感謝を申し上げる。

２０２０年代。情報化社会の爛熟を経て、生成ＡＩの時代へと突入した。そのような時代において、新たな技術を創造する意味でも、未来社会を形作る意味でも、私たちの扱う言語や知識、そしてその意味を支える認知や行動の繋がりを理解することは益々重要となっている。そのための議論を未来へと開きながら、ここで本書を閉じることとしたい。

2024年6月

梅雨の京都の自宅にて　谷口忠大

編　者

谷口忠大（たにぐち　ただひろ）【Ⅰ-1，Ⅱ-1，Ⅵ-1 ～Ⅵ-5】
京都大学大学院情報学研究科教授／立命館大学総合科学技術研究機構客員教授。1978年生まれ。京都大学工学研究科博士課程修了、博士（工学）。専門は人工知能、創発システム、認知発達ロボティクス、コミュニケーション場のメカニズムデザイン。全国に広まる書評ゲーム「ビブリオバトル」の考案者でもある。著書に『コミュニケーションするロボットは創れるか』（NTT 出版）、『記号創発ロボティクス』（講談社）、『心を知るための人工知能』（共立出版）、『ビブリオバトル』（文藝春秋）、『コミュニケーション場のメカニズムデザイン』（共編著、慶應義塾大学出版会）、『未来社会と「意味」の境界』（共編著、勁草書房）など。

ワードマップ
新曜社
記号創発システム論
来るべき AI 共生社会の「意味」理解にむけて

初版第１刷発行　2024年９月１日
初版第２刷発行　2024年10月11日

編　者　谷口忠大
発行者　塩浦　暲
発行所　株式会社 新曜社
〒101-0051　東京都千代田区神田神保町 3-9
電話（03）3264-4973（代）・FAX（03）3239-2958
E-mail : info@shin-yo-sha.co.jp
URL : https://www.shin-yo-sha.co.jp/
印刷所　星野精版印刷
製本所　積信堂

ISBN978-4-7885-1854-4　C1010

執筆者（登場順）

佐治伸郎（さじ のぶろう） 早稲田大学人間科学部准教授【Ⅰ-2，Ⅱ-2】

加藤隆文（かとう たかふみ） 大阪成蹊大学芸術学部准教授【Ⅰ-3】

西田洋平（にしだ ようへい） 東海大学資格教育センター准教授【Ⅰ-4，Ⅰ-6】

森口佑介（もりぐち ゆうすけ） 京都大学大学院文学研究科准教授【Ⅰ-5】

中村友昭（なかむら ともあき） 電気通信大学大学院情報理工学研究科准教授【Ⅱ-3，Ⅱ-5】

谷口彰（たにぐち あきら） 立命館大学情報理工学部情報理工学科講師【Ⅱ-4，Ⅱ-6】

長井志江（ながい ゆきえ） 東京大学ニューロインテリジェンス国際研究機構特任教授【Ⅲ-1】

村田真悟（むらた しんご） 慶應義塾大学理工学部電気情報工学科准教授【Ⅲ-2，Ⅲ-5】

堀井隆斗（ほりい たかと） 大阪大学大学院基礎工学研究科講師【Ⅲ-3，Ⅲ-4】

鈴木雅大（すずき まさひろ） 東京大学大学院工学系研究科技術経営戦略学専攻特任助教【Ⅲ-6，Ⅲ-7】

細田耕（ほそだ こう） 京都大学大学院工学研究科教授【Ⅳ-1】

宮原克典（みやはら かつのり） 北海道大学人間知・脳・AI研究教育センター准教授【Ⅳ-2，Ⅴ-5】

田口茂（たぐち しげる） 北海道大学大学院文学研究院教授／北海道大学人間知・脳・AI研究教育センター長【Ⅳ-3】

土谷尚嗣（つちや なおつぐ） モナシュ大学教授【Ⅳ-4】

新川拓哉（にいかわ たくや） 神戸大学人文学研究科講師【Ⅳ-5，Ⅴ-5】

宮下太陽（みやした たいよう） 株式会社日本総合研究所未来社会価値研究所兼リサーチ・コンサルティング部門シニアマネジャー【Ⅴ-1】

安田裕子（やすだ ゆうこ） 立命館大学総合心理学部教授【Ⅴ-1】

橋本敬（はしもと たかし） 北陸先端科学技術大学院大学先端科学技術研究科共創インテリジェンス研究領域（知識科学系）教授【Ⅴ-2】

品川政太朗（しながわ せいたろう） 奈良先端科学技術大学院大学先端科学技術研究科情報科学領域助教【Ⅴ-3】

山中司（やまなか つかさ） 立命館大学生命科学部教授【Ⅴ-4】

稲谷龍彦（いなたに たつひこ） 京都大学大学院法学研究科教授【Ⅴ-6】

人名索引

■A
浅田稔（Asada, M.） 90

■B
Ballard, Dana（バラード） 101
Barrett, Lisa Feldman（バレット） 111, 112, 114, 138
Bartlett, Frederic（バートレット） 31
Bengio, Yoshua（ベンジオ） 240-242
Berger, Peter L.（バーガー） 31
Bergson, Henri（ベルクソン） 244, 245, 256
Berlyne, Daniel（バーライン） 103
Breazeal, Cynthia（ブリジール） 111
Brooks, Rodney（ブルックス） 142

■C
Cannon, Walter Bradford（キャノン） 110
Chao, Zenas（チャオ） 102
Chomsky, Noam（チョムスキー） 50
Csibra, Gergely（チブラ） 54, 55

■D
Damasio, Antonio（ダマシオ） 110
Darwin, Charles Robert（ダーウィン） 109
Deci, Edward L.（デシ） 104
Descartes, René（デカルト） 110, 152, 162
Dewey, John（デューイ） 19, 20

■E
Ekman, Paul（エクマン） 111
Elman, Jeffrey L.（エルマン） 52

■F
Friston, Karl John（フリストン） 97, 99, 113, 138

■G
Gergely, György（ガーガリ） 54, 55
Glasersfeld, Ernst von（グレーザーズフェルド） 31, 34, 199

■H
Ha, David（ハー） 136
Hafner, Danijar（ハフナー） 136
Harnad, Stevan（ハーナッド） 47, 220
Heidegger, Martin（ハイデガー） 25, 157
日永田智絵（Hieida, C.） 115, 116
平井靖史（Hirai, Y.） 245, 256
Hoffmeyer, Jesper（ホフマイヤー） 37, 179
堀井隆斗（Horii, T.） 108, 115, 116
Husserl, Edmund（フッサール） 155-157, 159-161

■I
磯村拓哉（Isomura, T.） 102

■J
James, William（ジェームズ） 19, 20, 103, 109, 110, 162, 163

■K
Kahneman, Daniel（カーネマン） 240, 256
Kull, Kalevi（クル） 180

■L
Lacan, Jacques（ラカン） 254
Lotman, Juri（ロトマン） 179, 180, 216
Luhmann, Niklas（ルーマン） 35, 36

■M

Merleau-Ponty, Maurice（メルロ＝ポンティ） 153, 157, 159, 161
Misak, Cheryl（ミサック） 18-20, 40
Moravec, Hans（モラベック） 249, 250

■N

Neisser, Ulric（ナイサー） 31
Newell, Allen（ニューウェル） 46

■O

尾形哲也（Ogata, T.） 122
大平英樹（Ohira, H.） 114-116
Oudeyer, Pierre-Yves（オーデイヤー） 107

■P

Peirce, Charles Sanders（パース） 9-12, 15, 17-20, 26, 37, 40, 160, 163, 178, 179, 185, 216, 244
Pfeifer, Rolf（ファイファー） 140, 145
Piaget, Jean（ピアジェ） v, 24, 28-32, 34, 40, 178
Pinker, Steven（ピンカー） 189, 196

■R

Rao, Rajesh（ラオ） 101
Rorty, Richard（ローティ） 20
Russell, James（ラッセル） 111

■S

Saffran, Jenny R.（サフラン） 51
Saussure, Ferdinand de（ソシュール） 9, 13, 14, 26, 37, 40, 163
Schachter, Stanley（シャクター） 110
Scheler, Max（シェーラー） 25
Schmidhuber Jürgen（シュミッドフーバー） 133, 136
Singer, Jerome E.（シンガー） 110
Smith, Linda B.（スミス） 51
Smith, Ryan（スミス） 102
Steels, Luc（スティールズ） 48, 228

■T

谷淳（Tani, J.） 118, 119, 137, 138, 241
谷口彰（Taniguchi, A.） 62, 108
谷口忠大（Taniguchi, T.） iii, 62, 108
Tomasello, Michael（トマセロ） 53, 54, 88

■U

Uexküll, Jakob von（ユクスキュル） v, 4, 21-26, 35, 40, 133, 152, 180, 216, 220

■V

Valsiner, Jaan（ヴァルシナー） 180
Varela, Francisco（ヴァレラ） 35, 147-150, 176
Vico, Giambattista（ヴィーコ） 31, 34
Vygotsky, Lev（ヴィゴーツキー） 178-180

■W

Wiener, Norbert（ウィーナー） 33

■Y

山下祐一（Yamashita, Y.） 121, 122, 216

事項索引

■アルファベット

■た　行

■な 行